KB144915

플랫폼 공화국

플랫폼 공화국

2024년 5월 27일 초판 1쇄 인쇄
2024년 6월 11일 초판 1쇄 펴냄

지은이 정상조

편집 김천희 · 한소영
디자인 김진운
본문 조판 민들레
마케팅 김현주

펴낸이 윤철호
펴낸곳 ㈜사회평론아카데미
등록번호 2013-000247(2013년 8월 23일)
전화 02-326-1545
팩스 02-326-1626
주소 03993 서울특별시 마포구 월드컵북로6길 56
이메일 academy@sapyoung.com
홈페이지 www.sapyoung.com

ISBN 979-11-6707-154-5 93300

PLATFORM
REPUBLIC

플랫폼 공화국

우리 삶을 지배하는 알고리즘 이야기

정상조 지음

사회평론아카데미

머리말

우리는 아침에 일어나서 저녁에 잠들 때까지 플랫폼과 함께 살고 있다. 카카오톡과 네이버로 시작해서 챗GPTChatGPT나 클로바XCLOVA X로 도움을 받고 유튜브나 페이스북으로 하루 일과를 마친다. 젊은 사람들은 인스타그램과 페이스북에서 친구들과 경험을 공유하고 카카오톡으로 이야기 나누고 네이버로 맛집을 찾아간다. 기업을 하는 사람들은 광고에서부터 판매에 이르기까지 네이버와 구글, 카카오톡, 페이스북, 유튜브 같은 플랫폼을 떠나서는 영업하기도 힘들 정도이다. 2021년 유니콘 기업으로 성장한 당근마켓, 직방 등 상당수 기업도 이용자들의 거래를 도와주는 플랫폼 기업이다. 배달 앱 종사자를 비롯한 220만 명에 달하는 플랫폼 종사자는 플랫폼이 정한 규칙에 따라야 하고 플랫폼 알고리즘으로 배정받은 업무를 수행한다. 남녀노소, 기업 규모를 불문하고 우리는 플랫폼을 떠나서 살 수 없는 세상에서 살고 있다. 그래서 대한민국의 헌법은 잘 몰라도 플랫폼이 정한 규칙은 알고 있고 그 알고리즘을 알아야 한다.

흔히 민주 공화국은 좋은 의미로 사용하지만 기업 공화국은 기업의 나쁜 이미지를 강조할 때 사용하곤 한다. 플랫폼 공화국은 좋든 싫든 우리가 플랫폼 위에서 살고 있는 현실을 객관적으로 보기 위한 개념이다. 우리 영토 위에는 민주 공화국이, 그리고 인터넷의 가상공간에는 플랫폼 공화국이 존재한다. 다만, 플랫폼 공화국의 현실을 정확히 알게 되면 민주 공화국의 한계를 볼 수 있다. 동시에 플랫폼 공화국의 미래를 바람직한 방향으로 만들어 나가기 위해서는 민주 공화국의 기본 원리를 재음미해 볼 필요가 있다. 민주 공화국은 플랫폼 공화국의 영향을 받고 있다. 플랫폼 공화국도 민주 공화국의 기본 원리를 완전히 벗어날 수는 없다. 그러나 21세기의 민주 공화국의 질서는 변하고 있고 변할 수밖에 없다는 점도 명백하다. 8년 전에는 촛불집회에서 많은 사람이 민주 공화국을 외쳤지만,[1] 이제는 '플랫폼 공화국'을 이야기하고 함께 고민해야 할 때가 되었다.

플랫폼 공화국은 국경의 장벽도 없이 전 세계를 지배하고 있지만 우리 정치인들은 우물 안 개구리처럼 현실과 동떨어진 이야기만 하고 있다. 기업들은 플랫폼에서 전쟁을 하고 있고, 우크라이나 병사들은 미국의 플랫폼 기업이 제공해 준 알고리즘으로 전쟁을 하고 있다. 그러나 우리 정치인들은 이념과 진영의 포로가 되어 전쟁 준비도 전략 수립도 제대로 하지 못하고 있다. 이 답답한 상황에서 플랫폼 기업과 이용자들은 자구책을 찾아야 한다. 플랫폼 공화국의 현실, 알고리즘의 법 집행을 이해하고 독자들과 공유하면서 대책을 찾고 싶었다.

대학원 수업에서 학생들과 함께 다양한 사례를 공부한 것이 많은 도움이 되었다. 다만 함께 공부한 자료가 대부분 미국 사례를 다루고 있었고, 우리나라 사례에 관한 자료는 부족했다. 이 책이 앞으로 우리나라 플랫폼에 관한 검토와 분석에 조금이나마 도움이 되길 간절히 바랄 뿐이다. 누구나 편하게 읽을 수 있는 책을 쓰고자 했지만 복잡한 알고리즘과 플랫폼 현실을 설명하는 것은 쉽지 않았다. 플랫폼 공화국 이야기는 진행형 프로젝트이다. 독자들께서 주실 질책과 조언을 받아 앞으로 계속 이야기를 발전시켜 나갈 것을 약속드린다. 필자의 원고를 읽고 논리 비약을 잡아주고 꼼꼼하게 교정해 준 이유진 변호사와 임춘광 조교, 원고의 골격부터 표현까지 완전히 탈바꿈시켜 준 사회평론아카데미 편집부, 책상 위의 원고에 세상의 빛을 보게 해 준 윤철호 대표에게 진심으로 감사드린다.

2024년 새해 아침에

정상조

차례

들어가며

공화국 만세

1789년 대혁명과 함께 프랑스 시민들은 '비바 리퍼블리카Viva Republica'를 외쳤다. '비바 리퍼블리카'는 '공화국 만세'를 뜻한다. 프랑스 시민들, 특히 부르주아 혁명 주도 세력은 무능력하고 부패한 왕정 대신에 자신들이 주인이 되는 민주 공화국을 갈망했기 때문이다. 1789년, 프랑스 대혁명이 시작된 바로 그해, 대서양 건너편의 새로운 나라 미국은 헌법에 기초한 인류 최초의 연방제 민주 공화국으로 탄생했다. 미국 건국의 아버지Founding Fathers들은 이미 1776년 독립선언에서 자유주의와 공화주의를 선언하면서 비바 리퍼블리카 시대를 열었다. 프랑스와 미국에서 외친 '비바 리퍼블리카'는 새로운 세상에 대한 희망과 기대를 표현한 것이고, 유럽 대륙의 근대화 및 산업혁명을 이끈 새로운 질서로 자리 잡았다.

우리나라의 스타트업 '비바리퍼블리카'는 사명에서부터 '공화국 만세'를 분명히 했다. 전라도 외딴섬에서 공중보건의를 하면서 세상을 바꾸고 싶어 했던 치과 의사 이승건 대표가 창업한 비바리퍼블리카는, 2014년 '토스'를 출범시켜서 현재 1,500만 명의 월간 활성 이용자MAU, Monthly Active Users를 확보해서 금융혁신을 이끌어 가는, 기업가치 9조 원이 넘는 유니콘 기업이다. 치과 의사가 꿈꾸는 '공화국 만세'에는 토스와 같은 금융 플랫폼 그리고 '구글', '페이스북', '네이버', '카카오' 같은 플랫폼들이 만들어 나가는 새로운 세상, '플랫폼 공화국'의 새로운 질서에 대한 희망과 기대가 담겨 있다. 18세기의 '비바 리퍼블리카'가 유럽의 근대화와 산업혁명을 이끌었던 것처럼, 21세기의 '비바리퍼블리카'가 암시하는 '플랫폼 공화국'은 4차 산업혁명의 핵심 화두임에 틀림없고, 빅뱅처럼 이제까지의 삶의 양식을 철저히 무너뜨리면서 탈근대적이고 새로운 질서를 만들어 나갈 것이다. 우연의 일치이겠지만, 2016년 프랑스는 「디지털 공화국 법률la loi pour une République numérique」을 제정하면서 21세기의 새로운 대혁명을 선언했고, 에마뉘엘 마크롱Emmanuel Macron 대통령은 매년 1만 개 이상의 스타트업이 참가하는 '기술혁신 만세Viva Technology' 연례행사에 참석해서 새로운 공화국을 모색하고 있다.

2016년, 프랑스에서 「디지털 공화국 법률」이 제정되던 바로 그 해, 우리나라 광화문에서는 구글의 인공지능 '알파고AlphaGo'가 바둑 천재 이세돌과의 바둑 대결에서 4 대 1로 승리해서 전 세계에 충격을 주었다. 같은 해 가을에는 광화문 촛불집회에서 수십만 참가자들이 민주 공화국을 외쳤다. 우리 헌법에는 명백히 대한민국이 민주 공화국이라고 규정되어 있다. 그러나 사실 우리 현실을 보면, 우리는 이미 플랫폼 공화국, 알고리즘 공화국으로 변화된 새로운 세상 속으로 들어가고 있었다. 우리가 아침에 일어나서 잠들 때까지, 그리고 심지어 우리가 잠자고 있는 사이에도, 플랫폼이라고 하는 새로운 세상 속에서 우리의 삶이 펼쳐지고 있기 때문이다.

우리는 소셜미디어, 검색 엔진, 온라인마켓 등의 다양한 플랫폼 속에서 생활하고 있다. 일어나자마자 카카오톡 메시지를 확인하고 페이스북이나 인스타그램으로 친구들이 올린 사진을 보면서 하루를 시작한다. 학교나 직장에서는 챗GPT, 클로바X, 구글의 제미나이Gemini, 마이크로소프트MS, Microsoft의 코파일럿Copilot으로 도움을 받는다. 네이버와 구글에서 필요한 정보를 검색하고 메일을 주고받고 쇼핑도 한다. 특히 신선한 채소나 과일을 아침 일찍 배달받고 싶으면 '컬리', 옷이나 가방 또는 액세서리를 사고 싶을 때는 토종 패션 플랫폼 '무신사' 그리고 지구 환경을 보호하고 싶으면 중고 거래 플랫폼 '당근마켓'을 클릭한다. 가끔 나를 위로해 줄 새로운 대안 종교가 필요하면 '천명' 앱으로 내 사주팔자를 알아볼 수도 있다. 마음이 복잡하고 고민이 많을 때에는 '마인드카페'를 클릭해서 익명으로 심리상담을 받을 수 있다. 자신의 정치적 성향을 테스트해 주는 '옥소폴리틱스'도 흥미롭다. 의료대란으로 인해 의사의 진료를 받기 어려우면 '닥터나우'에서 비대면 진료뿐만 아니라 약 배송까지 받을 수 있고, 내 얼굴은 몸보다 더 중요하니까 확신이 들 때까지 '강남언니'에서 마음에 드는 성형외과 전문의 정보를 찾아볼 수도 있다. 은행에 가지 않고 공인인증서 없이 송금하려면 공화국 만세를 부른 토스 앱을 클릭하기만 하면 된다. '여기어때' 또는 '야놀자'에는 호텔이나 펜션뿐만 아니라 여행에 관한 모든 것이 모여 있고, 원룸이나 오피스텔 심지어 아파트 매매나 전세 또는 월세도 '직방'이나 '다방'에서 금방 찾아볼 수 있다. 아파트는 못 사더라도 인테리어 가구를 바꾸고 싶다면 '오늘의집'을 클릭한다. 동사무소에서 인감증명을 뗄 필요 없이 플랫폼의 인증 서비스로 충분한 경우도 많아졌다. 플랫폼 공화국에서는 친척 가운데 법조인이 없어도 걱정할 것 없다. '로톡'을 클릭하면 변호사와 상담할 수 있고 합리적인 가격으로 마음에 드는 변호사의 친절한 서비스를 받을 수도 있다.

플랫폼은 우리의 삶의 방식을 바꿔 놓았을 뿐만 아니라 새로운 경제 질서를 만들고 있다. 네이버와 카카오가 우리 삶을 편리하게 만들어 주지만, 동시에 새로운 경제 질서에 적응하지 못한 골목상권의 중소기업들을 순식간에 도태시킬 것이다. 구글과 페이스북은 국경과 인종을 넘어 수십억 이용자들의 일상생활의 도구로 자리 잡았지만 데이터 독점과 인앱in-app 결제 강제 등으로 전 세계의 경쟁 질서에 커다란 위협이 되고 있다. 플랫폼은 자본주의 경제 질서뿐만 아니라 민주주의 정치 질서에도 화산 폭발과 같은 충격을 주고 있다. 플랫폼이 주요 정치의 광장으로 자리 잡고 선거에서 가장 효율적인 홍보 수단으로 활용되고 있기 때문이다. 지난번 미국 대통령 선거에서 러시아 스캔들이 문제가 된 것처럼, 플랫폼 기업과 알고리즘이 '사상의 시장market of ideas'을 좌우하고 민주주의에 영향을 미치는 열쇠를 쥐고 있다. 플랫폼은 노사관계도 바꿔 놓았다. 예컨대 동영상 플랫폼에 콘텐츠를 만들어서 올리는 유튜버가 가장 선호하는 직업의 하나로 자리 잡고, 우리나라 취업자 가운데 8.5%에 해당하는 약 220만 명이 플랫폼 종사자에 해당한다.[1] 플랫폼이 보유한 고도로 지능적인 알고리즘은 플랫폼 종사자들에게 일거리를 배정해 줄 뿐만 아니라, 플랫폼 알고리즘이 노동의 양과 질을 평가해서 임금을 지급하고 대부분의 노사관계를 담당하고 있다.

플랫폼은 점차적으로 정부 기능까지 대체해 가면서 '플랫폼 공화국'으로 자리잡고 있다. 예컨대 '유튜브'나 네이버 등 인터넷에 불법 복제물이나 음란물이 올라오면, 정부가 단속하거나 법원에서 재판하기도 전에 플랫폼의 알고리즘이 불법이라고 판단한 게시물을 자동으로 차단하거나 삭제한다. 질병관리청의 잔여 백신 조회 및 접종 예약 서비스는 네이버와 카카오 앱이 담당했었다. 우리나라의 개인정보보호위원회는 최근에 구글과 페이스북이 이용자들의 행태정보를 무단으로 추적하고 수집해서 맞춤형 광고 등에 이용했다고 판단하여 양 사에 수백억 원의 과징금을 부과했지만, 개인정보 무단 이용 실태가 개선될지는 의문이라고 생각하는 사람이 많다. 이에 반해서, 미국의 모바일 플랫폼 기업 애플이 '앱 추적 투명성ATT, App Tracking Transparency'을 강화하자, 페이스북의 광고 수익이 대폭 감소하고 주가는 반 토막 이하로 급락했다. 애플의 앱 추적 투명성

강화 조치로 인하여 페이스북 같은 앱 사업자들은 이용자들로부터 명시적인 동의를 받지 못하면 더 이상 이용자들의 행태 정보를 수집할 수 없고 맞춤형 광고를 제공할 수 없게 되었기 때문이다. 미국에서도 지난 대통령 선거에서 정부는 가짜 뉴스의 확산을 차단하지도 못하고 도널드 트럼프Donald Trump 지지자들의 의사당 난입을 저지할 수도 없었지만, 페이스북과 트위터는 가짜 뉴스 원산지에 해당하는 트럼프 계정을 정지시키는 제재를 가했다. 플랫폼 기업들이 기존의 정부보다 더 효율적이고 더 강력하게 법 집행을 하고 실질적으로 정부 기능을 대체하기 시작한 것이다.

정부 기능이 무너지는 것은 국가 자체의 붕괴를 의미한다. 이제는 플랫폼의 먹통이 국가 전체를 마비시키고 국가 안보까지 위협하는 시대가 되었다. 최근에는 소셜 플랫폼 카카오의 데이터센터에 화재가 발생하면서 카카오톡, 카카오내비, 카카오T, 카카오페이 등의 서비스가 멈추고 우리의 경제·사회 활동이 거의 마비되는 경험을 했다. 이러한 카카오 대란은 개인과 기업 그리고 정부 모두 플랫폼 공화국의 구성원이라는 엄연한 현실을 다시 한번 확인해 주었다.

플랫폼의 안전이 국가 안보 이상으로 중요해진 플랫폼 공화국, 싫든 좋든 플랫폼이라고 하는 가상 영토 속에서 울고 웃으며 삶이 이루어지고 있는 플랫폼 공화국, 국적이나 인종을 떠나서 한번 입국하면 영원히 출국할 수 없는 공화국, 플랫폼이 국가정보원보다 더 많은 정보를 실시간으로 파악하는 공화국, 이해진·김범수 등 플랫폼 창업자들이 어느 국회의원보다 우리 삶에 더 많은 영향을 미치고 있는 공화국, 콘텐츠 추천도 콘텐츠 삭제도 모두 플랫폼 알고리즘이 결정하는 공화국, 인간의 자유의지와 판단보다 빅데이터와 알고리즘으로 움직이는 공화국, 그래서 플랫폼이 만든 알고리즘이 국회가 만든 법률보다 더 중요해진 공화국, 플랫폼에 대한 권리와 의무가 헌법상의 기본권보다 더 현실적인 관심의 대상이 되는 공화국, 플랫폼의 결성이나 통지가 법원의 판결보다 더 중요해진 공화국, 우리나라의 헌법 질서와도 다르고 미국이나 중국의 기존 질서와도 전혀 다른 새로운 공화국, 21세기의 또 다른 공화국에서 우리는 살고 있는 것이다.[2]

우리나라는 육해공 대형 사고가 많아 '사고 공화국'으로, 학부모들이 세금 내듯이 연간 26조 원가량의 사교육비를 지출해야 하는 '과외 공화국'으로 불리기도 한다.[3] 때로는 국내총생산의 20%에 해당하는 매출액을 올리고 있는 삼성그룹에 의존하는 바가 크다고 해서 '삼성 공화국'으로,[4] 서울에 일자리와 교육 및 문화시설이 집중되어 있다고 해서 '서울 공화국'이라고 부르기도 한다. 우리나라는 이념과 젠더 그리고 세대 갈등이 심각하지만 이를 조정할 의지도 능력도 없는 4류 정치로 위기에 봉착한 '갈등 공화국'임을 부인할 수 없다. 그러나 21세기의 또 다른 공화국, '플랫폼 공화국'은 단순히 현실을 비아냥거리기 위한 것도 아니고 플랫폼 기업의 비중이 크다고 말하는 것으로 그치는 것도 아니다. 플랫폼 공화국은 나라와 인종, 국경을 불문하고 우리가 경험하고 있고 앞으로도 계속될 사회문화적 현상이면서 동시에 전 세계적으로 형성되고 있는 새로운 정치적, 경제적 질서인 것이다. 플랫폼 공화국의 현실을 정확히 이해하고, 우리 헌법상의 민주 공화국과 어떻게 다른지 그리고 앞으로 어떻게 달라질 것인지 고민해 보지 않을 수 없다. 18세기 유럽과 미국에서 공화국 만세를 외친 것처럼 21세기 플랫폼 공화국에서 우리는 희망과 기대를 걸고 공화국 만세를 외칠 수 있을까? 18세기 유럽과 미국은 대혁명으로 공화국의 새로운 질서를 만들었는데, 21세기 플랫폼 공화국에서도 대혁명이 필요한 것인지, 근대 민주주의의 사회계약론이 21세기에도 재활용될 수 있을지, 플랫폼 공화국의 새로운 질서를 어떻게 만들지 함께 생각해 보자.

플랫폼의 탄생

사람들이 모이면 항상 플랫폼이 필요하다. 3,000년 전부터 중매업자는 신랑과 신부를 연결해 주는 플랫폼 서비스를 제공했다. 영국의 판타지 소설 〈해리 포터〉 시리즈에서 런던 킹스크로스 기차역의 '9와 3/4 승강장Platform 9¾'은 주인공과 마법의 나라 속 학교 호그와트를 연결해주는 플랫폼이다. 플랫폼 영업이 아날로그 방식에서 디지털 방식으로 바뀐 것은 인터넷과 함께 발전한 통신 기술 덕분이다.

인터넷은 1960년대의 냉전 시대에 미국 국방성이 개발한 데이터 전송 단위, 즉 패킷packet의 교환을 통한 군사용 통신 기술에서부터 시작된다. 1970년대에 미국의 연구용 및 군사용 기간통신망ARPAnet이 구체화되고, 1980년대에는 미국국립과학재단과 민간 기업들의 투자로 국제적인 인터넷망이 구축되기 시작했다. 1990년대에 본격적인 상업화와 더불어 인터넷 이용자들이 급속도로 증가하면서 인터넷 플랫폼들은 판도라의 상자를 열어 놓은 것처럼 전혀 예상하지 못한 새로운 세계를 만들고 있다.

판도라 상자에서 제일 먼저 튀어나온 것은 파일 공유 플랫폼을 둘러싼 환희와 갈등이었다. 20세기 말 인터넷이 대중화되면서 P2P Peer to Peer 방식으로 MP3 형식의 음악 파일을 공유할 수 있는 플랫폼이 젊은 사람들의 폭발적인 인기를 끌었다. 1999년에 미국에서 시작한 공유 플랫폼 '냅스터Napster'는 불과 1년 만에 8,000만 명의 음악 애호가들을 이용자로 확보했고,[5] 우리나라의 '소리바다'는 2000년에 시작해서 순식간에 2,000만 명의 젊은 이용자들의 사랑을 받는 플랫폼이 되었다.[6] 그때부터 애창곡 한 곡을 즐기기 위해서 비싼 CD나 카세트테이프를 통째로 구입할 필요가 없어졌다. 파일 공유 플랫폼에 가면 이 세상의 모든 음악 파일을 무료로 공유할 수 있었기 때문이다. 그런데 플랫폼 이용자들이 음악 파일을 자유롭게 공유하면서 음악 소비량은 대폭 늘었지만 음반 매출액이 대폭 줄어 예술가들의 이익이 희생된다고 하는 비난에 직면하게 되었다.[7] 국내외 플랫폼들은 저작권 침해의 책임을 지고 파일 공유 서비스를 마감할 수밖에 없었고 새로운 플랫폼 사업을 모색해야 했다.

판도라 상자에서 튀어나온 진정한 괴물은 휴대폰의 혁신 플랫폼이다. 애플의 휴대폰 운영 시스템 '아이오에스iOS' 그리고 구글의 운영 시스템 '안드로이드Android'는 음악 플랫폼뿐만 아니라 검색, 쇼핑, 소셜네트워크 등의 다양한 플랫폼을 앱의 형태로 설치해서 이용할 수 있는 '플랫폼의 플랫폼'이다. 이제 휴대폰을 통해서 상품 판매나 서비스를 제공하고자 하는 모든 사업자들이 앱을 만들고 기술혁신을 통해 휴대폰 이용자들의 관심을 끌고 보다 많은 조회 수를 올리기 위해서 치열한 경쟁을 벌이고 있다. 애플과 구글의 휴대폰 운영시스템은 사업자들의 앱 개발과 기술혁신을 유인하는 혁신 플랫폼이라고 말할 수 있다. 구글과 애플의 혁신 플랫폼에 적응하지 못한 기존의 휴대폰 기업 블랙베리BlackBerry와 노키아Nokia는 순식간에 망했다. 다른 한편 휴대폰의 새로운 혁신 플랫폼 위에서 기술혁신과 편리한 앱 개발에 성공한 플랫폼 기업들은 엄청난 성장세를 보여 주고 있다.

코로나19 위기로 인해서 플랫폼의 이용은 더욱 빨리 늘어났다. 코로나19 위기가 시작된 2020년 한 해에만 플랫폼 기업들이 판매한 매출액이 5,000조 원(4조 2,900억 달러)에 달했다.[8] 코로나19 위기로 많은 유통점이 문을 닫을 수밖에 없었지만, 미국의 상거래 플랫폼 '아마존Amazon'은 무려 37% 이상의 매우 폭발적인 성장을 이룩해서 2020년 한 해 500조 원(3,860억 달러)의 기록적인 매출을 올렸다.[9] 우리나라에서는 플랫폼의 이용 증가로 상거래 플랫폼 쿠팡이 미국 증권거래소에 주식상장을 할 수 있었고 한때 그 시가총액이 거의 100조 원에 달했다.[10] 코로나19 걱정으로 식당에 가서 외식하는 소비자는 대폭 줄었지만 음식 배달은 크게 늘어났고, 국내 최고의 배달 플랫폼 '배달의민족'은 독일 기업 딜리버리히어로DH에 5조 원가량의 가격으로 인수합병되었다.[11] 배달 및 운송 플랫폼이 급성장하면서 우리나라에서 220만 명의 구직자들이 플랫폼에서 일거리를 받고 일했다. 코로나19로 재택근무가 늘어나면서 '업워크Upwork'와 같은 프리랜서 플랫폼들은 전 세계적으로 1억 6,000만 명의 전문가들을 확보해서 프로그래밍, 데이터 태깅, 세무, 번역 등의 서비스를 온라인으로 제공했다.[12]

극장에 갈 수 없지만 영화를 보고 싶은 2억 명의 소비자들은 스트리밍streaming 플랫폼 '넷플릭스Netflix'를 찾았다. 플랫폼의 성장은 우리나라 문화산업의 발전에 커다란 기여를 했다. 황동혁 감독이 제작한 드라마 〈오징어 게임〉은 넷플릭스를 통해 많은 시청자를 만날 수 있었고 국내 TV나 영화관에서보다 더 커다란 성공을 거두었다. 과거에는 젊은 독자들이 일본의 망가漫画를 즐겼지만, 이제는 네이버와 카카오의 웹툰 플랫폼에서 우리 웹툰 보는 것을 더 선호한다. 웹툰 플랫폼은 무명의 웹툰 작가들도 자신의 아이디어와 실력만으로 성공할 수 있다는 것을 보여 주었다. 플랫폼은 〈이태원 클라쓰〉처럼 웹툰을 드라마 제작으로 연결해서 생산적인 문화생태계를 구축하는 데 기여했다. 코로나19 확진자가 줄어들고 그 이전의 일상으로 되돌아가고 있지만 플랫폼의 성장 추세는 되돌릴 수 없게 되었다.

현재 전 세계적으로 47억 명 이상의 이용자들이 소셜미디어 플랫폼을 이용하고 있고, 그 가운데 페이스북이나 인스타그램 이용자 19억 명은 하루 평균 36분씩 소셜미디어를 이용한다.[13] 오늘 하루만 해도 우리는 3,000억 건 이상의 이메일을 주고받고, 하루 평균 3회 이상 검색 플랫폼을 이용하는데 구글에서만 매일 85억 건 이상의 검색을 하고 있다. 95% 이상의 인터넷 이용자들이 동영상 플랫폼 유튜브에서 매일 50억 개의 동영상을 시청하는데, 이용자들의 시청 시간을 모두 합하면 하루에 10억 시간을 유튜브 플랫폼에서 보내는 셈이다.[14] 2022년 소비자들은 상거래 플랫폼에서 7,500조 원의 상품과 서비스를 구입했고,[15] 월간 56억 명의 방문자를 확보하고 있는 공룡 플랫폼 아마존의 2022년 매출액은 600조 원(5,130억 달러) 이상에 달했다.[16] 이에 비해서 쿠팡의 월간 방문자는 8,600만 명이고 매출액은 25조 원(200억 달러)에 불과했다. 국내에서 가장 사랑받고 있는 플랫폼은 카카오톡과 네이버인데 카카오톡 이용자는 불과 3,500만 명 그리고 네이버 이용자는 3,000만 명 정도에 불과한 실정이다.

2023년부터 우리들의 일상은 챗봇Chatbot 플랫폼에 관한 대화로 시작했다. 실리콘밸리의 오픈AI OpenAI가 공개한 챗GPT가 충격적으로 뛰어난 성능을 보여 주자 '마이크로소프트'가 추가로 12조 원(100억 달러) 이상을 투자하기로 하면서 챗GPT를 활용한 새로운 차원의 검색 엔진으로 구글에 도전장을 냈다.[17] 20여 년을 거슬러 올라가 1998년 『포춘Fortune』지는 '야후Yahoo'가 검색 전쟁에서 승리한 위대한 승자라고 치켜세웠다. 바로 그때 설립된 구글은 검색 엔진의 우수성을 보이기 시작해서 불과 6년 후에 야후를 따돌리고 세계 최고의 검색 플랫폼으로 자리 잡게 되었다. 지난 20여 년간의 플랫폼의 성장을 보면 단순히 폭발적으로 성장한 것이 아니라 변화무쌍하고 역동적이고 창조적인 파괴로 새로운 세상을 만들어 왔다.

생성형 인공지능 플랫폼들이 우리를 도와주는 친절한 비서가 될지 아니면 가짜 뉴스와 혐오 발언을 마구 쏟아 내는 괴물이 될지 지켜볼 일이다. 상거래 플랫폼들이 편의와 효율성으로 소비자 편익을 증가시키고 있는지 아니면 경쟁 기업들을 도태시키고 시장 질서를 왜곡하고 있는지 판단하기는 쉽지 않다. 소셜미디어 플랫폼들이 맞춤형 서비스를 제공하기 위해서 이용자들의 사이트 방문이나 앱 이용과 같은 디지털 발자국을 수집하고 분석하는 것은 이용자들이 감수해야 하는 것인지, 아니면 이용자들의 프라이버시를 위협하고 민주주의 질서까지도 무너뜨릴 수 있기 때문에 금지하거나 규제해야 하는지 심각한 고민이 필요하다. 운송과 배달 플랫폼들은 새로운 고용을 창출하고 효율적 경영을 가능케 하는 플랫폼이면서 동시에 플랫폼 노동자의 보호 필요성과 '알고리즘 경영algorithm management'의 문제점을 잘 보여 준 플랫폼이기도 하다.

검색 플랫폼에서부터 소셜미디어까지 그리고 쇼핑 플랫폼에서 운송 플랫폼까지 수많은 플랫폼이 우리의 삶을 바꾸고 있다. 플랫폼들이 경제, 정치, 사회, 문화적인 혁명을 일으키고 있는데 그 혁명의 주인공은 플랫폼들이 개발한 알고리즘이다. 플랫폼이 불러오고 있는 혁명적인 변화에 대응하기 위해서 필요한 법과 정책이 무엇인지, 알고리즘의 개발과 기술혁신에 최대한의 자유를 인정하면서도 알고리즘의 투명성 확보와 알고리즘에 대한 적절한 감시와 책임을 명확히 할 필요가 있다. 왜냐하면 플랫폼 기업은 알고리즘을 개발할 뿐만 아니라 알고리즘으로 소비자들의 행태를 분석하고, 알고리즘으로 소비자들의 검색, 대화, 쇼핑, 운송, 고용을 관리하거나 통제하며 더 나아가 알고리즘으로 소비자들의 일탈 행위를 자동 삭제하거나 약관에 따른 제재를 가할 수 있기 때문이다. 우리는 알고리즘이 법 이상으로 중요해진 플랫폼 공화국에 살게 된 것이다. 이러한 플랫폼 경제, 플랫폼 정치, 플랫폼 사회, 플랫폼 문화의 특징을 자세히 살펴본다. 우리 자신도 모르는 사이에 우리 삶을 좌우하고 있는 플랫폼 공화국의 새로운 질서가 무엇인지 확인해 보고 문제가 없는지 분석해 보는 것이 중요하고 시급한 과제가 되었다.

플랫폼 경제

플랫폼 경제는 코로나19로 인하여 폭발적인 성장을 했고, 인공지능 기술의 발전으로 지금도 그 성장은 계속되고 있다. 2020년 코로나19가 시작되자 외출이나 여행이 어려워지고 공장의 기계들도 멈추고 신용카드 사용도 급감하면서 지구가 멈춰 버린 것 같았다. 그러나 네이버와 쿠팡 그리고 구글과 페이스북을 비롯한 플랫폼 기업들은 기록적인 수익을 올렸다. 코로나19 첫해에 우리 경제는 0.7% 마이너스 성장을 했지만, 플랫폼 기업 배달의민족 매출액은 94% 증가했고[1] 5조 원의 기록적인 금액으로 독일 배달 플랫폼 딜리버리히어로에 팔렸다. 극장이나 공연장 방문은 어려워졌지만 동영상 플랫폼, 특히 OTTOver The Top 앱 사용자는 크게 증가했다. 원격수업과 재택근무가 대폭 늘어나면서 화상회의 앱 사용자 또한 급격히 증가했다. 플랫폼 기업들의 급성장은 코로나19로 가속화된 측면이 있지만 사실 그 추세는 이미 코로나19 이전부터 시작되었고 코로나19 이후에도 계속될 것이다.

1999년 6월, 단순한 검색 엔진으로 시작한 플랫폼 기업 네이버는 이제 현대자동차와 비슷한 시가총액을 자랑하는 대기업이 되었고, 불과 10여 년 전 카카오톡 서비스를 시작한 카카오는 네이버와 거의 비슷한 규모의 국민 메신저 플랫폼 기업으로 급성장했다. 제일 젊은 플랫폼 쿠팡은 불과 10년 만에 삼성전자와 현대자동차에 이어 한국 고용시장에서 고용 규모 3위를 차지했고,[2] 뉴욕증권거래소에 상장되어 시가총액 100조 원에 육박하는 기업이 되었다.[3] 플랫폼 기업들은 방대한 데이터와 뛰어난 알고리즘으로 무장해서 순식간에 시장점유율을 확대해 나갈 수 있다. 따라서 전통적인 기업들도 디지털 플랫폼을 활용하지 않을 수 없게 되었다. 신세계백화점과 이마트가 오프라인 유통업의 한계를 직감하고 온라인 플랫폼 '쓱닷컴SSG.COM'을 만들어서 적극적으로 활용하는 것은 플랫폼 경제의 거스를 수 없는 추세에 따른 것이다.

플랫폼 경제에는 국경이 없다. 넷플릭스는 동영상을 스트리밍해 주는 미국 플랫폼이지만 전 세계적으로 2억 명 이상 그리고 우리나라에서 1,000만 명 이상의 구독자를 확보하고 있다.[4] 미국의 거대 상거래 플랫폼 아마존은 11번가를 통해서 우리나라에서도 조 단위의 매출을 올리고 있다. 아마존은 영국, 독일, 일본 등 해외에서의 매출이 30% 이상 차지하고 있고, 2021년 총매출은 600조 원(4,698억 달러)이 넘는다.[5] 하나의 플랫폼 기업이 우리나라 2021년 정부예

산 558조 원을 넘는 매출액을 올린 것이다. 2024년 아마존의 시가총액은 2,350조 원(1조 7,600억 달러)에 달하는데, 이는 우리나라 국내총생산GDP, Gross Domestic Product에 육박하는 엄청난 규모이다.

구글, 네이버, 쿠팡, 아마존, 알리바바Alibaba와 같은 플랫폼 기업들은 판매업자와 소비자를 연결해 주는 거래 플랫폼transaction platforms에 해당한다. 배달의민족, 요기요, 야놀자, 여기어때, 에어비앤비Airbnb, 우버Uber와 같은 플랫폼 기업들은 각종 서비스의 공급과 수요를 연결해 주는 거래 플랫폼으로 성공했다. 거래 플랫폼들은 유통, 배달, 숙박, 운송 등에 관한 기존 시장 질서를 송두리째 바꾸어 놓았다. 마이크로소프트, 구글, 애플은 자신의 운영 시스템OS, Operating System에서 개발한 다양한 응용프로그램이나 앱을 이용하게 해 주는 혁신 플랫폼innovation platform을 제공한다. 혁신 플랫폼은 우리나라 기업들의 기술혁신을 촉진하기도 하지만 동시에 그 위에서 순차적으로 이뤄지는 기술혁신의 방향과 조건을 좌우하는 또 다른 질서로 시장에서 군림하고 있다.

플랫폼은 기술혁신과 시장 변화를 주도하고 있을 뿐만 아니라 고용시장도 송두리째 바꾸고 있다. 구글과 페이스북 그리고 네이버와 카카오는 유능한 젊은이들이 가장 선망하는 직장이 되었다. 이공계 전공생들은 물론이고 마케팅 또는 광고전문가들과 변호사들도 플랫폼으로 모여들고 있다.[6] 코로나19 위기로 택배와 배달 수요가 급증하면서 많은 사람들이 쿠팡이나 배달의민족과 같은 플랫폼에서 일자리를 찾았다. 플랫폼은 기업과 소비자 모두 의존할 수밖에 없는 경제의 새로운 핵심 고리가 되었을 뿐만 아니라 과거 산업화 시대와는 다른 새로운 노사관계를 만들어 나가고 있다. 플랫폼에 의해서 만들어지고 있는 새로운 경제 질서는 필연적으로 기존 전통 기업들의 몰락을 불러온다. 이 과정에서 국가 권력이 개입해서 전통 기업들을 보호할 것인지 아니면 시장에서의 자유로운 경쟁에 맡기고 무제한의 적자생존 법칙에 따르는 것이 바람직한지에 관한 심각한 고민이 시작된다.

비디오 대여점의 몰락

넷플릭스와 같은 플랫폼의 성공으로 인해서 이제 비디오 대여점들은 완전히 사라졌다. 1990년대에는 우리나라에 3만여 개의 비디오 대여점이 대성황을 이뤘고 미국의 '블록버스터Blockbuster'는 전 세계에 걸쳐 비디오 체인점을 운영하면서 많은 수익을 올렸었다. 그러나 21세기에 들어 케이블 방송이 널리 보급되면서 영화 전문 채널과 영화 VOD 서비스가 많아지고 비디오 대여점은 줄어들기 시작했다. 케이블 방송도 콘텐츠의 공급과 수요를 연결해 주는 플랫폼이다. 넷플릭스와 같은 디지털 플랫폼은 케이블 방송보다 훨씬 더 편리한 서비스를 제공할 수 있는 플랫폼이다.

넷플릭스는 TV뿐만 아니라 컴퓨터와 휴대폰으로도 콘텐츠를 제공할 수 있고, 이용자들의 시청 행태에 관한 데이터를 분석해서 이

© Stock Catalog

미국의 글로벌 엔터테인먼트 기업 넷플릭스 넷플릭스는 전 세계 2억 4,000만 명 이상의 고객을 둔 스트리밍 엔터테인먼트 기업이다. 영화, 드라마, 다큐멘터리, 애니메이션 등 다양한 장르의 콘텐츠를 언제 어디서나 무제한으로 볼 수 있는 플랫폼을 제공한다.

용자들이 선호하는 콘텐츠를 적극적으로 추천하고 관련 콘텐츠의 공급과 수요를 대폭 확대시킬 수 있었다. 넷플릭스는 기존의 극장이나 케이블 방송과 달리 이용자들이 원하는 시간과 장소에서 휴대폰과 같은 개인 단말기로 자신이 원하는 콘텐츠를 선택해서 감상할 수 있는 편리한 플랫폼이기 때문에, 콘텐츠를 창작하는 예술가들에게도 훨씬 더 많은 기회를 제공해 준다. 우리 영화관에서 상영된 토종 영화 가운데 최고로 흥행에 성공한 영화 〈명량〉은 1,761만 명의 관객을 끌어모은 박스오피스 기록을 갖고 있다. 넷플릭스로 전송된 〈오징어 게임〉은 국내외 1억 4,200만 가구가 시청하고 미국 방송계에서 최고의 권위를 자랑하는 에미상 6개 부문을 수상했다. 〈오징어 게임〉을 제작한 예술가들이 〈명량〉보다 열 배가량 많은 관객을 만날 수 있었던 것은 전적으로 넷플릭스와 같은 디지털 플랫폼의 위력 때문이다. 이처럼 이용자들과 예술가 모두에게 편리한 서비스를 제공하는 디지털 플랫폼이 대중화되면서 전통 기업 형태의 비디오 대여점들이 문을 닫게 된 것은 너무나도 당연한 시장 변화의 결과이다.

아마존 효과

새로운 디지털 플랫폼은 비디오 대여점뿐만 아니라 다수의 다른 전통 기업들도 몰락시키고 있다. 아마존과 같은 거래 플랫폼은 전 세계적으로 2억 명 이상의 유료회원을 확보할 정도로 소비자들로부터 환영받고 있지만,[7] 미국의 대표적인 백화점 체인 시어스Sears 매장 상당수가 폐점하고, 우리나라의 하이마트와 같은 전자제품 유통업체 서킷시티Circuit City가 파산하는 결과를 초래했다. 거래 플랫폼들은 기존의 거래 질서를 파괴하지만 소비자들에게는 가격 인하의 혜택을 줄 수 있다. 아마존과 같은 거래 플랫폼들은 수요와 공급에 따라 가격을 실시간으로 바꿀 수 있는 '변동가격제dynamic pricing'를 채택하기 때문에, 소비자들은 보다 낮은 가격으로 좋은 상품과 서비스를 구입할 수 있다. 거래 플랫폼들의 변동가격제로 물가상승률도 낮아졌다. 1960년대 이후 미국의 물가상승률은 연평균 4.2% 정도였지만, 아마존과 같은 플랫폼의 가격 경쟁으로 2009년 이후 물가상승률은 2.2%로 낮아졌다.[8] 플랫폼의 혁신적 기술이 전통적인 유통업체들을 위협하지만 소비자 편익을 증가시킬 수 있는 새로운 질서를 만든다는 점에서 이는 '창조적 파괴creative destruction'에 해당한다.

플랫폼 기업들은 낮은 가격과 신속한 배달 등의 편의성을 무기로 점점 시장점유율을 늘려 가고 있다. 백화점이나 쇼핑몰 같은 전통 오프라인 유통업이 파괴되지 않고 살아남기 위해서는 또 다른 혁신을 해야 한다. 플랫폼이 인터넷에서 소비자들의 관심과 시간을 끌어당기고 있는 것처럼, 오프라인 유통업체들은 매장에서 소비자들의 관심과 흥미를 사로잡아야 한다. 미국 미네소타의 쇼핑몰 '몰 오브 아메리카Mall of America'는 매장 내에 수족관과 공룡 박물관을 만들어 소비자들의 관심을 끌었고, 캘리포니아의 쇼핑몰 '어바인 스펙트럼Irvine Spectrum'은 아이들을 위한 놀이터, 아이스 링크, 그리고 쇼핑몰을 돌아다닐 수 있는 기차와 관람차를 운영해서 쇼핑과 엔터테인먼트를 융합하는 혁신을 도모했다. 우리나라 '더현대'가 자연채광을 살리고 공원처럼 편안한 느낌을 주는 조경과 실내 디자인을 선택한 것도 플랫폼과의 경쟁 속에서 소비자들의 관심을 매장으로 끌어오기 위한 노력의 결과이다.

택시 기사의 자살

미국 뉴욕시 청사 앞에 4개의 관이 나란히 놓여 있었다. 택시 운전사들은 흰색 꽃을 한 송이씩 들고 와서 그 관 위에 놓고 청사 앞에 모여 외쳤다. "우버는 탐욕을 멈춰라!" 우리나라에서도 두 명의 택시 운전사가 분신자살로 '타다'의 불법성을 주장했다. 타다는 '우버'와 달리 자회사를 통해 렌터카와 운전기사를 자체 보유하는 사실상의 콜택시 영업을 하면서 택시 시장의 점유율을 높여 왔다. 이에 반해서 전통적인 택시 회사들은 운전자의 신원 검증, 택시 운전자격, 영업용 책임보험, 택시 부제, 택시 요금, 면허 대수 동결 등의 많은 규제를 받고 있었다. 디지털 운송 플랫폼의 등장에도 불구하고 기존의 불합리한 규제와 정부의 무책임한 수수방관이 운전사들을 죽음으로 내몰고 소비자들을 불편하게 하고 있다. 운송 플랫폼을 둘러싼 갈등은 단순한 이해관계의 다툼이 아니다. 기술혁신에도 불구하고 불합리한 규제가 너무나 많아서 한 걸음도 앞으로 나가지 못하는 대한민국의 적나라한 모습을 잘 보여 준다.

플랫폼 경제에 맞지 않는 불합리한 규제는 택시뿐만 아니라 숙박, 부동산 중개, 변호, 세무, 의료 등의 분야에서도 심각한 갈등을 초래하고 있다. 예컨대 미국의 숙박 공유 플랫폼 에어비앤비는 이메일 계정과 숙소 사진만 등록하면 숙소를 제공해서 영업을 할 수 있지만, 우리나라에서는 「공중위생관리법」이 정한 시설 및 설비를 갖추었지만 관할관청에 신고하지 않고 숙박 서비스를 제공하는 것

© Shutterstock

기존 택시 업계는 타다와 같은 차량 공유 서비스가 택시 산업에 해를 끼친다고 주장하며 규제를 요구했다.

은 형사처벌의 대상이 된다.[9] 기존의 국내 숙박업자들은 각종 요건을 갖춘 후 관할관청에 신고하고 사업자등록증, 외국인관광 도시민박업 지정증 등의 서류를 갖추고 영업하는 데 반해서, 에어비앤비 플랫폼에서 숙박 서비스 제공자들은 오피스텔 같은 업무 시설을 숙박 장소로 제공하는데, 이는 현행법상 불법적인 영업에 해당한다. 숙박 플랫폼의 등장에도 불구하고 현행법의 불합리한 규제가 계속되면서 이용자들의 불편과 탈법적인 영업을 양산하고 있다.[10]

부동산 중개 및 변호사 서비스는 자격증을 갖고 서비스를 제공하는 사람들과 플랫폼 사이에 심각한 갈등을 겪고 있다. 현행법은 공인중개사 또는 변호사 자격을 갖지 아니한 자가 부동산 거래를 중개하거나 법률 서비스를 제공하는 것을 금지하고 있다. 플랫폼 기업들은 부동산이나 변호사에 관한 정보를 제공할 뿐만 아니라 부동산 거래 또는 변호사 선임을 중개하기도 한다. 여기에서 갈등이 시작된다. 예컨대 부동산 중개 플랫폼 직방은 다수의 공인중개사 등과 파트너십을 맺고 소비자들이 직방 플랫폼 내에서 부동산 거래를 하고, 거래 성사 시 '직방'이 공인중개사에게 수수료의 절반을 받는 '온택트파트너스' 서비스를 시작했다. 직방이 수수료의 절반을 받는 것은 사실상 부동산 중개의 대가를 받는 것이고 직방이 공인중개사법에 위반되는 중개행위를 한 것이 아니냐는 게 갈등의 핵심이다. 그러나 '직방'이 받는 대가는 수수료가 아니라 온택트파트너스 네트워크 사용료에 불과하므로 직방의 서비스는 부동산 중개에 해당하지 않는다는 것이 직방의 주장이다. 직방은 많은 부동산 매물에 접근할 수 있게 해 주기 때문에 다수의 청년 중개사가 활용하고 있다. 직방을 비롯한 플랫폼 기업들은 가상현실VR, Virtual Reality로 부동산 매물을 볼 수 있게 해 주고 전자계약과 같은 편리한 서비스를 제공하면서 소비자들의 인기를 끌고 있다.

법률 서비스 플랫폼 로톡은 젊은 변호사들이 소비자들을 만나서 합리적인 가격으로 법률 서비스를 제공하는 효율적인 플랫폼으로 성장하였지만, 대한변호사협회(이하 '변협')와 서울지방변호사회(이하 '서울변회')의 강력한 저항을 받고 있다. 로톡이라는 플랫폼 기업 자체는 변호사 자격이 없는데도 사실상 변호사들을 고용해서 법률 서비스를 제공하는 것이라고 주장하면서, 변협은 로톡이 변호사법을 위반했다고 형사고발하고 로톡을 이용하는 변호사들에게 징계를 내렸다. 로톡은 광고를 원하는 변호사들로부터 광고료만을 받을 뿐이고 법률 서비스의 대가로 받는 상담료나 수임료는 모두 변호사들이 직접 받는 것이기 때문에 변호사법 위반에 해당하지 않는다고 항변한다. 검찰도 로톡의 변호사법 및 개인정보보호법 위반 사건에 대해서 무혐의로 종결했다. 변협이 로톡 이용 변호사들을 징계한 근거는 변협 내부 규정 가운데 변호사 광고를 금지한 규성이다. 로톡은 변협의 광고 규정이 헌법에 위반되어 무효라고 주장하면서 헌법재판소에 헌법소원심판을 청구했다. 헌법재판소는 변협의 광고 규정 가운데 '변협의 유권해석에 반하는 내용의 광고'를 금지하는 부분은 "금지 범위를 명확하게 정하고 있다고 보기 어렵기 때문에 헌법에 위반된다."고 재판관 전원일치로 위헌 결정했다. 뿐만 아니라 변협의 광고 규정이 '경제적 대가를 받고 변호사들을 광고·홍보·소개하는 행위'를 금지하는 것은 변호사들의 표현의 자유와 직업의 자유에 중대한 제한을 하는 규정으로 헌법에 정면으로 반하는 위헌에 해당한다고 판단했다.[11] 변호사의 전문성, 수임료, 상담 후기, 해결 사례 등 관련 정보 일체가 투명하게 공개됨으로써 소비자들은 로톡에서 보다 간편하고 부담 없이 변호사의 법률 서비스를 받을 수 있다. 그러나 변협은 시대착오적인 규정을 근거로 1,400여 명의 젊은 변호사들에게 소명서와 탈퇴 확인서 제출을 요구하고 그에 따르지 않는 변호사들을 조사 및 징계하면서 플랫폼 경제를 막아 보려고 한다. 그러나 법무부가 로톡 가입 변호사들에 대한 변협의 징계처분을 전부 취소함으로써 변협의 시도는 무위로 돌아갔다.

더 나아가 공정거래위원회는 변협과 서울변회의 처분이 공정거래법 등에 위반하는 위법행위라고 판단했다. 변협과 서울변회는 변호사들의 사업자 단체에 해당하는데, 그 구성 사업자에 해당하는 변호사들의 광고·사업 활동을 과도하게 제한하고 변호사들의 공정하고 자유로운 경쟁 및 소비자의 선택을 제한하는 것은 공정거래법 및 표시광고법 위반에 해당한다고 판단하고 공정거래위원회는 변협과 서울변회에 각 10억 원의 과징금을 부과했다.

플랫폼과 전문직 단체 사이의 갈등은 의료업에서도 진행 중이다. 플랫폼은 전문가와 소비자 사이의 정보 비대칭 문제를 해결해줄 수 있지만, 변호사나 의사들은 플랫폼에 종속될지도 모른다는 우려를 하고 있다. 강남언니는 성형 수술·피부 시술에 관한 병원 소개, 의사 정보, 무료 상담, 시술 가격, 시술 후기 등의 정보를 제공하고 소비자들은 충분한 정보를 갖고 편리하게 병원을 선택할 수 있는 플랫폼이다. 플랫폼이 출시된 지 불과 7년 만에 성형외과 및 피부과 병원 2,000개, 의사 4,000명, 이용자 450만 명이 등록해서 현재까지 200만 건의 시술 상담이 이뤄질 정도로 커다란 성공을 거두고 있다.[12] 그러나 피부과 병원을 운영하는 어느 의사는 2년 6개월간 강남언니를 통해 1,312명의 환자를 소개받고 2,100여만 원의 수수료를 지급해서 의료법 위반으로 벌금형을 선고받았고, 강남언니 운영사의 홍승일 대표는 징역형 및 집행유예를 선고받았다.[13] 피부과 의사와 강남언니 대표 모두 자격증을 가진 의사들이지만 영리를 목적으로 환자를 소개·알선·유인하는 행위를 금지하고 있는 현행 의료법을 위반했다고 판단한 것이다. 그 이후 강남언니는 병원으로부터 수수료를 받는 수익모델을 폐기하고 오직 병원의 광고만을 게시하고 있다.

전문가들의 업무 가운데 비교적 단순하고 반복적인 업무는 플랫폼이 더 신속하고 정확하게 처리할 수 있다. '삼쩜삼'은 회계 프로그램을 제공해 주고 이용자들의 환급액을 자동으로 계산해 줌으로써 세금 신고 및 환급 등의 세무 신고를 도와주는 플랫폼이다. 플랫폼이 이용자로부터 받는 수수료는 회계 프로그램 이용료에 해당하고, 삼쩜삼은 신속하고 편리한 서비스로 출시된 지 불과 23개월 만에 960만 명의 가입자를 확보하게 되었다.[14] 그러나 한국세무사회는 삼쩜삼이 세무 보조 프로그램의 제공에 그치지 않고 세무 신고 및 환급 신청 업무를 도와주는 과정에서 세무사의 중개·알선 행위를 한 것이기 때문에 「세무사법」 위반에 해당한다고 주장한다. 그러나 플랫폼들은 변호사, 의사, 세무사의 전문적인 서비스를 이용하기 쉽고 편하게 만들어 주고 있어서 소비자들의 인기를 끌고 있다. 전문직 단체들은 전문가 자격에 관한 규제를 방패 삼아 플랫폼의 이용을 저지하고 기득권을 지키려고 한다. 그러나 플랫폼을 통한 전문가들과 소비자들의 효율적이고 합리적인 연결을 영원히 가로막을 수는 없을 것이다.

우버 요금의 폭등

우버는 전 세계적으로 70개국에서 약 500만 명의 운전사들이 연간 69억 건의 택시 운송을 담당하는 승차 공유 플랫폼이다.[15] 우버가 택시 시장에서 지배적인 사업자로 성공한 이유는 소비자들에게 아주 편리하고 합리적인 가격으로 부담 없이 택시 서비스를 이용할 수 있게 해 주었기 때문이다. 플랫폼의 편의성에는 의문의 여지가 없지만 가격의 합리성 뒤에는 불편한 진실이 숨겨져 있다. 우버 요금이 저렴했던 것은 투자자들로부터 엄청난 '보조금'을 받았기 때문이다. 다시 말해서, 우버는 저렴한 요금을 유지하기 위해서 매년 수조 원대의 적자를 감수했고 회사 공개 후 5년간 36조 원(300억 달러) 이상의 손실을 입었다.[16] 전통적인 굴뚝산업이 이 정도의 손실을 보았다면 파산하고 말았겠지만, 우버의 투자자들은 미래의 수익을 믿고 계속 투자를 했다. 즉 투자자들의 엄청난 자본이 저렴한 우버 요금을 보조해 주면서 기존의 택시 카르텔을 물리치고 승차 공유 경쟁업체들을 짓밟으면서 우버의 시장점유율을 넓혀 나간 것이다. 그러다가 우버가 택시 시장을 지배하는 지위를 차지하고 난 이후부터 요금을 인상하기 시작했다. 그래서 우버의 평균 요금은 2018년부터 2021년 사이에 92% 상승했다. 맨해튼에서 JFK 공항으로 가는 우버 요금은 100달러로 전통적인 노란색 택시 요금의 거의 두 배가 되었다.[17] 서민들에게는 암울한 현실이지만, 우버가 지배하는 세상에서는 노란 택시를 찾기도 어렵고 예전보다 훨씬 더 많은 시간을 기다려야 한다.

우리나라에서는 택시 요금이 규제되고 있어서 우버의 요금 폭등과 같은 문제는 아직 일어나지 않았다. 그러나 코로나19 위기로 배달 앱의 이용률이 높아지면서 배달 앱 수수료가 문제 되고 있다. 음식점이 배달 앱에 내야 하는 수수료는 음식값의 30%에 달한다. 가장 시장점유율이 높은 배달의민족을 이용하는 음식점이 2만 원짜리 음식을 판매한 경우 수수료 3,000원, 결제 수수료 600원, 배달료 3,000원을 지급하는데 모두 합하면 음식값의 33%에 달한다.[18] 플랫폼 기업과 입점업체 사이에 수수료 수준에 대해서 갈등이 늘어나고 있다. 플랫폼 기업을 '갑', 입점업체를 '을'로 보는 갑을관계의 시각 때문에 정부가 개입하더라도 수수료 갈등을 해결하기가 쉽지 않다. 정부가 합리적인 수수료 수준을 파악하기도 어렵고, 수수료 규제를 하더라도 그로 인한 손실 부담이 배달 노동자들에게 전가되기 쉽기 때문이다.

배달 플랫폼의 수수료는 거래 플랫폼의 대표 주자 아마존이 떼어 가는 수수료와 비교해 보면 더 혼란스러워진다. 아마존에서는 200만여 개의 중소기업이 입점해서 소비자들을 만나고 있는데 입점업체들은 판매 가격의 50%가량의 수수료를 아마존에 지급해야 한다.[19] 아마존이 입점업체로부터 받는 수수료는 플랫폼 수수료와 광고료 이외에 창고 보관, 포장, 배송 비용을 모두 포함한 것이다. 문제는 그 수수료가 계속 인상되고 있다는 점이다.

플랫폼의 두 얼굴

플랫폼은 소비자들에게 편리함을 주고 생산성을 높여 준다. 클릭 한 번으로 집에서 영화를 보고 상품을 구입할 수 있다. 새벽에 플랫폼 기업이 배달해 준 채소와 과일을 먹고 출근하고, 챗봇의 도움으로 재빨리 보고서를 작성할 수도 있다. 플랫폼은 소비자 편익을 증가시키고 관련 시장에서 경쟁을 촉진하는 긍정적인 효과를 내고 있다. 플랫폼은 소비자를 기다리지 않는다. 소비 행태에 관한 데이터 분석을 통해 소비자들이 원하는 것을 이미 알고 있으므로 플랫폼은 맞춤형 서비스를 제공함으로써 탁월한 편리성과 효율성을 입증하고 있다. 소비자들도 편리하지만 기업들도 플랫폼에서 쉽게 더 많은 소비자를 만날 수 있어서 더 많은 거래를 할 수 있게 되었다. 플랫폼은 거래 비용을 줄여 주면서 새로운 시장을 만들고 근로의 다양성과 융통성을 부여해 주기도 한다. 그래서 플랫폼 사업은 정부의 규제 대상이기보다 장려 대상이었고, 국경을 초월한 플랫폼 사업을 특정 국가가 규제하기도 어려웠다. 특히 중국은 구글과 페이스북을 비롯한 외국 플랫폼 서비스를 차단함으로써 자국 플랫폼 사업의 성장을 지원했다. 덕분에 시장과 정부의 환호 속에 플랫폼이 빠르게 성장할 수 있었다.

그런데 플랫폼은 시장점유율의 증가와 함께 또 다른 얼굴을 보여 주기 시작했다. 디지털 플랫폼은 이제까지 아날로그 방식으로 영업해 온 전통 산업을 무너뜨리고 있다. 동네 슈퍼나 교문 앞 문구

점들은 모두 사라졌다. 시장에서의 경쟁과 소비자 편익의 증가를 고려해 보면 이러한 창조적 파괴는 오히려 바람직한 현상일 수도 있다. 구글과 애플이 휴대폰에 새로운 운영시스템을 도입하면서 기존의 휴대폰 기업 블랙베리와 노키아는 순식간에 망하고, 안드로이드 혁신 플랫폼 위에서 기술혁신에 성공한 삼성과 수많은 앱 개발자는 엄청난 성공을 거두었다. 그러나 플랫폼의 창조적 파괴가 항상 박수를 받는 것은 아니다.

플랫폼 기업들의 시장점유율이 높아지면서 오히려 경쟁이 왜곡되거나 소비자 부담이 커지는 어두운 그림자가 나타나기 시작했다. 예를 들면 우버가 지배적인 운송 수단으로 자리 잡은 대도시에서는 모두 기존의 전통적인 택시들은 찾아보기 어렵고 택시 요금보다 두 배 정도 비싸진 우버만 있는 현실 속에서 플랫폼의 부정적 측면들이 드러나고 있다. 플랫폼 기업들은 단순히 공급업자와 소비자들을 연결해 줄 뿐이고, 기생충처럼 스스로 생산하는 것은 없으면서 엄청난 수익을 빨아들이고 있다는 지적도 나오고 있다.[20] 플랫폼 사업이 기존의 택시 사업이나 숙박업과 크게 다르지 않으므로, 시장에서 얻는 수익이 기존의 전통적인 사업자에서 플랫폼 사업자로 넘어간 것뿐이라는 것이다.

플랫폼은 많은 이용자를 확보할수록 그 가치가 더욱 커지는 '네트워크 효과network effect'를 드러내면서 승자독식의 특징을 갖게 된다. 네트워크 효과로 인해서 이미 많은 이용자를 확보한 플랫폼 기업은 더 많은 이용자를 유인할 수 있지만 새로운 기업은 진입하기가 어려워진다. 뿐만 아니라 시장에서 승자의 지위에 서게 된 플랫폼 기업은 자신의 상품이나 서비스를 우대하면서 새로운 기업이나 경쟁 기업을 차별하는 지위 남용의 위험을 보여 준다.

거대 플랫폼이 승자독식을 하더라도 입점 기업들이 더 많은 소비자를 만나고 소비자들이 가격 인하의 혜택과 더 많은 선택 가능성을 누릴 수 있다면 승자독식 그 자체를 문제 삼기 어려울 것이다. 그러나 승자독식으로 인해서 참여하는 기업들이 줄어들고 소비자들의 선택의 폭도 줄어들고 상품이나 서비스의 가격이 올라간다면, 승자독식으로 인한 시장 실패의 문제를 심각하게 고민하고 정부의 개입으로 해결해야 한다는 주장이 설득력을 갖게 된다. 여기에서 문제는 승자독식이 참여 기업과 소비자들에게 긍정적인 효과를 주는지 아니면 부정적인 효과를 주는지 판단하기 어려운 경우가 많다는 점이다. 때로는 승자독식의 효과는 단기적으로는 긍정적인데 장기적으로는 부정적일 수 있고, 그 반대일 수도 있다. 뿐만 아니라 우리나라와 유럽 그리고 미국의 산업구조 및 시장 생태계가 조금씩 다르다. 미국에는 구글, 애플, 페이스북, 아마존과 같은 거대 플랫폼들이 활약하고 있지만 유럽에는 거대 플랫폼이 거의 전무한 형편이다. 이에 반하여 우리나라에는 네이버와 카카오와 같은 토종 플랫폼이 국내 시장을 잘 사수하고 있다는 점에서 플랫폼의 지위는 미국과 유럽의 중간 정도에 위치한다고 볼 수 있다. 이처럼 유럽과 미국은 시장이 다르고 대서양만큼 시각의 차이가 커서 유럽과 미국 사이에 플랫폼 기업의 지위 남용 여부를 둘러싸고 '총성 없는 대서양 전쟁'이 발발했다.

대서양 전쟁은 기본적으로 미국 플랫폼 기업들의 시장 점령에 저항하기 위한 유럽의 방어전 성격을 갖는다. 마이크로소프트, 구글, 페이스북, 애플, 아마존 등 미국의 거대 플랫폼들이 유럽 시장에서 지배적인 지위를 차지하게 되자 '유럽연합 집행위원회European Commission'는 그 지배적 지위의 남용이 위법하다고 보고 엄청난 규모의 과징금을 부과하고 시정조치를 명령했다. 유럽의 방어전에도 불구하고 점점 더 많은 유럽 소비자들이 미국 플랫폼에 안주하고 갇히게lock-in 되었다. 이제 플랫폼을 둘러싼 전쟁은 대서양에서 태평양으로 확대되고 있다. 대서양 전쟁이 유럽의 방어전이라면 태평양 전쟁은 중국을 향한 미국의 공격전 성격을 갖는다. 플랫폼에서 제3차 세계대전World War III이 벌어지고 있는 셈이다.

대서양 전쟁

대서양 전쟁은 마이크로소프트의 혁신 플랫폼을 둘러싸고 시작되었다. 20세기 말 마이크로소프트는 90% 정도의 압도적인 컴퓨터 운영시스템 점유율로 유럽 시장을 점령했다. 마이크로소프트의 '윈도우Windows' 같은 운영시스템은 워드, 엑셀, 웹 브라우저, 미디어 플레이어 등의 응용프로그램이 설치되고 작동되는 혁신 플랫폼의 역할을 한다. 따라서 유럽뿐만 아니라 전 세계의 거의 모든 소프트

마이크로소프트의 윈도우 20세기 말, 컴퓨터 운영시스템 시장에서 90% 넘는 점유율을 차지한 마이크로소프트가 윈도우에 메신저 등의 프로그램을 끼워 판매했다. 이에 따라 유사한 프로그램을 만드는 다른 회사들이 어려움을 겪었다.

웨어 기업들은 윈도우에서 작동되는 응용프로그램을 개발해야 한다. 마이크로소프트는 운영시스템의 시장지배적 사업자일 뿐만 아니라 컴퓨터 운영시스템의 사실상 표준이 되었다. 마이크로소프트는 사실상 표준이 된 자신의 운영시스템에서 작동과 호환이 가능한 응용프로그램을 만드는 데 필요한 인터페이스API, Application Programming Interface와 같은 상호호환성interoperability 정보를 공개해 줄 필요가 있었다. 그러나 마이크로소프트는 경쟁업체들한테 상호호환성 정보의 공개를 거절하고, 자사 웹 브라우저 IEInternet Explorer, 미디어 플레이어 WMPWindows Media Player, 메신저Messenger를 운영시스템에 끼워 팔았다.

1998년에 유럽의 경쟁업체들은 마이크로소프트의 정보 공개 거부와 '끼워팔기'가 운영시스템에서의 지배적 지위를 응용프로그램에까지 확장하려고 하는 위법행위라고 주장했다. 유럽연합 집행위원회는 조사를 마친 후 2004년에 마이크로소프트로 하여금 정보공개와 미디어 플레이어의 분리를 명하고 약 7,000억 원(4억 9,700만 유로)의 과징금을 부과했다.[21] 유럽연합 집행위원회는 ① 마이크로소프트 윈도우와 상호호환에 필요한 정보는 경쟁업체들에게 반드시 필요한 정보라는 점, ② 마이크로소프트의 상호호환성 정보의 공개 거절과 미디어 플레이어 결합판매는 관련 시장에서의 경쟁을 제한하는 결과를 초래한다는 점, ③ 더 나아가 관련 시장에서의 혁신을 위축시킨다는 점을 인정한 것이다. 이에 대해 마이크로소프트는 상호호환성 정보가 저작권과 영업 비밀로 보호되는 정보라고 주장하면서 공개 거절을 정당화했고, 웹 브라우저와 미디어 플레이어 및 메신저는 소비자 편의를 높이고 운영시스템 기술의 혁신을 위해서 필요한 것이라고 주장했다. 유럽연합 집행위원회는 마이크로소프트가 저작권자로서 라이선스를 거절한 것이 당연히 공정거래법 위반이 되는 건 아니라고 보면서도, 마이크로소프트가 운영시스템 시장에서 지배적 지위를 갖고 있는 예외적 상황에서 호환성 관련 정보의 공개 거부와 라이선스 거절이 경쟁을 배제하고 혁신을 위축시킨다면 공정거래법 위반에 해당한다고 판단했다. 특히 유럽의 미디어 플레이어 시장을 보면 리얼 플레이어Real Player와 같은 경쟁 관계에 있는 기업들이 있었다. 따라서 유럽연합 집행위원회는 운영시스템에서 시장지배적 지위를 가진 마이크로소프트가 자신의 운영시스템에 미디어 플레이어를 결합해서 판매하면 경쟁 관계에 있는 미디어 업체들의 경쟁을 위축시키고 기술혁신의 인센티브를 감소시킨다고 본 것이다. 마이크로소프트는 유럽연합 집행위원회의 시정조치와 과징금 처분에 불복하는 가처분 신청을 제기했지만, 유럽연합 1심법원CFI, Court of First Instance은 가처분 신청을 기각했다.

우리나라에서도 마이크로소프트의 끼워팔기가 「공정거래법」 위반에 해당하는지 문제가 되었다. 우리나라에서도 컴퓨터 운영시스템 시장에서 지배적 지위를 가진 마이크로소프트가 컴퓨터 제조업체들에게 미디어 플레이어 및 메신저의 결합을 조건으로 라이선스를 제공했다. 2001년 다음커뮤니케이션의 신고로 공정거래위원회의 조사가 시작되었고, 2006년 공정거래위원회는 미디어 플레이어, 메신저 등의 결합판매가 시장지배적 지위의 남용에 의한 경쟁제한이라고 판단했다. 공정거래위원회는 마이크로소프트로 하여금 소비자의 희망에 따라 결합 버전과 분리 버전을 선택해서 구매할 수 있도록 시정조치하고 약 324억 원의 과징금을 부과했다.[22] 마이크로소프트는 결합판매가 기술혁신의 결과라는 점을 강조하면서, 운영시스템의 저작권을 보유한 기업으로 미디어 및 메신저의 결합을 전제로 라이선스 계약을 체결하는 것은 정당한 권리 행사라고 주장했다. 그러나 공정거래위원회는 소비자들의 응용프로그램에 대한 선택권을 침해하고, 양질의 제품을 사용할 기회를 사전에 차단하여 상대방에게 불이익이 되는 거래를 강제하는 위법한 행위라고 판단했다.

일본에서도 마이크로소프트의 끼워팔기가 문제 되었다. 마이크로소프트는 일본에서 제조업체들에게 MS 워드, 엑셀, 스케줄 관리용 아웃룩Outlook을 모두 컴퓨터 본체에 탑재하여 판매하는 조건의 라이선스 계약 체결을 강제했다. 그 당시 일본에서 워드프로세서 프로그램은 저스트시스템JustSystems의 '이치타로一太郎'가 시장점유율 1위였고, 스케줄 관리 프로그램으로는 로터스Lotus의 '오거나이저Organizer'가 1위였다. 따라서 일본의 컴퓨터 제조업체들은 MS 윈도우와 엑셀만을 대상으로 하는 라이선스 계약의 체결을 요청했지만 마이크로소프트는 워드 및 아웃룩까지 포함한 결합판매를 강제했다. 마이크로소프트의 끼워팔기가 시작된 후 2년이 지나면서 MS 워드와 아웃룩의 시장점유율이 급상승해서 일본에서도 모두 1위에 올라서게 되었다. 일본의 공정거래위원회는 시장점유율이 뒤바뀐지 1년이 지난 후 마이크로소프트의 끼워팔기를 금지하는 취지의 심결을 했지만,[23] MS 워드와 아웃룩의 시장점유율은 현재까지도 1위를 기록하고 있다.

비슷한 시기에 마이크로소프트의 끼워팔기는 미국에서도 공정거래법 위반으로 소송의 대상이 되었다. 그 당시 미국에서는 경쟁업체 넷스케이프Netscape의 웹 브라우저 '네비게이터Navigator'가 선풍적인 인기를 끌고 있었다. 마이크로소프트가 운영시스템에서의 시장지배적 지위를 이용하여 웹 브라우저 시장까지 독점하기 위해서 인터넷 익스플로러IE를 끼워팔기한 것이 위법하다는 주장이 제기되었다. 미국 법무부 및 20개 주정부가 마이크로소프트의 인터넷 익스플로러 끼워팔기가 「셔먼법The Sherman Act」 위반에 해당한다고 주장하면서 소송을 제기했다. 마이크로소프트는 윈도우에 웹 브라우저를 결합한 것은 운영시스템의 기능을 향상시키기 위한 기술혁신의 결과로, 운영시스템과 웹 브라우저는 하나의 통합된 단일 상품이라고 주장했다. 뿐만 아니라 마이크로소프트는 소비자들에게 웹 브라우저를 무료로 제공하는 것이기 때문에 소비자 편의도 증가하여 소비자들에게도 이익이 된다는 점을 강조했다. 그러나 미국 법무부 등이 마이크로소프트를 상대로 제기한 소송에서 관할 연방지방법원은 소비자들이 '네비게이터'라는 경쟁 제품의 편의성을 향유하고 있다는 점을 중시하면서 마이크로소프트의 끼워팔기는 시장지배적 지위를 웹 브라우저 시장에까지 확장하기 위한 독점화로 「셔먼법」 위반에 해당한다고 판결했다. 더 나아가 연방지방법원은 「셔먼법」 위반에 대한 제재 조치로 마이크로소프트가 운영시스템을 개발하여 판매하는 회사와 기타 소프트웨어를 개발하여 판매하는 회사를 분할해야 한다는 결정을 내렸다.[24]

그러나 마이크로소프트 사건의 항소심을 맡은 연방항소법원은 연방지방법원과 다른 판단을 했다. 연방항소법원은 마이크로소프트의 주장과 같이 윈도우와 웹 브라우저의 결합으로 효율성이 증대하고 오히려 경쟁 촉진의 긍정적 효과가 있다는 점을 인정했다. 아날로그 시대의 유형적 상품과 달리 디지털 시대의 무형적 상품의 경우에는, 새로운 기능을 추가하거나 결합하는 것이 시장지배력을 확장하기 위한 것이 아니라 기능 향상을 위한 기술혁신의 결과일 수도 있다는 것이다. 아날로그 시대에는 끼워팔기가 당연히 위법이라고 보는 '당연위법의 원칙per se rule'이 지배하고 있었지만, 디지털 시대에는 기술혁신과 시장 변화의 속도가 빠르기 때문에 더 이상 당연위법의 원칙이 타당하다고 볼 수 없다. 그래서 소프트웨어 제품의 결합판매의 경우 시장지배력의 확장에 의한 부정적 효과가 많은지, 아니면 새로운 기능의 추가로 기능 향상 및 효율성 증대에 기여하는 긍정적 효과가 더 큰지 비교해서 합리적으로 판단해야 한다고 본 것이다. 따라서 연방항소법원은 윈도우와 웹 브라우저의 결합판매가 위법한지 여부를 판단할 때, '당연위법의 원칙'이 아니라 '합리성의 원칙rule of reason'에 따라 다시 심리해야 한다고 판결했다.[25] 마이크로소프트 사건은 연방지방법원으로 환송되었고, 당사자들은 화해로 사건을 마무리했다. 미국에서는 법무부가 제기한 소송 그리고 최종적인 화해 모두 마이크로소프트의 결합판매에 아무런 영향을 미치지 못했다. 한때 수많은 이용자의 사랑을 받았던 웹 브라우저 '네비게이터'는 시장에서 사라지고, 마이크로소프트의 시장지배적 지위는 전혀 흔들리지 않은 채 계속 유지되고 있다.

미국 연방항소법원의 판단은 유럽연합 집행위원회의 결정과 다른 커다란 차이를 보여 준다. 미국에서는 기술혁신의 긍정적 효과를 강조하고 있는 반면에 유럽에서는 시장에서의 경쟁 질서를 더 중시하고 있다. 미국과 유럽의 시장이 다르고 법 정책이 다르다는 것을 잘 보여 준다. 과거의 역사를 되돌아보면, 기술혁신과 함께 시장 자체가 크게 변화해 왔고 시장 경쟁에 대한 법 정책도 상당히 커다란 변화를 겪었다.

혁신과 경쟁의 역사

18세기 중엽에 영국에서 산업혁명이 시작되면서 기술혁신의 속도가 빨라지기 시작했다. 르네상스 이후 유럽 대륙에서 과학기술이 상당히 발전해 왔지만, 증기기관을 개발해서 수공업에서 기계공업으로 발전한 산업혁명은 영국이 선두 주자였다. 19세기에는 영국에 이어 유럽 대륙과 미국이 기술혁신을 촉진하고 특허 제도로 발명을 보호함으로써 산업혁명에 성공한다. 이때까지는 기술혁신이 지상 과제였고 시장에서는 자유방임주의와 적자생존의 법칙이 지배하고 있었다. 그러나 19세기 말 미국의 스탠더드 오일Standard Oil 석유 회사와 같은 대기업들의 시장 독점으로 인한 폐해가 심각해지면서, 1890년에 독점 규제를 위한「셔먼법」이 제정되었다.

기술혁신에도 불구하고 시장에서 경쟁을 위축시키면「셔먼법」에 의한 규제의 대상이 될 수도 있었다. 기술혁신과 발명의 대명사 토머스 에디슨Thomas Edison이 개발한 영화 카메라와 영사기가 그 대표적인 사례가 되었다. 에디슨은 자신만이 아니라 다른 사람들의 특허권까지 모아서 '영화특허회사MPPC, Motion Picture Patents Company'를 설립하여 경쟁 기업들을 상대로 40여 건의 특허권 침해 소송을 제기했다. 그뿐만 아니라 영사기에 라이선스를 부여하여 자신이 보유한 특허 기술로 제작하고 영화특허회사의 허락을 받은 영화만 상영할 것을 조건으로 영사기를 판매해야 하고, 판매 중인 모든 영사기에 그러한 조건을 명기할 것을 영사기 제조업체에 요구했다. 물론 영화특허회사의 허락을 받은 영화 제작사들은 영화관에 영화대여 시 대여료를 담합해서 시장 독점과 이윤 극대화를 도모했다. 영화특허회사가 영화 제작사 유니버설Universal을 상대로 특허권 침해를 주장하면서 소송을 제기했지만, 영화특허회사가 영사기의 제작 및 판매를 허락하는 라이선스를 부여하면서 자신의 허락을 받아서 제작한 영화만을 상영해야 한다는 조건을 강요한 것은 위법한 끼워팔기에 해당되어 무효라고 판결되었다.[26] 법무부는 영화특허회사가 부당한 끼워팔기와 가격 담합으로 영화 카메라, 영사기, 필름, 영화 시장의 경쟁을 제한해서 「셔먼법」을 위반했다고 주장하면서 영화특허회사를 상대로 소송을 제기했고, 결국 미국 연방법원의 판결에 따라 영화특허회사는 해체되는 운명을 맞이했다.[27]

「셔먼법」의 제정에도 불구하고 20세기 초까지 기술혁신의 결과 특허권을 보유하게 된 기업들은 대부분 「셔먼법」에 따른 책임을 지지 않는 경우가 많았다. 특허권을 보유한 기업은 라이선스 계약을 체결할 때 거절할 수 있는 지위를 가지므로, 어떤 계약 조건으로 계약을 체결하거나 시장에서의 경쟁을 제한하더라도 「셔먼법」의 적용 대상이 될 수 없다고 보았었기 때문이다. 그러나 1929년의 주가 대폭락 이후 대공황이 시작되면서 기술혁신과 발명으로 특허권을 보유한 기업들에 대한 「셔먼법」 적용 사례들이 나오기 시작했다.[28] 1970년대 초에는 법무부 공정거래실이 '당연위법'이라고 볼 만한 라이선스 유형을 열거해서 금지했다. 금지된 라이선스 유형은 특허권자에 의한 끼워팔기라거나 특허 제품의 재판매 가격 유지와 같은

9가지 라이선스 유형은 근본적으로 자유로운 경쟁 질서에 위반하는 당연위법이라고 본 것이다.

그러나 1970년대 말에 오면 미국의 시장은 크게 달라지고 미국의 혁신과 경쟁 정책도 바뀐다. 일본과 독일의 기업들이 급부상하고 소니Sony의 '워크맨Walkman'과 같은 전자제품들이 미국 시장을 점령하면서 미국은 심각한 위기의식을 갖지 않을 수 없었다. 미국은 다시 기술혁신의 중요성을 강조하고 시장에서의 경쟁 질서 유지보다 특허권의 보호 강화를 추진하기 시작했다. 1981년에 취임한 로널드 레이건Ronald Reagan 미국 대통령의 신자유주의Neoliberalism 정책 그리고 시카고학파Chicago School의 경제 이론은 행정뿐만 아니라 입법과 사법에까지 변화를 불러일으켰다. 1982년에는 '미국 연방특허항소법원CAFC, Court of Appeals for the Federal Circuit'[29]이 탄생하고, 1986년에는 법무부도 '9개 금지 사항'을 폐기하고, 1988년에 개정된 「특허법」은 특허권자가 라이선스를 거절했다는 이유만으로 특허권 남용으로 간주되지 않는다는 점을 명확히 했다.[30] 20세기 말 컴퓨터와 인터넷으로 상징되는 디지털 기술이 등장한 이후, 미국은 동태적인 기술혁신이 미치는 긍정적 효과와 부정적 효과를 검토하되 시장 개입에 대해서 아주 신중한 입장을 취하고 있다. 시카고학파의 경제 이론에 의하면 마이크로소프트의 브라우저 끼워팔기로 경쟁사 넷스케이프 브라우저가 퇴출되는 억울한 손해를 보게 되더라도 기술혁신이 촉진되고 소비자 후생이 증가하면 적법한 경쟁으로 본다. 이것이 대서양 전쟁에서 유럽연합 집행위원회는 마이크로소프트의 끼워팔기에 대해 시정조치와 과징금 부과를 한 반면, 미국 법무부는 마이크로소프트와 화해로 사건을 마무리한 배경을 설명해 준다.

구글의 플랫폼

마이크로소프트의 컴퓨터 운영시스템을 둘러싸고 시작된 유럽의 대서양 전쟁은 구글의 상거래 플랫폼에서 계속 이어진다. 구글은 1998년 미국 스탠퍼드 대학교 컴퓨터과학 대학원에 재학 중이던 래리 페이지Larry Page와 세르게이 브린Sergey Brin이 시작한 단순하고 소박한 검색 사이트로 출발했는데, 현재 전 세계 검색 서비스의 90% 이상을 담당하면서 사람들의 삶을 바꿔 놓은 세계 최대의 플랫폼이 되었다. 20세기 말 인터넷이라고 하는 미개척지에서 인류가 이제까지 볼 수 없었던 새로운 세상을 연 것이다. 구글은 창립된 지 얼마 지나지 않아 발생한 9·11 테러로 인해서 구글 정보가 국가 안보에 중요하다는 인정을 받았다. 또 코로나19 위기 때는 방역과 보건에서 구글의 정보가 위력을 발휘했다. 독일과 프랑스에서는 푸틴이 우크라이나를 공격할 것이라고 생각하지 않았지만, 구글은 구글 지도Google Maps의 '교통 상황Google Traffic'을 통해 접경 지역의 군사 이동을 파악하고 러시아의 우크라이나 침공을 예측할 수 있었다. 구글의 첩보가 발표되고 3시간 후, 푸틴은 '특별군사작전'의 개시를 명령하고 우크라이나 침공을 시작했다.

구글 플랫폼은 검색 서비스를 무료로 제공하는 대신에 광고료를 주된 수익원으로 삼는다. 2004년 구글은 온라인 쇼핑에서의 광고 매출을 늘리기 위해서 독자적인 가격 비교 쇼핑 사이트CSS, comparison shopping service인 '프루글Froogle'을 시작했다. 그 당시 유럽에서는 가격 비교 쇼핑 사이트로 '켈쿠Kelkoo'가 가장 높은 시장점유율을 확보하고 있었다. 켈쿠에 비해 구글의 '프루글'은 결코 좋은 쇼핑 사이트라고 볼 수 없었다. 2005년 구글이 가격 비교 쇼핑 사이트의 검색 결과를 일반 검색 결과에도 나타나게 했을 때, 구글의 중립적인 검색 알고리즘은 자사 서비스 프루글의 검색 결과를 아주 낮은 후순위에 나타낼 수밖에 없었다. 그러던 구글은 2008년 쇼핑 서비스 전략을 대폭 수정한다. 프루글을 '구글 쇼핑Google Shopping'으로 개편하고 자사 서비스 구글 쇼핑 검색 결과를 최상단의 박스로 올려놓았다. 문제는 구글이 자사 쇼핑 검색 결과를 최상단에 승진시켰을 뿐만 아니라 켈쿠같이 경쟁 관계에 있는 가격 비교 쇼핑 사이트는 후순위로 강등하면서 첫 페이지에서 빼버린 것이다. 통상적으로 검색 결과 최상단에 있는 사이트가 클릭의 약 35%를 차지하고 첫 페이지에 위치한 사이트가 클릭의 95%를 차지하기 때문에 그다음 페이지로 강등된 사이트가 소비자의 방문을 받을 가능성은 1% 미만으로 대폭 줄어든다. 구글이 쇼핑 검색 결과의 순위를 의도적으로 바꾸면서 구글 쇼핑의 방문과 광고 매출은 대폭 늘어난 반면에 소비자들의 켈쿠 방문은 급속히 감소했다.

2009년 말 광고 기업들과 마이크로소프트 등은 구글의 자사 쇼

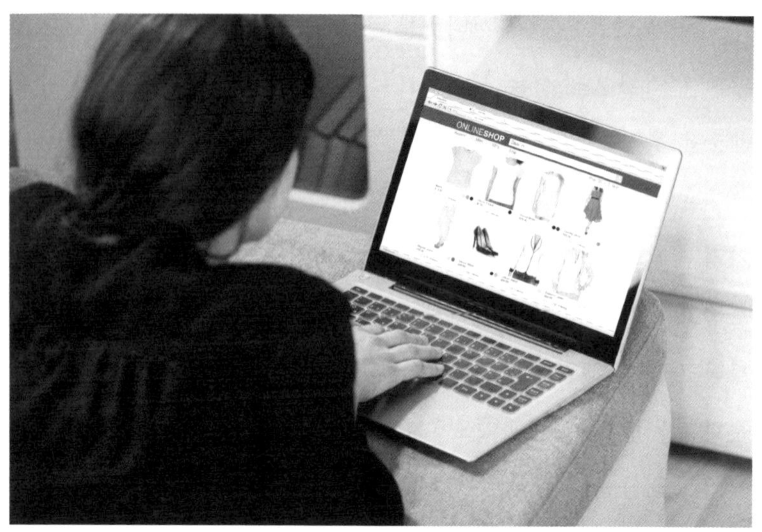

구글은 검색 결과 상단에 자사 쇼핑 검색 결과를 두어 쇼핑 방문자 수를 늘렸다.

핑 서비스를 최상단에 올려놓는 것은 불법적인 경쟁제한이라고 주장하면서 유럽연합 집행위원회의 시정조치를 요구했다. 2015년 유럽연합 집행위원회는 오랜 기간의 조사와 신중한 논의를 정리하면서, 구글의 자사 서비스 구글 쇼핑을 우대하고 경쟁사의 쇼핑 사이트를 강등함으로써 쇼핑 사이트 방문traffic을 왜곡하고 소비자들의 선택을 방해하였으며 기술혁신 경쟁을 저해했다는 예비 결론을 내렸다. 2017년 최종적으로 유럽연합 집행위원회는 구글이 일반 검색 시장에서의 시장지배적 지위를 남용하여 자사 서비스를 우대함으로써 경쟁을 제한했다고 판단하고 시정조치와 약 3조 3,000억 원(24억 유로)의 과징금 부과를 결정했다.[31] 구글은 곧바로 과징금을 납부하면서도 집행위원회의 결정에 불복하여 소송을 제기했다. 구글은 집행위원회의 결정이 유럽의 경쟁업체들을 위해서 구글로 하여금 자사 서비스 품질 향상과 기술혁신을 멈추도록 하는 것과 마찬가지라고 하면서 집행위원회의 판단에 오류가 있다고 항변했다. 그로부터 3년이 지난 후, 유럽의 135개 기업과 30개 관련 협회는 구글이 새로운 방법으로 자사 서비스를 우대하고 있다고 주장했다. 구글이 경쟁업체들을 모두 죽이기 이전에 집행위원회가 개입해 줄 것을 촉구한 것이다. 구글은 품질 향상과 기술혁신을 통해서 경쟁을 촉진하고 소비자 편익의 증가에 기여하고 있다고 주장하지만, 유럽의 기업 대부분은 구글 때문에 공정한 경쟁의 기회를 빼앗기고 시장지배적인 구글 플랫폼에서 배제되었다고 주장하고 있다.

미국의 정반대 접근법

미국에서도 경쟁업체들이 구글의 자사 서비스 우대가 시장지배적 지위 남용으로 위법하다고 주장했지만, 미국의 공정거래를 담당하는 '연방거래위원회FTC, Federal Trade Commission'는 2013년에 법 위반의 혐의가 없다고 보고 사건을 종결 처리했다. 2년 후 일부 공개된 연방거래위원회 내부 보고서에 의하면, 구글의 임원들이 조사 기간 동안 긴밀한 협의를 하고 구글이 자발적으로 알고리즘을 일부 변경하기로 합의하면서 사건이 종결되었다. 미국 언론보도에 의하면 구글의 창립자 래리 페이지와 최고 경영자 에릭 슈미트

Eric Schmidt를 포함한 임원들은 2009년부터 5년간에 걸쳐 연방거래위원회 및 백악관 담당자들과 230회가량의 회의를 했던 것으로 밝혀졌다.[32] 우리나라에서 네이버와 청와대 담당자가 주례 회동에 버금가는 긴밀한 협력을 하면 정경유착 등의 비난이나 음모론이 나왔을 것이다. 미국의 연방거래위원회와 백악관은 유럽연합 집행위원회의 조사 과정을 지켜보면서 구글 임원들로부터 상세한 자료와 의견을 받았다. 미국 정부는 구글이 기술혁신을 선도하는 자국 기업이고, 아마존과 같은 전자상거래 플랫폼들과의 건전한 경쟁이 있고, 소비자 편익의 증가를 더 중시해야 한다는 점을 고려해서 신중한 판단을 한 것이다.

그러나 미국에서도 구글의 자사 우대에 관한 경쟁업체들의 불만은 여전하다. 예컨대 '옐프Yelp'는 음식점과 같은 지역 업소 검색 및 리뷰 그리고 예약 서비스로 상당한 사이트 방문자를 확보하고 있었고, 마이크로소프트가 사내 벤처에서 플랫폼 기업으로 독립시킨 '익스피디아Expedia'는 항공 및 호텔 예약 서비스 사이트로 많은 소비자들의 인기를 끌고 있었고, 상당수의 플랫폼이 관련 시장에서 구글과 경쟁 관계에 있거나 경쟁 관계가 형성되고 있었다. 옐프의 성공을 보고 구글은 지역 업소 등의 주소, 전화번호, 지도, 리뷰 등을 별도의 박스 속에 제공하는 '원박스OneBox' 서비스를 시작했고, 익스피디아에서 항공 및 호텔 시장에 뛰어들기 위해서 '구글 항공Google Flights'과 '구글 호텔Google Hotels' 서비스를 시작했다. 옐프, 익스피디아 등의 경쟁업체들은 구글이 검색 시장의 지배적 지위를 남용해서 검색 결과 순위를 왜곡하고 자사 서비스를 우대하면서 경쟁을 제한하고 있다고 주장했다. 뿐만 아니라 익스피디아는 구글이 데이터를 공개하지 않고 독점적 지위를 남용하고 있다고 비난했다. 특히 이용자들의 검색 키워드 데이터와 사이트 방문 시간 등 이용 행태 등에 관한 데이터를 구글이 독점하고 있는데, 구글이 데이터에 관한 독점적 지위를 남용해서 항공 및 호텔 예약 등의 관련 서비스 시장을 왜곡한 것이라고 주장했다. 경쟁업체들의 주장에도 불구하고 미국 연방거래위원회는 구글의 검색 및 광고 서비스가 기술혁신의 결과로 소비자 편익을 증가시키고 있다고 긍정적으로 평가하고 사건을 종결했다.

구글과 네이버

네이버는 한국의 구글인가? 네이버쇼핑의 자사 우대는 유럽에서처럼 공정거래법 위반으로 볼 것인가 아니면 미국에서처럼 소비자 편익을 증가시키고 경쟁 촉진적 효과가 있다고 볼 것인가?

2020년 우리나라 공정거래위원회는 네이버가 쇼핑 검색 결과에서 자사 오픈마켓 서비스를 우선 노출시키고 '11번가', 'G마켓', '옥션' 등 경쟁 오픈마켓 서비스는 검색 노출 순위에서 밀려나도록 알고리즘을 바꿨다고 보고 시정명령과 함께 265억 원의 과징금을 부과했다.[33] 네이버는 다양한 쇼핑 사이트에서 판매하는 상품을 비교

할 수 있는 '네이버쇼핑'과 함께 상품 판매자와 소비자를 직접 연결해 주는 오픈마켓 서비스 '스마트스토어'를 운영하고 있다.

네이버쇼핑의 검색 결과에서 자사 오픈마켓 서비스를 우선 노출한 것이 「공정거래법」 위반에 해당하는가? 네이버는 쇼핑 검색 서비스 시장에서 점유율 70%가 넘는 1위 사업자다. 그러나 국내 전자상거래 시장을 보면 네이버 17%, SSG 15%, 쿠팡 13%, 11번가 6%의 시장점유율로 치열한 경쟁이 이뤄지고 있다.[34] 검색 결과에서의 자사 우대가 공정거래법 위반에 해당되는지 여부에 관한 유럽과 미국의 해석은 전혀 다르다. 유럽에서는 미국의 플랫폼 기업이 시장을 장악하고 있고 미국 기업들에게 절대적으로 의존하고 있는 데 반해서, 미국에서는 구글과 아마존 등의 자국 기업들이 온라인 플랫폼을 주도하고 있다. 공정거래법 해석의 차이는 유럽과 미국의 시장 상황의 차이로부터 유래한 것으로 이해할 수 있다. 우리나라는 유럽처럼 미국의 플랫폼에 절대적으로 의존하는 것은 아니지만 미국처럼 자국 기업들이 완전히 주도하고 있는 시장으로 보기도 어렵다.

자사 우대는 자사 상품의 품질과 가격을 강조하기 위해서 진열대의 좋은 자리에 배치하는 것처럼 다양한 산업에서 사용된 마케팅 방법으로 관련 시장에서 품질과 가격 경쟁을 촉진하는 효과도 갖고 있다. 플랫폼에서의 자사 우대를 그 자체로 당연위법이라고 볼 수는 없을 것이다. 다만 플랫폼 기업이 경쟁 기업의 소비자 접근을 차단하는 것과 같이 객관적인 경쟁제한 효과가 입증된 경우에는 공정거래법에 의한 개입이 필요할 것이다. 플랫폼에서의 혁신 촉진과 소비자 편익 증가를 중시할 것인가 아니면 경쟁의 공정성을 절대적 가치로 볼 것인가 신중하게 판단해야 할 문제이다.

안드로이드의 숨겨진 비용

구글은 인터넷 상거래 플랫폼으로 성공했고 곧이어 휴대폰 운영시스템으로도 성공했다. 구글이 애플의 뒤를 이어서 2009년에 휴대폰 운영시스템을 출시할 당시 '안드로이드'는 2.8%의 미미한 시장점유율로 시작했다. 애플의 휴대폰 운영시스템 iOS는 자사 기기에만 탑재하는 폐쇄형 플랫폼인 데 반하여, 안드로이드는 오픈소스 코드로 어느 휴대폰 제조업체나 자유롭게 이용할 수 있는 개방형 플랫폼이다. 안드로이드는 개방형 플랫폼으로 어느 업체든지 자유롭게 이용할 수 있었기 때문에 현재 87% 이상의 시장점유율로 애플 iOS 플랫폼의 일곱 배 이상 성공을 거두었다.[35] 안드로이드는 자유롭게 이용할 수 있는 개방형 플랫폼이지만 압도적인 시장점유율을 확보하면서 그에 숨겨진 비용이 밖으로 드러나기 시작했다. 안드로이드가 공짜인 것처럼 보이지만, 실제로는 휴대폰 제조업체와 소비자들은 구글의 무리한 요구를 들어주면서 막대한 비용을 치르게 된다. 마이크로소프트가 윈도우 운영시스템의 시장지배적 지위를 이용하여 웹 브라우저, 미디어 플레이어, 메신저 등의 결합

탑재를 강권한 것처럼, 구글은 안드로이드의 시장지배적 지위를 이용하여 '구글 검색Google Search', 웹 브라우저 '크롬Chrome', 앱 마켓 '구글 플레이Google Play'와 같은 자사 앱을 선탑재할 것을 요구했던 것이다.

구글은 검색 서비스를 무료로 제공하지만 검색 결과 화면 광고를 포함한 광고 서비스를 제공함으로써 막대한 수익을 올리고 있다. 2021년 기준으로 구글의 검색 광고 수입은 약 250조 원(2,094억 달러)에 달한다.[36] 광고 수익은 검색 서비스를 이용하는 이용자 트래픽에 좌우되기 때문에, 구글은 애플에 구글 검색 엔진을 디폴트 옵션으로 장착하는 대가로 매년 수십억 달러를 지급하고, 삼성처럼 안드로이드 OS를 사용하는 휴대폰 제조사들에게는 구글 검색 엔진을 디폴트로 설치하도록 요구해 왔다.

'페어서치FairSearch'는 구글의 반경쟁적인 행태를 감시하는 단체인데, 2013년 구글의 안드로이드 관련 사업 행태가 유럽의 경쟁법에 위반된다고 주장하면서 유럽연합 집행위원회에 시정조치를 요구했다. 페어서치는 익스피디아와 같은 여행 서비스업체뿐만 아니라 마이크로소프트, 노키아와 같은 경쟁업체들도 합류해서 왕성한 감시활동을 하고 있었다. '앱토이드Aptoide'는 안드로이드 앱 마켓 서비스를 제공하는 업체로, 페어서치에 이어 구글의 반경쟁적 행태를 유럽연합 집행위원회에 신고했다. 앱토이드는, 구글이 구글 플레이를 안드로이드 휴대폰에 선탑재할 것을 요구했을 뿐만 아니라 안드로이드 운영 체제에 통합되어 있는 바이러스 백신 소프트웨어가 사용자들의 앱토이드 설치를 포기하도록 유도해서 선의의 경쟁을 방해했다고 주장했다. 구글의 안드로이드 바이러스 백신 프로그램인 구글 플레이 프로텍트Google Play Protect가 사용자들이 앱토이드 앱을 다운로드받으려고 할 때 유해한 앱이라고 경고함으로써 사용자들이 앱토이드 앱을 제거하도록 유도한 것은 앱 마켓 서비스에서의 경쟁을 부당하게 제한한 것이라는 주장이다. 앱토이드에 이어서 러시아의 검색 사이트 '얀덱스Yandex'도 구글 안드로이드의 반경쟁적 행태를 신고했다.

2018년 유럽연합 집행위원회는 구글이 휴대폰 운영시스템 플랫폼의 시장지배적 지위를 남용하여 휴대폰 제조업체들로 하여금 구글 검색, 웹 브라우저 크롬을 선탑재하고 구글 검색을 기본 검색 서비스로 설치할 것으로 요구하고 이동통신 사업자들에게 상당한 보상금을 지급하면서 구글 검색으로 유인해서 검색 시장에서의 경쟁을 제한했다고 판단했다. 집행위원회는 구글에 대해 시정조치와 함께 약 6조 원(43억 유로)의 과징금을 부과했다.[37]

미국 정부도 구글이 안드로이드 플랫폼을 이용하여 검색 및 광고 시장의 경쟁을 방해하는 것은 심각한 문제라고 판단했다. 2020년 미국 법무부DOJ, Department of Justice는 구글을 검색 및 검색 광고 시장의 반경쟁 혐의로 소송을 제기했다. 이 소송에는 14개 주정부 법무부도 합류했다. 법무부 주장의 핵심은 구글 검색이 애플에 매년 10~15조 원(80~120억 달러)의 대가를 지급하면서 아이폰 등의 애플 휴대폰의 디폴트 옵션으로 구글 검색 엔진을 장착했다는 것이다.

모바일 시대에는 휴대폰 이용자들의 인터넷 트래픽을 끌어모으는 것이 가장 중요한 전략이다. 구글 검색 엔진을 디폴트 옵션으로 제공하는 것은 이용자들의 검색을 독점하는 것이어서 구글은 결과적으로 검색 광고 시장의 70%를 장악할 수 있었다. 검색 시장의 경쟁 제한과 검색 광고 시장의 독점으로 인해 광고주들은 종전보다 부당하게 많은 광고료를 구글에 지급해야 하고 과다한 광고 비용은 소비자들에게 전가되었다.

미국 법무부의 소 제기로부터 두 달 후, 텍사스를 비롯한 16개 주정부의 법무장관들은 광고 시장에서의 공정거래법 위반 혐의로 구글을 상대로 별도의 소송을 제기했다. 주정부 차원의 소송에서 핵심이 되는 주장은 구글이 페이스북과 담합해서 광고 거래의 경쟁을 제한하고 광고주들로 하여금 부당하게 고가의 광고비를 부담하게 한다는 것이다. 2021년 7월 36개 주정부의 법무장관들은 구글이 구글 플레이 앱스토어에서 앱 개발자들에게 30%의 수수료를 부과하고 구글 플레이 이외의 외부 앱스토어에서 앱을 배포하는 것을 저지하거나 방해하는 것은 공정거래법 위반에 해당한다고 주장하면서 소송을 제기했다. 구글은 안드로이드가 모든 업체에게 더 많은 기회를 제공해 준 것이고 결코 기회를 제약하거나 경쟁을 제한한 바 없다고 항변했다. 연방정부 및 주정부 차원에서 제기된 이들 소송은 아직 변론도 시작하지 않았고 언제 끝날지 아무도 모른다.

아마존의 역설

아마존은 21세기 상거래에서 최대의 거인이다. 아마존은 물건을 사고파는 플랫폼일 뿐만 아니라 배송 및 물류, 결제 서비스, 신용 대출, 도서 출판, 클라우드 서버 등의 다양한 서비스를 제공하는 종합 플랫폼이다. 아마존은 49%의 온라인 쇼핑을 장악하고 있다.[38] 설립 후 7년간 계속 엄청난 적자를 기록했지만 아마존의 주가는 꾸준히 올라갔다. 그 후에도 계속된 과감한 투자와 광고 집행 그리고 무료 배송과 할인 판매 등으로 영업이익은 보잘것없이 아주 미미한 수준에 머물렀다. 그러나 투자자들은 전자상거래의 새로운 시장을 개척하고 선점할 때까지 과감한 투자를 하는 것이 옳다고 판단했고 아마존의 주가는 그칠 줄 모르고 올라갔다. 그 결과 아마존은 전자상거래의 혁명으로 시장을 선점하고 수많은 비즈니스에 필수적인 인프라 역할을 하게 되었다.

아마존은 소비자들에게 엄청난 편의성과 혜택을 안겨 주고 있는데, 그런 아마존을 두고 어떻게 시장을 위협한다고 말할 수 있을까? 아마존 플랫폼 덕분에 상품 가격이 떨어지고 소비자 편익이 증가하는데 아마존이 궁극적으로는 소비자를 해롭게 만들 것이라고 비난할 수 있을까? 예를 들면 아마존은 전자책e-book을 실비보다 저렴하게 팔면서 전자책 시장에서 지배적인 지위를 확보했다. 이 가격 정책predatory pricing은 소비자들에게 엄청난 혜택을 주므로 긍정적인 것인가, 아니면 시장에서 경쟁업체를 몰아내므로 약탈적인 것인가? 아마존 제프 베이조스Jeff Bezos 의장은 전자책 시장을 장악하기 위해 전자책 단말기 '킨들Kindle'과 전자책을 실비보다 낮은 가격으로 판매했다. 애플이 '아이튠즈iTunes'에 거의 모든 음원을 공급하면서 음원 시장을 지배할 수 있었던 것처럼, 베이조스는 저가 정책으로 약 90%의 전자책을 판매할 수 있게 되었고 전자책 시장의 지배적 사업자가 되었다.

손실을 감수하면서 저가 판매를 하는 것이 소비자들에게 이익이 되는 듯 보이지만 약탈적인 가격 정책으로 경쟁업체를 시장에서 몰아내는 반경쟁적 행위에 해당한다는 주장은 계속 제기되어 왔다. 아마존에 입점한 판매업자들에게 다른 사이트와 가격이 같거나 그보다 낮은 가격으로 판매하도록 강요하는 것은 공정거래법 위반에 해당한다는 것이다. 워싱턴 D.C. 주 법무장관은 아마존이 판매업자들에게 월마트Walmart 등 다른 사이트에서 아마존보다 낮은 가격으로 판매하지 못하도록 가격 제한을 둔 것은 아마존에서 가장 낮은 가격으로 판매하도록 강요하는 것과 마찬가지로 반경쟁적인 위법행위라고 주장하면서 소송을 제기했다. 이에 대해 아마존은 저가 정책이 소비자들에게 혜택을 주고 업체 간 경쟁을 촉진한다고 항변했다. 워싱턴 D.C. 법원은 상세한 이유를 밝히지 않은 채 아마존의 항변을 받아들였다.[39]

캘리포니아에서도 아마존의 저가 정책은 도전을 받았다. 캘리포니아주 법무장관은, 아마존이 판매업자들과 판매 가격 제한에 합의하면 소비자들에게는 아마존이 최저가 판매를 하는 것처럼 보이지만, 실제로는 판매업자들이 월마트 등 경쟁업체에서 보다 저렴한 가격으로 판매할 기회를 박탈하는 것이기 때문에 공정거래법에 반한다고 주장하면서 소송을 제기했다. 아마존에 입점한 어느 판매업자가 월마트와 같은 경쟁업체에서 더 낮은 가격으로 판매하는 경우 그 판매업자의 상품은 아마존 사이트의 검색 결과에서 후순위로 밀리거나 심지어 사이트에서 차단되기도 한다는 것이다. 또한 아마존이 판매업자들에게 점점 더 많은 수수료 납부를 요구해서 결과적으로 가격 인상을 초래한다는 주장도 제기되었다.

아마존은 판매업자들이 상품을 판매할 '마켓플레이스Marketplace' 플랫폼을 제공하는 동시에 아마존의 직거래 플랫폼이라는 이중성을 갖고 있다. 운동 경기의 심판이 운동선수로도 참가하는 경우 경기의 공정성이 의심받는 것과 마찬가지로, 아마존도 판매업자들을 위한 플랫폼의 지위와 스스로 판매업을 수행하는 판매업자의 지위를 동시에 갖고 있어서 플랫폼의 공정성이 논란의 대상이 되어 왔다. 또한 판매업자로서 특정 상품을 우대하거나 경쟁 상품의 취급을 거절하는 것이 공정거래법 위반에 해당하는지에 대한 우려가 커지고 있다.

미국 연방거래위원회는 아마존의 로봇청소기 제조업체 '아이로봇iRobot' 인수가 공정거래법 위반에 해당하는지 조사하기 시작했다. 아마존은 아이로봇과 삼성의 로봇청소기를 모두 판매하고 있는데, 아이로봇을 인수하면 삼성 로봇청소기의 판매를 방해하거나 취급을 거절할 수도 있고 로봇청소기 회사가 수집한 소비자들의 개인정보를 기존 데이터와 결합해서 광고 및 판매에 활용하면 소비자들의 개인정보를 침해할 소지가 있다는 우려가 제기되었기 때문이다.

유럽연합 집행위원회도 아마존이 아이로봇을 인수하면 기존의 아마존 인공지능 스피커 '알렉사Alexa'와 함께 '스마트홈smart home' 시장에서 지배적 지위를 장악하게 될 것이라고 우려한다. 아마존이 알렉사와 아이로봇 판매를 통해서 가정 내 가전제품의 원격 조정을 장악하고 개인정보를 독점 수집하여 관련 시장에서의 경쟁을 제한하고 기술혁신을 가로막을 수 있다는 것이다. 2020년에 이미 유럽연합 집행위원회는 아마존이 입점 판매업자들의 판매 데이터를 무단으로 수집해서 아마존의 자사 판매 활동에 활용해 온 것이 공정한 경쟁 질서에 반하는 행위라고 여기고 조사를 진행했었다. 아마존은 유럽에서 40조 원이 넘는 과징금을 내야 할지도 모를 상황에 직면하자, 2022년 12월 더 이상 판매업자들의 데이터를 이용하지 않겠다는 것과 경쟁업체들을 위한 또 다른 '구매 상자Buy Box'를 표시하겠다는 것을 조건으로 합의하면서 화해로 사건을 종결했다.

30년 전 온라인 서점으로 출발한 아마존은 인터넷 상거래의 기술혁신과 저가 정책으로 창조적 파괴의 대명사로 자리 잡았다. 그러나 최근 수년간 미국과 유럽의 경쟁당국은 아마존 방식의 창조적 파괴가 가져오는 긍정적 측면과 부정적 측면을 비교하기 시작했다. 예를 들면 2010년에 애플이 아이패드를 출시하면서 유력 출판사들과 권당 15달러로 전자책 출판 계약을 체결했지만, 아마존은 권당 9.99달러의 저가 정책을 유지했다. 저명 출판사 '맥밀런Macmillan'

이 아마존에 권당 15달러를 요구하자 아마존은 도서목록에서 맥밀런 출판사의 전자책뿐만 아니라 종이책까지도 모두 삭제해 버렸다. 아마존의 이런 저가 정책은 소비자 편익을 높이고 경쟁을 촉진하는 긍정적 측면을 갖고 있어서 환영받아 왔다. 다른 한편 아마존의 저가 정책은 경쟁업체를 몰아내기 위한 약탈적 가격과 마찬가지로 관련 시장의 생태계를 파괴하는 부정적 측면도 갖고 있다. 어떠한 비용을 치르더라도 시장점유율을 최대한 늘리려는 저가 정책은 단기적으로는 소비자 편익을 높이지만 시장을 장악한 후에는 지배적 지위를 남용하는 등 반경쟁 행태를 보인다는 비판이 제기되고 있다.

아마존의 창조적 파괴로 인해서 미국 공정거래법의 이론과 정책마저 바뀌고 있다. 6년 전 예일대 로스쿨 저널에 3학년 학생이 「아마존 독점의 역설」이라는 논문을 게재했다. 이 논문의 핵심은 현재의 미국 공정거래법은 소비자 물가에 미치는 영향에 중점을 두고는 있지만, 아마존과 같은 플랫폼 기반 비즈니스 모델의 반경쟁 행태에 적절히 대응하기 위하여 새로운 법 정책이 필요하다는 것이다. 이 논문으로 유명해진 리나 칸Lina M. Khan 학생은 졸업 후 실무 경험을 쌓은 다음 미국 연방거래위원회 위원장으로 취임해 아마존의 공정거래법 위반 여부를 조사하고 소송을 제기하는 데 큰 역할을 했다. 리나 칸 위원장은 이 논문에서 아마존과 같은 시장지배적 플랫폼 기업에게는 통신 기간망을 제공하는 통신망 사업자처럼 상당한 의무를 부과해야 한다고 제안했었다. 그러나 소비자 편익에 미치는 영향을 무시하고 공정한 경쟁만 강조하는 견해에 대한 반론도 많고,

플랫폼 기업들의 엄청난 투자와 약탈적 가격 정책을 혼동하는 것이라는 반론도 제기되고 있다.

소비자를 화나게 하다

아마존은 변동가격제로 좋은 상품을 낮은 가격으로 공급하면서 이익을 극대화할 수 있었다. 변동가격제가 항상 물가를 떨어뜨리는 것은 아니다. 때로는 소비자들을 화나게 만들기도 한다.

기존의 소매상들은 진열된 상품에 가격표를 붙이면 팔릴 때까지 가격표를 유지하지만, 아마존은 소비자들의 수요와 재고 그리고 경쟁업체의 가격 등을 고려해서 필요하면 하루에서 몇 차례씩 가격을 수정하는 변동가격제를 채택하고 있다. 예를 들어 특정 상품의 수요가 많으면 아마존은 그 상품의 가격을 인상할 수 있다. 반대로 만약 그 상품이 잘 팔리지 않거나 재고량이 너무 많다면 아마존은 판매를 장려하기 위해 가격을 낮출 수도 있다. 아마존의 가격 알고리즘은 경쟁업체의 가격도 고려한다. 경쟁업체가 동일하거나 유사한 상품을 더 낮은 가격에 판매하는 경우, 아마존은 경쟁력을 유지하기 위해 가격을 실시간으로 낮출 수 있다. 또한 아마존의 가격 알고리즘은 소비 행태와 과거 데이터를 분석하여 미래의 수요를 예측하고 그에 따라 가격을 조정한다.

변동가격제가 수요와 공급을 충실히 반영하는 한도에서는 애덤 스미스Adam Smith도 감탄할 정도로 모두를 행복하게 만들 수 있다. 그러나 플랫폼 이용자들의 소비 행태에 따른 가격 차별의 도구로 활용되거나 경쟁업체들의 가격 경쟁을 차단하는 수단으로 변질되는 경우에는 시장의 불만이 심각해지고 그로 인한 역풍을 맞게 된다. 예를 들면 특정 상품에 대한 이용자들의 수요는 그 이용자의 연령, 성, 인종에 따라서 상당한 차이를 보인다. 그렇다면 특정 이용자의 연령이나 성 또는 인종에 따라 서로 다른 가격을 제시하는 것은 변동가격제 원칙을 충실히 따른 결정일 것이다. 실제로 아마존이 이용자에 따라 상이한 가격으로 DVD를 판매하자 가격 차별에 관한 불만이 터져 나왔다. 그 불만의 배경에는 이용자들의 연령이나 성 또는 인종에 따른 차별이 아닌가 하는 의혹이 깊게 자리 잡고 있었다. 그러나 아마존의 가격 결정 알고리즘은 이용자들의 연령이나 성 또는 인종이 아니라 오직 순수하게 이용자들의 소비 행태에 따른 수요를 산술적으로 계산했을 뿐이다. 아마존의 알고리즘은 이용자들의 아마존 방문 빈도와 구매 경력을 기준으로 일종의 충성도를 산정하였고, 충성도가 높은 경우 수요가 높다고 보아 3~5% 정도 더 높은 가격을 제시한 것이다. 이용자들의 불만이 많아지자 아마존은 신속하게 사과하고 소비 행태에 따른 이용자별 가격 차별을 포기하겠다고 약속했다.[40]

소비자를 화나게 하는 변동가격제는 아마존만의 일이 아니다. 승차 공유 플랫폼 우버의 알고리즘은 수요가 급증하는 우천 시나 출퇴근 시간대에는 평소보다 세 배 정도 높은 가격을 제시하기도 한다.[41] 우버 가격 결정 알고리즘 원리를 파악한 운전사들은 인위적으로 승차 요금을 올리려는 집단행동을 하기도 했다. 출퇴근 시간대에 운전사들이 집단적으로 우버 앱을 끄면, 순간적으로 차를 타려는 수요는 폭증하고 공급이 감소하여 수요·공급 원리에 따라 우버 알고리즘은 평소보다 여덟 배 정도 인상된 가격을 제시하게 된다.[42] 알고리즘을 이용한 우버 운전사들의 이러한 담합이 공정거래법 위반에 해당하는지에 관한 새로운 논란을 야기했다.

스마트폰 배터리가 바닥나거나 절전 모드로 전환될 때야말로 스마트폰 서비스가 절박하게 필요한 상태라고 판단하여 스마트폰 알고리즘이 높은 요금을 부과한다면 어떨까?[43] 고가의 단말기인 아이패드로 접속하는 이용자에게는 높은 가격을, 오래된 기종의 데스크톱 컴퓨터로 접속하는 이용자에게는 저렴한 가격을 제시하는 것은 정당한가?[44] 수요와 공급에 따라 가격을 책정하는 변동가격제에서는 어디까지가 합리적이고 어디서부터 불공정하고 불법적이어서 소비자에게 손해를 끼치는지 판단하기가 어렵다.

변동가격제로 가격이 올라가면 불만이 제기되지만, 가격이 내려가면 최소한 소비자 불만은 없어진다. 다만 거대 플랫폼이 입점 기업으로 하여금 저렴한 가격을 요구하여 가격 경쟁을 촉진할 수도 있지만, 때로는 거대 플랫폼의 시장지배적 지위가 오히려 자유로운 가격 경쟁을 방해할 수도 있다. 예를 들면 아마존이 입점 기업들에게 낮은 가격으로 판매하라고 요구하는 것은 사실상 월마트와 같은 경쟁 사이트에서 더 높은 가격으로 판매하도록 강요하는 것과 마찬가지다. 왜냐하면 아마존 입점 기업들이 월마트나 '이베이eBay'에서 더 낮은 가격으로 판매한 사실이 드러나면, 아마존은 그들의 상품을 검색 결과에서 아주 낮은 후순위로 밀어 놓거나 아예 삭제해 버릴 수도 있기 때문이다. 입점 기업들은 경쟁 사이트에서 더 낮은 가격으로 판매하지 못한다는 조건을 거절할 수 없는 약자의 지위에 있다. 따라서 아마존의 저가 정책은 월마트 등의 경쟁업체들과의 경쟁을 차단하는 위법행위로 간주될 수 있다. 아마존은 입점 기업들에게 가장 낮은 가격으로 판매할 것을 강요함으로써 경쟁을 차단하여 입점 기업들로부터 수수료를 더 많이 받고 경쟁업체의 소비자들이 더 높은 가격으로 구입하도록 만든다. 워싱턴주와 캘리포니아주 법무장관이 아마존을 상대로 공정거래법 위반을 주장하면서 소송을 제기한 이유가 바로 여기에 있었다.[45]

테크래시

'테크래시Techlash'는 '기술Technology'과 '역풍Backlash'의 합성어다. 테크래시는 구글과 아마존 같은 거대 플랫폼 기업들이 독점적인 지위로 영향력이 커지면서 그에 대한 비판 여론이 생기고 정치적 반발이 증가하는 것을 말한다. 플랫폼은 일반 소비자들 사이에서 많은 인기를 누렸지만, 2016년 미국 대통령 선거에서 페이스북을 비롯한 소셜미디어 플랫폼들이 러시아의 선거 개입 도구로 악용된 것이 밝혀지면서 테크래시가 본격화되었다. 플랫폼들이 인공지능을 활용하면서 소비자들에 의한 프라이버시 침해, 가짜 뉴스 확산, 시장 왜곡, 고용에 미치는 악영향 등으로 인한 역풍이 더욱 거세졌다. 구글의 순다르 피차이Sundar Pichai 최고 경영자, 아마존의 제프 베이조스 의장, 페이스북의 마크 저커버그Mark Zuckerberg 최고 경영자는 '영웅'에서 '왕따'로 바뀌기 시작했다. 미국 연방의회는 이들을 불러서 각종 비난을 퍼붓고 책임을 추궁했다.

대서양 건너편 유럽 대륙에서는 미국의 거대 플랫폼 기업들을 규제하기 위해서 이미 오래전부터 대서양 전쟁을 준비하고 있었다. 2016년에 '일반 데이터 보호 규정GDPR, General Data Protection Regulation'을 제정했고, 2017년 구글에 공정거래법 위반을 이유로 약 3조 3,000억 원(24억 유로)의 과징금을 그리고 2018년 약 6조 원(43억 유로)의 과징금을 부과했다. 유럽연합 집행위원회는 2018년 '왓츠앱WhatsApp'의 개인정보와 결합 및 악용을 이유로 페이스북에 1,600억 원(1억 1,000만 유로)의 과징금을 부과했고,[46] 2020년부터 페이스북의 공정거래법 위반 혐의를 조사하기 시작했다. 유럽연합 집행위원회는 아마존의 공정거래법 위반 혐의도 조사를 시작해서 아마존의 양보를 받아 내고 화해를 이끌어 냈다.[47]

2020년 벽두부터 세계적인 감염병 코로나19가 확산하면서 유럽의 대서양 전쟁도, 미국의 테크래시 역풍도 주춤해졌다. 우리나라에서 네이버와 카카오가 그랬듯이, 서양에서는 구글과 애플이 코로나19 확진자 추적에 커다란 기여를 했고, 도시가 봉쇄되고 대부분의 시설이 문 닫는 비상 상황 속에서 플랫폼들이 경제활동을 가능하게 해 주고 사회를 연결하는 데 도움을 준 것은 부인할 수 없다. 코로나19 위기 속에서도 플랫폼 기업들은 대중적인 인기가 높아지고 매출액도 대폭 늘었지만 테크래시 역풍을 완전히 잠재울 수는 없었다. 유럽연합 집행위원회는 미국 플랫폼 기업들에 대한 경쟁법 위반 혐의에 대한 조사를 다시 강화했고, 미국의 경쟁당국은 플랫폼 기업들을 상대로 소송을 제기하기 시작했다.

우연의 일치일지 모르지만 최근에 중국도 테크래시 역풍에 합류했다. 중국은 거대해진 토종 플랫폼 기업들의 공정거래법 위반을 조사하기 시작했고, 2021년 4월에는 공정거래법 위반을 이유로 거대 플랫폼 '알리바바'에 전년도 매출의 4%에 해당하는 3조 6,000억 원(27억 5,000만 달러) 상당의 과징금을 부과했다.[48] 그러나 중국의 규제는 시장에서의 경쟁제한을 시정하는 것보다 공산당의 권위에 대한 도전을 차단하기 위한 것으로 보인다. 알리바바의 창업자 마윈馬雲이 중국 당국의 규제 시스템을 비난한 직후 알리바바에 대한 조사가 본격화되고 과징금이 부과되었기 때문이다.[49]

유럽의 「디지털 시장법」

미국에서 테크래시가 본격화하기 훨씬 이전부터 유럽연합은 플랫폼 규제에 아주 적극적인 입장을 취해 왔다. 유럽연합은 기존의 경쟁법이 불명확하고 불충분하다고 보고 새로운 규제 수단으로 2022년에 「디지털 시장법Digital Markets Act」[50]을 제정했다. 「디지털 시장법」의 제정은 구글과 같은 미국의 거대 플랫폼 기업들이 대서양을 건너 유럽 대륙의 시장을 장악하는 데 대항하기 위한 대서양 전쟁의 완성판이라고 볼 수 있다. 유럽연합은 「디지털 서비스법Digital Services Act」[51]도 제정했는데, 이는 플랫폼에서의 가짜 뉴스와 불법 콘텐츠를 규제하고 광고의 투명성을 확보하기 위한 규칙이다.

「디지털 시장법」[52]은 게이트키퍼gatekeeper의 역할을 하는 거대 플랫폼 기업의 시장 장악을 방지하기 위하여 제정한 유럽연합 규칙이다. 게이트키퍼는 앱이나 사이트를 운영하는 입점 기업들과 최종 이용자들 사이에서 디지털 게이트키퍼 역할을 하는 거대 온라인 플랫폼을 말한다. 거대 플랫폼들은 디지털 게이트키퍼로서 온라인 서비스의 제공과 이용을 통제하거나 이에 영향을 미칠 수 있는 지위에 있고, 현실적으로 온라인에서의 경쟁과 혁신에 커다란 영향을 미치고 있기 때문이다.

「디지털 시장법」에서 게이트키퍼는 그 설립지나 고정 사업장이 어느 나라에 있는지와 상관없이 유럽연합 회원국 세 개 이상에서 플랫폼 서비스를 제공하면서 지난 3년간 유럽연합에서만 연 매출을 11조 원(75억 유로) 올렸거나 최근 1년 평균 시가총액이 110조 원(750억 유로) 이상인 플랫폼 기업을 지칭한다. 또한 유럽연합 내 플랫폼 서비스로 최근 1년 평균 4,500만 명 이상의 월간 활성 이용자 및 연간 1만 개 이상의 활성 입점 기업을 확보한 플랫폼 기업도 게

이트키퍼에 해당한다.[53]

「디지털 시장법」에서 규정한 게이트키퍼에 해당하는 거대 플랫폼 기업들은 자사 우대와 같이 불공정해 보이는 몇 가지 유형의 행위들을 구체적으로 나열해서 금지하고 있다. 그 반사이익으로 입점 기업들은 다양한 영업 아이디어와 기술혁신을 추구할 수 있는 자유를 누릴 수 있다. 첫째, 거대 플랫폼 기업은 독점 판매를 강요할 수 없고 입점 기업들이 외부 플랫폼에서 동일한 상품이나 서비스를 제공하는 것을 금지할 수 없다. 따라서 입점 기업들은 거대 플랫폼과 경쟁 관계에 있는 제3의 플랫폼에서 다른 가격이나 다른 조건으로 동일한 상품이나 서비스를 제공할 수 있다. 예를 들면 미국 휴대폰 운영시스템의 안하무인인 구글과 애플은 구글 플레이 또는 앱스토어 그리고 인앱 결제 시스템을 더 이상 강요할 수 없고, 앱 개발사들은 '원스토어ONE store'와 같은 제3의 플랫폼에서도 앱을 거래하고 제3의 결제 방식을 선택할 수 있을 것으로 기대된다.

둘째, 게이트키퍼가 이용자들의 의사에 반하여 개인정보를 결합해서 이용하는 것은 금지된다. 다시 말해서 자신의 플랫폼 서비스를 통해 취득한 이용자들의 개인정보를 자신이 제공하는 다른 서비스 또는 제삼자의 서비스로부터 취득한 개인정보와 결합하는 행위는 금지된다. 「디지털 시장법」이 제정되기 전인 2018년에 유럽연합 집행위원회는 페이스북에 왓츠앱의 개인정보와 결합해서 이용하는 위법행위를 이유로 1,600억 원(1억 1,100만 유로)의 과징금을 부과한 바 있다. 「디지털 시장법」이 시행되면서 개인정보 결합의 위법성은 더욱 명확해졌는데, 사실 이 법 시행 이전부터 그 위력을 발휘하기 시작했다. 2020년에 유럽연합 집행위원회는 아마존이 입점 판매업자들의 판매 데이터를 무단으로 수집해서 아마존의 자체 판매 활동에 활용해 온 것이 공정한 경쟁 질서에 반하는 것이라고 보고 조사를 진행했었다. 아마존은 유럽에서 40조 원이 넘는 과징금을 내야 할지도 모를 상황에 직면하자, 2022년 12월부터 입점업체들의 데이터를 더 이상 이용하지 않는다는 조건으로 합의하면서 화해로 사건을 종결했다. 또한 아마존이 로봇청소기 아이로봇을 인수하더라도 아마존과 로봇청소기의 개인정보를 결합해서 이용하는 것이 금지된다는 것은 더욱 명확해졌다. 이러한 변화는 「디지털 시장법」으로 미국 거대 플랫폼 기업들의 비즈니스 모델에 상당히 커다란 충격을 줄 것이다.

대한민국의 선택

우리는 어떠한 선택을 할 것인가? 유럽 대륙이 주도하는 대서양 전쟁의 규제 전략을 따라갈 것인가, 아니면 소비자 편익 중심의 신중론을 펼치는 미국을 참고하는 것이 더 좋은 선택인가? 유럽 대륙과 미국은 대서양을 사이에 두고 플랫폼 전쟁을 벌이고 있다. 유럽연합 집행위원회는 구글, 페이스북, 아마존과 같은 미국의 거대 플랫폼 기업들이 유럽 시장을 장악하고 독점적 지위 남용으로 인한 폐해가 크다고 보고 다양한 시정조치와 엄청난 규모의 과징금을 부과했지만, 미국의 법무부와 연방거래위원회는 플랫폼 규제에 소극적인 조치만 취하면서 신중한 입장을 견지하고 있다. 유럽의 법원은 집행위원회의 시정조치와 과징금 처분이 적법하다고 판단한 사례가 많지만, 미국의 법원들은 공정거래법 위반을 인정하는 데 아주 신중한 해석론을 선택한다. 예컨대 페이스북의 공정거래법 위반의 증거가 부족하다고 연방거래위원회의 청구를 기각한 사례도 있고,[54] 광고 기술 제공에 구글이 페이스북과 담합했다고 볼 만한 증거가 없다고 판단한 사례도 있다.[55] 유럽연합은 「디지털 시장법」을 제정해서 플랫폼 규제를 더욱 강화하고 있지만 미국 의회는 플랫폼 기업들을 겨냥한 반독점 법안들을 폐기했다.[56] 미국은 '틱톡TikTok'과 같은 중국 플랫폼 규제에는 여야가 따로 없이 규제 방안을 적극적으로 추진하는 반면에, 구글을 비롯한 자국 플랫폼 규제에 있어서는 여전히 신중한 입장을 취하고 있다. 챗GPT의 등장 이후 구글의 독점적 지위도 흔들리고 있어서 플랫폼 산업의 역동성을 고려해 볼 때 과도한 규제가 산업 성장을 가로막을 수 있다고 하는 신중론이 더 우세해지고 있다.

우리나라는 유럽과 달리 네이버, 카카오, 쿠팡과 같은 토종 플랫폼들이 미국 플랫폼들과의 경쟁에서 상당히 선전하고 있다. 그러나 우리나라의 토종 플랫폼 기업들은 미국의 거대 플랫폼들과 달리 해외 진출에는 커다란 성공을 거두지 못해서 상대적으로 소규모 플랫폼에 불과한 실정이다. 이러한 시장 상황에서 우리나라는 어떠한 플랫폼 정책을 선택해야 할까? 우리 공정거래위원회는 플랫폼 관련 심사지침을 제정했고, 국회의원들은 경쟁적으로 플랫폼 관련 법안을 제출해서 현재 여러 플랫폼 규제 법안이 계류되어 있다.

우리 공정거래위원회는 2023년 1월 「온라인 플랫폼 사업자의 시장지배적지위 남용행위에 대한 심사지침」을 제정해서 발표했다. 플랫폼 심사지침은 플랫폼의 시장지배적 지위를 넓은 범위에서 인정하고 그 남용 행위를 엄격히 규제하고자 하는 정책을 명확히 한 것이다. 전통적으로는 시장점유율을 매출액을 기준으로 판단해 왔지만, 심사지침에서는 플랫폼의 검색 서비스와 같이 무료 서비스나 매출액 산정이 어려운 경우에 플랫폼의 이용자·방문자 수, 이용 빈도 및 페이지 뷰와 같은 변수에 따라 시장점유율을 산정할 수 있다고 설명하고 있다. 심사지침은 또한 플랫폼의 자사 우대, 두 개 이상의 플랫폼을 사용하는 멀티호밍multihoming의 제한, 끼워팔기, 최혜대우 요구의 네 가지 행위 유형을 경쟁제한 우려가 있는 행위로 제시했다.

챗GPT의 등장으로 마이크로소프트 검색 엔진 '빙Bing'의 이용자 수가 급속도로 늘어나는 반면에 구글의 지배적 지위는 위협받고 있다. 야후는 1994년 스탠퍼드 대학원 졸업생 제리 양Jerry Yang이 설립해서 순식간에 세계 최고의 검색 엔진으로 자리 잡았지만 10년 만에 스탠퍼드 대학원 박사과정 재학생들이 만든 새로운 검색 엔진 구글에 뒤처지기 시작했다. 이제 챗GPT를 비롯한 인공지능이 플랫폼 경제를 다시 뒤흔들고 있다. 우리나라 검색 시장에서 독점적 지위를 차지하고 있는 것으로 보이던 네이버의 시장점유율도 급속히 감소해서 현재 55.2%에 불과한 실정이다.[57] 플랫폼 경제의 역동성을 고려해 볼 때 지나치게 넓은 범위에서 시장지배적 지위를 인정하는 것은 불필요하거나 비효율적인 규제를 불러오지 않을까 우려된다. 또한 심사지침에서 경쟁제한의 우려가 있는 것으로 제시한 행위들에 대해서 유럽과 미국의 경쟁당국은 상이한 결론에 도달한 바 있다. 따라서 자사 우대, 멀티호밍 제한 등의 행위가 실제로 경쟁제한의 부정적 효과를 초래하는지 아니면, 거래 비용 절감 등의 효율성 증대 효과 또는 보안성 유지와 같은 소비자 편익 증대 효과가 더 큰지 면밀하게 검토해 볼 필요가 있다. 플랫폼의 효율성이나 소비자 편익은 입점 기업들과 이용자들이 판단하도록 시장에 맡기는 것이 바람직하다.

우리나라의 토종 검색 엔진 스타트업 '첫눈'은 창업 1년 만에 네이버에 인수합병되었다. 첫눈의 개발팀은 네이버에 합류한 이후 메신저 '라인LINE' 개발에서 주도적인 역할을 했고 나스닥에 상장하고 일본을 비롯한 해외 진출에 성공했다. 2006년 네이버의 첫눈 인수가 검색 시장의 잠재적 경쟁자를 제거하는 데 있다고 보고 공정거래위원회가 제동을 걸었다면, 동남아시아 시장을 석권한 모바일 메신저 라인 개발은 불가능했을 것이다. 2022년 쿠팡은 26조 원이 넘는 매출을 기록했지만 여전히 1,000억 대의 영업 손실을 보고 있다.[58] 쿠팡은 막대한 투자로 영업 손실을 기록하고 있지만 그 입점 기업들은 매출 증가로 이익을 보고 있는데, 공정거래위원회가 적정 수수료를 산정한다고 개입하는 것이 타당한지 의문이다.

조지프 슘페터Joseph Schumpeter가 말한 것처럼 기술혁신에 따른 '창조적 파괴'의 광풍이 가차 없이 기존의 시장 질서를 무너뜨리고 있다. 국내에서만 전통적인 시장의 파괴를 문제 삼고 새로운 시장의 창조는 억누르는 오류를 범해서는 곤란하다. 실리콘밸리에서는 플랫폼 기업들이 '신속한 기술 사업화Move Fast'로 시장 선점을 하기 위한 치열한 경쟁을 벌이고 경쟁당국도 '전통질서의 파괴Break Things'를 당연시하고 있다. 우리나라에서 우물 안 개구리처럼 기술혁신과 시장 변화를 무시하면서 정치인과 관료들이 조선시대 사농공상의 권위의식에 젖어 기업인과 과학기술자들에게 기술과 사업의 방향을 명령하는 것은 아닌지 되돌아볼 필요가 있다. 역동적인 플랫폼 경제에서는 직접적인 국가 개입보다 플랫폼 기업들의 자율규제를 원칙으로 하면서 입점 기업과 이용자들의 판단을 도와줄 수 있도록 플랫폼의 투명성을 강화하고 그 공정성 판단은 시장에 맡기는 것이 더 바람직할 것이다. 2023년 5월 '플랫폼 민간 자율기구'가 플랫폼 검색·추천 서비스 투명성 제고, 오픈마켓 거래 관행 개선 등의 내용을 포함한 자율규제안을 발표한 것은 좋은 출발이다.

챗GPT에 올라탄 플랫폼

챗GPT가 세상을 뒤흔들고 있다. 챗GPT의 등장으로 구글의 아성도 흔들리고 플랫폼 경제도 모두 바뀔 것이다. 챗GPT는 단순히

© Jernej Furman

챗GPT 오픈AI가 만든 딥러닝 프로그램으로 채팅으로 궁금한 것을 인공지능에게 물어보면 그에 대한 답을 알려 준다.

심심풀이 대화 상대에 그치지 않고 학생들의 과외 교사가 될 수 있고, 전문가들의 개인 비서처럼 보고서 작성을 도와줄 수 있고, 150년의 역사를 자랑하는 독일 맥주회사의 레시피를 만들어 주기도 한다. 챗GPT에서 시작된 생성형 AI 혁명은 우리의 일상과 직업을 송두리째 바꾸면서 핵폭탄보다 무서운 괴력으로 기존의 질서를 파괴하고 새로운 질서를 요구할 것이다.

인공지능 개발 기업 오픈AI가 챗GPT를 공개한 지 채 1년이 지나지 않아 전 세계적으로 18억 명 이상의 이용자들이 이용하고 탄성을 자아냈다.[59] 오픈AI는 일론 머스크Elon Musk를 비롯한 혁신 기업가들이 설립하고 실리콘밸리의 벤처 자본가들이 투자한 인공지능 기업이다. 마이크로소프트는 초기부터 오픈AI에 투자했었고 챗

GPT가 충격적으로 뛰어난 성능을 보여 주자 추가로 12조 원(100억 달러) 이상을 투자하기로 했다. 지난 20여 년간 구글이 검색 엔진과 광고에서 압도적인 시장점유율을 확보해 왔는데, 마이크로소프트는 챗GPT를 활용해서 새로운 차원의 검색 엔진으로 구글의 생태계를 무너뜨릴 수도 있다.

챗GPT를 비롯한 인공지능의 위력은 방대한 데이터의 학습에서 나온다. 챗GPT는 책과 논문 그리고 웹 텍스트 190억 개, 인터넷 기반의 말뭉치 670억 개를 비롯해서 무려 750GB 분량의 데이터를 수집해서 학습했기 때문에 사람들의 자연어를 이해하고 전문가처럼 박식한 답변을 신속하게 제공해 준다. 데이터의 수집과 학습이 없다면 인공지능은 빈 깡통에 불과하다. 그러나 학습 데이터 속에는 이용자들의 개인정보도 있고 첨단 기업의 영업 비밀도 있고 누군가의 저작물도 있다. 벌써 이탈리아는 개인정보 침해의 가능성을 이유로 챗GPT의 이용을 금지했고 삼성과 아마존 등의 첨단 기업들은 영업 비밀 침해 가능성 때문에 직원들의 챗GPT 이용을 금지했다. '게티 이미지Getty Images'처럼 생성형 AI가 수익을 창출하는 순간 저작권 침해 소송을 제기하려고 벼르고 있는 기업도 많다. 개인정보든 저작물이든 데이터의 보호와 이용에 균형이 필요하고, 생성형 AI 시대에 부합되는 공정이용fair use의 기준과 새로운 질서가 요구된다. 구글은 공정이용에 관한 10년간의 소송에도 불구하고 대학 도서관의 2,500만 권 장서를 복제해서 인공지능을 위한 거대한 구글 도서관을 만들었다. 생성형 AI를 개발하거나 활용하는 플랫폼 기업들도 저작권 분쟁 가능성에도 불구하고 일단 접근 가능한 모든 데이터를 수집해서 학습해 나갈 것이다.

데이터와 경쟁 질서

챗GPT의 등장으로 데이터는 플랫폼 간 경쟁에서 아주 중요한 자산으로 자리 잡았다. 데이터의 확보와 활용이 프라이버시나 저작권의 문제를 야기할 뿐만 아니라 플랫폼 간의 경쟁 질서에 커다란 영향을 미친다. 2019년 독일 연방카르텔청Bundeskartellamt은 페이스북의 데이터 수집 및 이용이 시장지배적 지위 남용에 해당한다고 보고 시정조치를 취했다. 문제의 핵심은 페이스북이 소셜미디어 시장에서 지배적 지위를 이용해 이용자들의 개인정보와 데이터를 무제한으로 수집하고 이용한다는 점에서 출발한다. 페이스북은 왓츠앱 및 인스타그램에서 수집한 데이터를 페이스북의 데이터와 결합해서 광고에 이용하고, 더 나아가 이용자들이 좋아요 또는 공유 버튼을 클릭하여 다른 웹사이트를 방문하는 경우 그에 관한 정보를 수집해서 막대한 광고 수익을 올렸다. 이용자로서는 페이스북의 정보 수집 및 이용이 어떻게 어느 범위에서 이루어지는지 잘 알 수도 없지만, 알더라도 그러한 정보 수집 및 이용에 관한 회원약관에 동의하지 않고서는 페이스북을 이용할 수 없으므로 울며 겨자 먹기식으로 페이스북의 정보 수집 및 이용에 동의할 수밖에 없다. 독일 연방카르텔청은 바로 그러한 무제한 정보 수집 및 이용을 강제하는 약관의 사용이 시장지배적 지위의 남용에 해당한다고 본 것이다. 연방카르텔청은 페이스북이 왓츠앱 또는 인스타그램에서 수집한 데이터를 결합하기 위해서 사전에 이용자의 추가 동의를 받아야 하고, 이용자의 추가 동의가 없는 경우에는 왓츠앱 또는 인스타그램에서 수집한 데이터는 각각의 서비스와 관련된 목적으로만 이용해야 한다는 시정조치를 취했다. 더 나아가 연방카르텔청은 페이스북이 이용자들의 다른 웹사이트 방문에 관한 데이터를 수집하고 이용하려면 이용자들의 추가 동의를 받아야 한다는 시정조치를 취했다.

페이스북은 연방카르텔청의 시정조치가 위법하다고 주장하면서 그 취소를 구하는 소를 제기했다. 뒤셀도르프 고등법원은 페이스북의 정보 수집 및 이용이 이용자들에게 막대한 해를 가할 수 있지만 경쟁 사업자들의 경쟁을 제한한다고 보기는 어렵다고 판단했다. 다시 말해서 페이스북의 정보 수집과 이용에 문제가 있다면 그러한 문제는 개인정보 보호의 문제이지 경쟁제한의 문제는 아니라고 본 것이다. 실제로 소비자조합이 페이스북을 상대로 제기한 소송에서, 2018년 1월에 베를린 지방법원은 이미 개인정보보호법 위반을 인정하고 정보의 위법적인 수집과 이용을 금지하는 내용의 판결을 내린 바 있었다. 그러나 연방카르텔청은 고등법원의 판결에 불복해서 상고를 제기했고, 독일 연방대법원은 페이스북이 소셜미디어 시장에서 지배적 지위를 갖고 있기 때문에 무제한으로 데이터를 수집, 결합, 이용할 수 있었던 것은 그러한 시장지배적 지위의 남용에 해당한다고 최종 판단했다. 연방대법원은 데이터가 경쟁 질서의 핵심임을 확인하면서 페이스북의 데이터 수집과 이용은 시장지배적 지위를 남용하여 이용자들을 착취한 것일 뿐만 아니라 동시에 이용자를 착취하여 수집한 데이터를 이용함으로써 경쟁 사업자들의 사업을 방해한 것이라고 본 것이다. 이용자로서는 페이스북이 과도한 정보 수집을 하더라도 맞춤형 서비스를 받을 것인지 아니면 맞춤형 서비스의 수준이 낮아지더라도 자신에 관한 정보의 수집과 이용을 통제할 것인지 선택할 수 있어야 하는데, 페이스북은 이용자들에게 그러한 선택 기회를 제공하지 않고 무제한의 정보 수집과 이용을 해서 시장지배적 지위를 남용한 것이다.[60]

데이터가 경쟁 질서에서 중요한 요소임은 분명하지만, 데이터에 관한 소비자 보호의 문제는 경쟁 질서의 왜곡이나 경쟁법 위반의 문제와 구별해서 검토해 보아야 한다. 기업들의 인수합병에서도 데이터가 중요한 자산으로 취급되고 있다. 인수합병으로 데이터가 하나의 기업에 통합되면 소비자들의 개인정보 보호에 영향을 미치는 것은 당연하다. 그다음 검토해 볼 문제는 데이터의 통합이 경쟁제한의 부작용을 낳는지와 같이 경쟁 질서에 미치는 영향이 무엇인지의 문제이다. 예컨대 10여 년 전 구글이 애드테크ad-tech 기업 '더블클릭Double Click'을 인수할 때, 미국과 유럽의 경쟁당국은 두 기업의 데이터 통합이 소비자들에게 영향을 줄 수 있지만 경쟁제한의 부작용은 없다고 판단했다. 더블클릭을 인수한 2007년으로 거슬러 올라가 보면, 당시 구글 이외에 마이크로소프트와 야후 같은 경쟁 사업자들이 온라인 광고 시장에서 치열한 경쟁을 하고 있었기 때문이다. 특히 온라인 광고는 TV 광고의 10분의 1 정도에 불과했고 기술 혁신으로 급성장하는 역동적인 시장이었다.

마찬가지로 8년 전 페이스북이 왓츠앱을 인수할 때에도 미국과 유럽의 경쟁당국은 데이터 통합으로 인한 경쟁제한의 부작용은 없다고 판단했다. 페이스북이 왓츠앱을 인수하고 데이터를 통합하면 이용자들의 개인정보 보호가 취약해지고 소비자 편익이 감소할 수 있다는 우려가 제기되었다. 그러나 경쟁당국은 데이터 통합으로 인해서 제기되는 개인정보 침해에 대한 우려는 개인정보 보호의 문제일 뿐이라고 명확히 구별했다. 그 당시 페이스북의 온라인 광고 수익은 구글의 5분의 1도 되지 않는 규모에 불과했었다. 지난 수년간 광고 시장이 너무나도 많이 달라져서 현시점에서 데이터 통합의 문제를 다시 본다면 전혀 다른 결론을 내려야 할 것이다. 지금처럼 구글과 페이스북이 온라인 광고에서 압도적인 지위를 갖고 있는 상황에서, 유망한 벤처 기업을 인수하고 데이터 통합을 한다면 경쟁제한과 소비자 선택에 미치는 부작용이 심각할 수 있기 때문이다.

데이터 크롤링

챗GPT는 '크롤러crawler' 또는 '스파이더spider'라고 하는 로봇 소프트웨어를 만들어 하루 24시간 내내 인터넷을 돌아다니면서 데이터를 수집해서 학습한다. 크롤러를 활용하여 인터넷상의 데이터를 수집하는 것을 '데이터 크롤링'이라고 한다. 크롤링 방식으로 인터넷에서 수집하는 데이터에는 개인정보 또는 저작물도 포함되어 있다. 개인정보라면 개인이 동의한 것인지, 아니면 인터넷에 공개된 개인정보라서 자유롭게 이용할 수 있는 것인지가 문제 된다. 저작물이라면 저작권자의 동의를 받아야 하는지, 아니면 소위 공정이용으로 적법하게 데이터 수집 및 학습이 가능한 것인지 불명확한 실정이다. 만일 개인정보도 아니고 저작물도 아니라면, 누구의 허락도 받을 필요 없이 자유롭게 얼마든지 데이터를 수집해서 활용할 수 있을까? 챗GPT에 올라탄 플랫폼, 인공지능을 활용하고 있는 플랫폼은 빅데이터를 필요로 하기에, 인터넷에 공개된 데이터를 자유롭게 수집하고 활용할 수 있는지는 아주 중요한 문제로 부각되고 있다.

가장 최근에 크롤링으로 개인정보를 수집해서 이용할 수 있는지를 둘러싸고 미국에서 뜨거운 논쟁을 일으킨 사건으로 마이크로소프트의 '링크드인LinkedIn' 사례가 있다. 링크드인은 이용자들이 자신의 이력 사항을 게시해서 구인과 구직 및 전문가 네트워크로 활용하는 소셜 사이트이다. 미국 스타트업 하이큐랩스hiQ Labs는 크롤링 방식으로 링크드인에 공개된 이력 사항을 수집해서 분석한 후 기업들에게 구직자의 능력 분야Skill mapper 및 이직 확률Keeper 등의 분석 결과를 유상으로 공급하는 서비스를 제공했다. 링크드인은 하이큐랩스의 데이터 크롤링이 개인정보 침해에 해당하고 '접근 권한 없이' 링크드인의 서버에 침입하는 것이 「컴퓨터 사기 및 남용방지

링크드인 세계 최대의 비즈니스 전문 소셜미디어 플랫폼으로 구인·구직, 동종 업계 정보 등을 파악할 수 있는 서비스이다. 2023년 상반기 기준 9억 5,000만 명의 회원을 보유하고 있다.

법CFAA, Computer Fraud and Abuse Act」 위반에 해당한다고 주장했다. 그러나 미국 연방항소법원은 회원들의 이력 사항 등이 개인정보 보호에 대한 기대가 전혀 없는 공개 데이터라는 점을 중시하면서, 비밀번호 등으로 접근이 차단된 데이터가 아니라면 누구나 접근할 수 있는 공개된 데이터를 수집하는 것은 적법하다고 판결했다.[61]

데이터의 중요성은 점점 커지고 데이터 활용은 급속히 늘어나고 있는 우리나라의 판례를 보면 기술과 시장의 변화를 전혀 모르는 것이 아닌지 의심들 정도로 어리둥절하게 만드는 판례가 많다. 예를 들면 우리나라 하급심 사례 가운데, 크롤링 방식으로 인터넷에 공개된 데이터를 수집해서 활용하는 것이 「저작권법」 위반에 해당한다고 본 사례들이 있다. 예를 들면 취업 사이트 '사람인'은 크롤링 방식으로 '잡코리아' 사이트에서 10% 정도의 채용 정보를 수집하여 자신의 웹사이트 구성 방식에 맞추어 게시했다. 이 사건에서 서울고등법원은 크롤러에 의한 반복적이고 체계적인 채용 정보의 복제로 데이터베이스 제작자의 권리를 침해했다고 판결했다.[62] 잡코리아의 웹사이트에 게시된 채용 정보는 저작물로 보호받을 수 없는 사실 데이터에 불과하다. 데이터가 저작물이 아니라면, 「저작권법」도 데이터 그 자체를 보호할 수는 없다.[63] 따라서 채용 정보라고 하는 데이터 그 자체를 크롤링하고 수집한 것은 문제 될 수 없다. 그러나 서울고등법원은 크롤링 방식으로 반복적이고 체계적으로 채용 정보를 복제한 것이 데이터베이스 제작자의 권리를 침해한 것이라고 판결한 것이다. 우리 「저작권법」은 유럽의 입법례를 모방하여 데이터베이스 제작자의 권리를 보호하기 시작했다. 모방 입법의 결과로 데이터 크롤링이 저작권 침해에 해당하지 않지만 「저작권법」 위반으로 공격받기 시작한 것이다.

크롤링에 의한 데이터 수집은 플랫폼 업계에서 널리 활용되고 있는 통상적인 기술임에도 불구하고 그에 대한 민형사 책임을 추궁하는 데에는 신중을 기해야 한다. 그러나 숙박 정보를 제공하면서 숙박 예약 서비스를 제공하는 후발업체 여기어때가 선발업체 야놀자의 숙박 정보를 크롤링 방식으로 수집해서 이용한 사안에 대해서도, 서울중앙지방법원은 숙박업소 데이터의 불법 복제 및 이용이 데이터베이스 제작자의 권리를 침해한 범죄행위에 해당한다고 유죄 판단을 했다.[64] 형사처벌은 기술혁신과 데이터 활용을 위축시킬 위험이 더 크다는 데 우려가 쏟아지고 있다.

지방법원의 우려스러운 해석론을 염두에 둔 대법원은 최근 합리적인 기준을 제시했다. 대법원은 여기어때가 복제한 숙박 정보들은 이미 상당히 알려져 있고 공개된 정보로서 야놀자가 그 수집에 상당한 비용이나 노력을 투입했다고 보기도 어렵기 때문에 여기어때의 데이터 복제가 야놀자의 권리를 침해한 것으로 보기는 어렵다고 판결했다. 특히 이미 공개되어 있는 데이터의 복제로 야놀자의 이익을 부당하게 해친 것도 없으므로 「저작권법」 위반의 죄로 처벌할 수 없다고 판결했다.[65]

공개된 데이터를 수집해서 활용하는 것이 「저작권법」 위반에 해당되지 않는다면 대부분의 데이터 크롤링은 자유롭고 공정한 경쟁 수단으로 널리 활용될 수 있을 것이다. 그러나 데이터 크롤링에 관한 이상한 판례는 계속된다. 「저작권법」의 해석으로는 데이터 크롤링이 적법하고 공정한 경쟁 수단이 되지만, 부정경쟁방지법의 해석으로는 부정경쟁행위가 될 수 있다는 판결이 나오고 있기 때문이다. 「저작권법」에 위반되지 않는 적법하고 공정한 경쟁행위를 부정경쟁방지법에 위반되는 불공정 경쟁행위라고 보는 데 담당 재판부의 고민이나 신중함은 보이지 않는다. 「저작권법」과 부정경쟁방지법의 적용으로 데이터 보호는 강화되었겠지만 데이터의 이용은 크게 위축되고 있다. 데이터의 보호와 이용 사이의 균형을 무시하고 현행법을 확대 적용하면 재산의 보호는 가능하겠지만 기술혁신과 자유 영업은 점점 더 어려워질 것이다.

플랫폼 경제 리더십 부재

데이터 크롤링을 둘러싸고 기술과 시장의 변화를 전혀 무시하고 이상한 판결을 내리게 된 배경에는 국회에서 정책 방향에 관한 별다른 고민 없이 처리한 이상한 입법이 자리 잡고 있다. 때로는 의원들이 입법 실적을 올리기 위해서, 때로는 관련 부처의 관할 확대 욕구에 편승해서 이 세상 어디에서도 찾아보기 어려운 데이터 보호 최강국을 만들어졌다. 인공지능과 플랫폼의 발전으로 새로운 시장이 형성되는데 그에 대한 관할권을 확보하려는 정부 부처는 국회의원들과 협력해서 전문가들의 의견을 무시한 채 졸속으로 입법을 하는 경우가 많다. 데이터베이스의 경우에도 많은 전문가들이 「저작권법」에 의한 보호를 반대했다. 그러나 문화체육관광부는 유럽의 입법례를 근거로 데이터베이스의 보호를 위한 「저작권법」 개정을 강행했다.

미국에서도 창작성 없는 데이터베이스를 보호하기 위한 입법안이 여러 차례 연방의회에 상정되었지만[66] 모두 좌절된 바 있다. 데이터베이스를 저작권법으로 보호하면, 데이터베이스 제작자의 투자 회수를 도와줄 수는 있겠지만 그 반면에 지식과 정보를 포함한 데이터의 확산 및 활용을 막는 부작용을 초래하기 때문이다.[67] 데이터베이스 제작자를 저작권법으로 보호하기 시작한 유럽은 이제 후회하고 있다. 유럽은 20여 년 전부터 저작권법으로 데이터베이스를 보호해 왔지만 데이터 산업도 인공지능 산업도 모두 미국에 훨씬 뒤처져 있다. 유럽 입법례를 따른 우리나라의 경우에도 데이터 산업은 세계 시장에서 1%에도 미치지 못하는 미미한 수준에 머물고 있고 국내 산업은 데이터 그 자체보다는 데이터베이스 관리 시스템DBMS, Data Base Management System을 비롯한 데이터 솔루션 부문이 대부분을 차지하고 있을 뿐이다.[68] 우리나라도 「저작권법」으로 데이터베이스를 보호하기 시작했지만 국내 데이터 산입의 발전에 별다른 기여도 하지 못하고[69] 오히려 인공지능과 플랫폼의 데이터 크롤링을 가로막는 걸림돌이 될지 모른다면 법 규정을 폐지하는 것도 고려해 볼 필요가 있다.

인공지능의 눈부신 발전으로 최근 데이터 자산이 원유보다 더 중요한 핵심 수익원으로 부상했다. 문화체육관광부뿐만 아니라 다른 정부 부처들도 서로 관할권을 확대하기 위한 입법 경쟁에 뛰어들었다. 과학기술정보통신부는 데이터 산업 발전의 기반을 조성하기 위한 법률로 「데이터 산업진흥 및 이용촉진에 관한 기본법(데이터기본법)」을 제안했고, 특허청은 '데이터 부정 사용'을 새로운 부정경쟁행위 유형으로 추가하기 위해서 부정경쟁방지법의 개정을 제안했고, 산업통상자원부는 '산업 데이터'의 생산을 활성화한다는 명분으로 「산업 디지털 전환 촉진법」의 제정을 제안해서 모두 국회를 통과했다. 정부 관련 부처와 국회의원들의 합작으로 이제 우리나라는 데이터 보호에 관하여 다섯 개의 법률에 의한 중복 보호로 가장 강한 보호를 하는 세계 유일의 국가가 되었다. 입법 추진 과정에서 중복 보호에 관한 많은 우려가 제기되었지만 대통령과 국무총리는 별다른 관심이나 리더십을 보여 주지 못했고 관련 부처와 국회의원들은 자신의 이익에 부합하는 입법을 추진한 것이다. 플랫폼 경제에 관한 리더십의 부재와 잘못된 거버넌스로 인한 데이터 빈곤의 폐해는 고스란히 기업과 소비자들이 떠안게 될 것이다. 중복 보호로 데이터 분쟁이 증가할 것으로 예상되는데, 변호사들은 바빠지겠지만 플랫폼 경제는 활력을 잃게 되는 것은 아닌지 우려된다.

우리는 미국은 물론 유럽보다 더 높은 수준으로 데이터 자산을 보호하게 되었다. 데이터 보호를 강화하면 데이터 크롤링이 위축되고 인공지능 기반 플랫폼들의 학습 데이터가 부족해진다. 게다가 우리나라는 데이터 가운데 개인정보 보호가 중국과는 비교할 수 없을 정도로 엄격하다. 국내 기업들이 인공지능 기술 개발에서 중국이나 미국 기업에 뒤질 수밖에 없는 법제도 환경을 우리 스스로 만든 셈이다. 챗GPT의 충격으로 인공지능에 관한 법제도를 정비할 때 유럽은 규제강화에 중점을 두는 데 반해 미국은 인공지능의 책임을 논의하면서도 기술혁신을 강조한다.[70] 우리는 또다시 선택의 기로에 놓였다. 미국과 중국에는 인공지능 관련 스타트업으로 기업가치 1조 원 이상의 유니콘으로 성장한 기업이 수십 개씩 나왔지만 우리나라에는 전무한 현실[71]의 진짜 원인이 어디에 있는지 되돌아보면서 현명한 법제도를 선택하기 기대한다.

플랫폼 정치

소셜미디어, 검색 엔진, 뉴스 사이트 등의 플랫폼은 정치에 커다란 영향을 미친다. 오늘날에는 정보가 플랫폼을 통해 확산되고 있기 때문이다. 플랫폼을 통한 정보 확산은 여론 형성과 선거 결과를 좌우하기도 한다. '이집트의 봄'은 페이스북과 같은 플랫폼이 여론 형성의 중심이 되어 독재자를 몰아내는 혁명을 이끌어 낸 대표적 사례로 주목받았다. 플랫폼은 정치인들이 유권자들과 소통할 수 있는 도구일 뿐 아니라 유권자들의 정치 성향에 맞춘 맞춤형 광고를 통해 보다 적극적으로 여론에 영향을 미치고 지지자를 동원할 수 있는 미디어가 되었다.

플랫폼을 통해서 정보가 널리 확산되고 아이디어 시장이 활성화되면 민주주의는 건전하게 발전할 수 있다. 그러나 플랫폼을 통해서 확산되는 정보가 허위정보 또는 가짜 뉴스인 경우에는 민주주의가 심각하게 위협받을 수도 있다. 2016년 미국 대통령 선거에서 러시아의 선거 개입으로 가짜 뉴스가 널리 확산되어 유권자들의 투표에 영향을 준 것으로 평가되고 있다. 특히 휴대폰 속의 플랫폼은 기존 종이 신문이나 TV 방송보다 훨씬 더 편리하고 빠른 속도로 정보를 확산시킬 수 있다는 데 그 위험성이 도사리고 있다. 또한 신문이나 방송 광고와 달리 플랫폼의 정치 광고는 이용자들의 정치 성향에 맞춰서 선별적으로 이루어지기 때문에 훨씬 더 쉽게 이용자들의 극단 행동을 유인해 낼 수도 있다. 2021년 미국 트럼프 대통령이 대통령 선거 결과 연임에 실패했음에도 불구하고 선거부정을 주장하자 지지자들이 1월 6일 대통령 당선자를 확정하는 양원합동회의가 진행되고 있는 의사당에 난입하는 폭력 사태가 발생했다.

플랫폼이 정치에 긍정적인 영향을 미칠 것으로 기대하지만 때로는 가짜 뉴스나 명예훼손 등으로 부정적인 영향을 미치기도 한다. 플랫폼 이용자들의 책임도 있겠지만, 플랫폼 기업들에도 건전한 민주적 절차에 기여할 수 있도록 노력해야 할 책임이 있다. 플랫폼은 맞춤형 광고 덕분에 신문이나 방송보다 더 많은 광고 수익을 올리고 있는데 바로 그 맞춤형 광고로 인해서 민주주의가 붕괴될 수 있기 때문이다. 다만 플랫폼으로 하여금 가짜 뉴스, 명예훼손, 음란물, 불법 복제물 등의 불법 콘텐츠를 삭제하도록 강제한다면 과거 권위주의 국가의 사전검열과 마찬가지로 표현의 자유를 심각하게 위협할 수도 있다. 따라서 플랫폼이 불법 콘텐츠를 삭제하기 위하여 어느 정도의 투자와 노력을 해야 할 것인지, 법적으로 어느 정도의 의무를 부과해야 하는지 또는 플랫폼의 알고리즘에 대해서 어떠한 방식의 견제나 감독이 필요한지 다 함께 고민해 볼 필요가 있다.

아랍의 봄

튀니지 혁명에서 시작된 '아랍의 봄'은 페이스북과 트위터 같은 소셜미디어 플랫폼이 촉매가 되어 일어난 정치적 사건이다. 2010년 12월 튀니지 혁명이 시작된 이후에 민주화 시위가 들불 번지듯 빠르게 아랍 세계 전역에 확산될 수 있었던 것은 소셜미디어 플랫폼으로 민주화 시위가 공유되었기 때문이다. 튀니지의 벤 알리Ben Ali 대통령의 심각한 부패상이 '위키리크스WikiLeaks'에 공개되면서 시위가 시작되었지만, 이미 이집트를 비롯한 아랍의 상당수 국가에서 경제적 빈곤과 정치적 부패로 인한 불만이 심각한 수준이었다. 페이스북과 트위터 그리고 유튜브는 시위를 알리고 널리 확산시키는 데 효율적인 도구가 되었을 뿐만 아니라 결국 튀니지, 이집트, 리비아, 예멘의 대통령 또는 국가원수를 모두 축출하고 정권을 교체하는 데 일등공신이 되었다. 아랍 시민들은 소셜미디어로 이웃 나라의 시위에 관한 이야기를 공유하고 서방 언론의 보도 내용을 접하면서 힘을 얻었다. 아랍의 봄이 시작된 후 초기 1년간 아랍 지역에서 소셜미디어 플랫폼의 사용이 대폭 증가했다.[1]

소셜미디어 플랫폼들은 집단행동을 이끌어 내는 데 엄청난 힘을

© M.Rais

아랍의 봄 당시 튀니지 시위대의 모습 당시 반정부 시위에서는 페이스북 같은 소셜미디어를 이용한 조직 결성, 의사소통, 인식 확대가 활발히 일어났다.

갖고 있다는 것을 아랍의 봄에서 잘 보여 주었다. 아랍의 상당수 정부는 특정 사이트를 폐쇄하거나 페이스북과 같은 인터넷 서비스를 완전히 차단했다. 소셜미디어가 기존 정권의 책임을 묻는 집단행동에는 성공했지만 부패 종식과 빈곤 해결을 위한 새로운 권력을 탄생시킬 수는 없었다. 아랍의 봄으로 기존 권력이 무너진 이후, 법질서의 공백 그리고 반혁명 세력과의 내전civil war이 해결되지 못하고 오히려 악화되었다. 미국과 러시아의 지원과 개입이 본격화되면서, 특히 시리아 및 레바논의 내전은 미국과 러시아의 대리전이 되고 있다.

러시아의 선거 개입

2016년 미국 대통령 선거는 러시아의 선거 개입으로 충격을 받았다. 대통령 선거 전후로 러시아 요원들이 미국 소셜미디어 플랫폼에 약 8만 건의 콘텐츠를 게시했고 1억 2,000만 명 이상의 미국인이 그 게시물을 본 것으로 추정된다.[2] 플랫폼을 통한 러시아의 선거 개입은 러시아 태생의 미국 심리학자 알렉산더 코건Aleksandr Kogan이 영국 케임브리지 대학교에서 성격 테스트 앱 '이것이 당신의 디지털 인생이다This is your digital life'를 개발하면서부터 시작된다. 코건은 영국 정치 홍보 기업 케임브리지 애널리티카Cambrige Analytica와의 계약에 따라 성격 테스트 앱으로 페이스북 이용자들과 그 친구들을 포함해 미국인 8,700만 명의 인종과 종교 및 정치 성향을 분석했다. 케임브리지 애널리티카는 그 분석 결과를 당시 트럼프 대통령 후보 측에 제공했다. 동일한 분석 결과를 전달받은 러시아 첩자들은 유권자 성향에 따라 페이스북의 1억 2,600만 이용자들에게 맞춤형 메시지를 보내고[3] 트위터에 3만 6,000개의 봇bot으로 140만 건의 메시지[4]를 그리고 유튜브에 1,100여 건의 동영상을 업로드했다.[5] 러시아 첩자들이 푸틴 대통령의 지시를 받아서 '락타Lakhta'라는 코드명 아래 미국 여론에 악영향을 미치기 위한 사이버 공격을 계획하고 실시한 것이다. 러시아 고위 관리들과 트럼프 대통령 후보 측의 '공모'가 있었을 것이라는 의혹이 많았지만 아직까지 공모에 관한 명확한 증거는 나오지 않았다.

러시아 첩자들은 상트페테르부르크(예전의 레닌그라드)의 인터넷 연구소IRA, Internet Research Agency를 중심으로 2016년 대선 당시 공화당 후보 도널드 트럼프를 지원하고 민주당 후보 힐러리 클린턴Hillary Clinton을 비방하는 여론 조작을 주도했다. IRA를 후원해 온 러시아 사업가 예브게니 프리고진Yevgeny Prigozhin은 푸틴 대통령과의 두터운 친분을 바탕으로 군납용 음식 사업에 진출해 돈을 벌고 해외 분쟁에서 악명 높은 민간 용병 기업 와그너그룹Wagner Group을 창설한 인물이다. 프리고진은 "조심스럽게 그리고 외과 수술 하듯이 정확하게" 미국 선거에 개입했고 앞으로도 계속할 것이라고 말했다. IRA는 소셜미디어 플랫폼에서 자극적인 가짜 뉴스와 음모론을 확산시키고 미국 민주주의를 무너뜨리는 극단적인 견해를 지지하고 조성하는 게시글, 댓글, 좋아요, 트윗 등의 소위 '트롤troll' 활동을 했다.

2016년 11월 대통령 선거일이 다가오자 두 명의 흑인이 운영하는 '윌리엄스와 캘빈Williams & Kalvin'이라는 페이스북 페이지에 광고가 올라왔다. "이번 선거에서 우리는 두 명의 인종차별주의자 중에서 선택을 해야 한다. 둘 중 어느 누구도 흑인을 대표하지 않는다. 투표를 거부하는 것 외에 다른 선택지는 없다. 투표하러 가지 말자." 이렇게 투표 거부를 권장하는 페이스북 광고는 '아프리카계 미국인 민권', '마틴 루서 킹', '말콤X' 등에 관심을 갖는 사람들을 대상으로 집중적으로 뿌려졌다. 이와 동일한 메시지의 광고가 유튜브 계정과 트위터 계정에도 등장했다. 윌리엄스와 캘빈의 페이스북과 트위터, 유튜브 계정은 모두 가짜 계정이고 러시아 IRA의 첩자들이 개설하여 운영해 온 것으로 밝혀졌다.[6] 러시아의 가짜 계정은 모두 소프트웨어 봇을 활용해서 신속하게 콘텐츠를 게시하고 공유했고, 가짜 계정의 콘텐츠는 여론을 왜곡하는 데 많은 기여를 했다.

페이스북의 책임

민주주의는 아이디어의 자유로운 생산과 유통이 가능한 '아이디어 시장'을 전제로 하는데, 러시아의 선거 개입은 플랫폼의 활용으로 아이디어 시장이 무너질 수 있다는 것을 보여 줬다. 플랫폼이 아이디어 시장을 활성화시킬 수도 있지만 정반대로 민주주의의 기본 질서를 위협할 수도 있는 것이다. 로버트 뮬러Robert Mueller 특별검사가 러시아의 선거 개입 관련 범죄를 수사하기 시작했고, 연방거래위원회와 증권거래위원회SEC, Securities and Exchange Commission는 소비자와 투자자 보호를 위해서 페이스북의 위법행위 여부를 조사하기 시작했다. 러시아의 선거 개입이 알려지면서 페이스북의 주가는 폭락했고, 회원 탈퇴#DeleteFacebook운동이 일어났다.

뮬러 특별검사는 수사 결과 26명의 러시아 피의자와 IRA 같은 세 개의 러시아 단체들뿐만 아니라 트럼프 대통령 당선자의 선거 참모를 비롯한 미국인 피의자 7명에 대한 공소를 제기했다. 특별검사의 수사 결과 선거 참모들의 개인적인 범죄 혐의는 밝혀졌지만 대통령 당선자와 선거 참모들이 러시아 피의자들과 '공모'했다는

2018년 4월 10일, 페이스북의 마크 저커버그 최고 경영자는 미국 연방 상원의회 공청회에서 지난 대통령 선거 기간 확산된 가짜 뉴스에 관하여 증언했다.

충분한 증거는 찾을 수 없었다고 판단하면서 수사를 종결해서 상당한 비난을 받았다. 그러나 상당한 규모의 범죄 혐의를 밝혀냈을 뿐 아니라 424억 원(3,200만 달러)의 수사 비용을 들여서 몰수 및 벌금으로 637억 원(4,800만 달러)을 국고 수익으로 받아 내면서 뮬러는 비교적 성공한 특별검사로 평가되고 있다.

미국 연방거래위원회는 6조 원(50억 달러)이 넘는 과징금을 부과하는 것으로 페이스북과 합의하면서 사건 조사를 종결했다.[7] 6조 원의 과징금은 페이스북의 1개월 수익에 상당하는 금액으로 연방거래위원회가 개인정보 침해를 이유로 부과한 과징금 가운데 가장 많은 기록적인 액수였다. 또한 증권거래위원회는 페이스북이 대통령 선거 과정에서 케임브리지 애널리티카 같은 앱 개발업자들이 이용자 개인정보를 부당 수집하고 있다는 사실을 알았음에도 불구하고

2년 넘게 투자자들에게 공시하지 않았다고 판단했다. 증권거래위원회는 페이스북이 공시의무를 위반하고 투자자들을 기만했다는 이유로 1,200억 원(1억 달러)이 넘는 과징금을 부과하는 것으로 페이스북과 합의하면서 사건을 종결했다.

러시아의 선거 개입이 세상에 알려진 것은 대통령 선거가 끝나고 1년 2개월 이상 지난 후였다. 러시아의 선거 개입에 페이스북의 개인정보가 이용된 것이 알려지자 페이스북 탈퇴 운동이 벌어져 페이스북 이용률이 20%가량 감소하고 주가가 24%가량 폭락했다. 페이스북 이용자들은 페이스북이 아무런 동의도 받지 않은 채 앱 개발업자 및 광고주들과 개인정보를 공유했다고 주장하면서 손해배상을 청구하는 집단소송을 제기했다. 집단소송은 페이스북이 9,600억 원(7억 2,500만 달러)의 손해배상액에 합의하면서 종결되었다.[8] 집단소송의 효과는 소송당사자뿐만 아니라 일정 기간 페이스북을 이용한 미국 이용자들 모두에게 적용되고 페이스북이 지정한 사이트를 통하여 그 지분을 청구할 수 있게 되었다. 페이스북이 손해배상이나 과징금에 합의한다고 해서 위법행위를 시인한 것은 아니다. 페이스북은 페이스북의 주주들과 페이스북 공동체(공화국)의 최선의 이익을 위해서 사건 종결에 필요한 조건에 합의한 것이라고 설명했다. 다만 페이스북은 동일한 사건이 재발하지 않도록 노력하겠다고 선언했고 그러한 노력의 하나로 페이스북 '감독위원회Oversight Board'가 탄생했다. 감독위원회는 불법 콘텐츠의 삭제를 둘러싼 협상, 조정 및 중재를 하고 회사 결정을 번복할 수 있는 권한을 갖고 있다는 점에서 페이스북의 '사법부'와 마찬가지라고 볼 수 있다. 이에 페이스북 이용률은 회복되었고 폭락한 주가도 다시 돌아왔다. 페이스북은 '감독위원회'라고 하는 사법부까지 갖춘 공화국의 모습으로 다시 탄생한 것이다.

미국 의사당 난입

2021년에 일어난 미국 의사당 난입 사건에서도 트위터와 페이스북을 비롯한 플랫폼들의 영향이 컸다. 트럼프 지지자들은 트위터와 극우 플랫폼 '팔러Parler' 그리고 페이스북과 인스타그램으로 부정 선거라는 허위 주장을 퍼뜨리면서 의사당을 점령하자고 외쳤고 드디어 2,000여 명의 행동 대원들이 의사당 난입을 강행했다.[9] 미국의 대통령 선거는 2020년 11월 3일에 있었지만 이는 50개 주에서 유권자가 선거인단을 선출한 것이다. 선거인단의 투표 결과를 확인해서 대통령과 부통령을 공식적으로 선출하는 것은 그다음 해 1월 6일 연방의회 양원 합동 회의에서 이루어졌다. 유권자들의 투표와 심판이 끝나도 연방의회의 최종 투표 결과 확인이 예정된 1월 6일까지 약 두 달 동안 페이스북과 인스타그램에는 선거부정을 주장하는 수많은 가짜 뉴스가 게시되고 의사당 난입을 부추기는 메시지가 폭증했다. 트위터와 팔러 같은 소셜미디어에는 트럼프 대통령이 선거에서 승리했다는 허위 주장이 난무했다. 연방의회 의장을 겸하고 있는

© Shutterstock

2020년 미국 의사당 난입 '큐어넌 주술사' 또는 '옐로스톤 늑대'로 널리 알려진 제이콥 챈슬리(Jacob Chansley)는 트럼프 대통령의 연임을 주장하면서 미국 의사당 난입에 앞장섰다.

마이크 펜스Mike Pence 부통령을 교수형에 처해야 한다는 극단적인 주장이 관심을 끌면서 실제로 1월 6일 의사당에 난입한 행동 대원들은 의사당 앞에 교수대를 설치하기도 했다.

미국 의사당에 난입한 사람들은 대부분 폭력적인 극우단체에 소속된 사람들이었다. 예컨대 '큐어넌QAnon'이라는 단체는 민주당의 정치 지도자들이 사탄을 숭배하고 식인을 하며 국제 규모의 아동 성매매 조직을 운영하는 딥스deep state의 그림자 권력으로 미국과 전 세계의 정치와 경제를 장악하고 있다는 음모론을 퍼뜨렸다. 큐어넌은 딥스 권력에 대항하고 문제를 해결할 유일한 인물이 도널드 트럼프라고 주장하면서 지지자들의 마음을 움직여 의사당 난입을 주동했다. 소셜미디어가 이집트의 봄부터 부정부패를 알리고 개혁 여론을 확산시켜 민주주의를 발전시킨 것은 사실이지만, 미국 의사당 난입 사건에서처럼 가짜 뉴스를 확산하고 폭력을 조장함으로써 민주주의에 심각한 위협이 될 수도 있다.

2021년 1월 6일 발생한 미국 의사당 난입 사건은 현직 대통령을 지키기 위해서 지지자들이 일으킨 미국 역사상 초유의 친위 쿠데타와 다름없다. 민주주의 성지라고 여겨졌던 미국 의사당에서 어떻게 행동 대원과 경찰이 사망하는 폭력적인 난입 사건이 발생할 수 있었을까? 큐어넌의 허무맹랑한 음모론과 가짜 뉴스 그리고 트럼프 대통령 측근의 검표기 조작과 같은 허위사실이 어떻게 소셜미디어에서 호응을 얻을 수 있었을까? 소셜미디어에 의사당으로 쳐들어가자는 주장이 구체화되고 더 나아가 양원 합동 회의를 주재하는 부통령과 하원의장을 붙잡아 즉시 처형하자는 폭력 조장의 메시지가 난무하는 것을 알면서도 왜 FBI와 경찰은 소셜미디어에 대해 아무런 조치도 취하지 못했을까? 의사당 난입 사건이 발생한 후 연방의회의 청문회에서 트위터의 잭 도시Jack Dorsey 최고 경영자는 트위터가 악영향을 미친 사실을 인정했다. 그러나 페이스북의 저커버그 최고 경영자와 구글의 피차이 최고 경영자는 명확한 답변을 회피했다. 소셜미디어 대표들이 법적인 책임을 인정하기는커녕 소셜미디어의 악영향을 인정하는 것조차 주저한 것이다. 트럼프 지지자들은 의사당 난입도 평화로운 정치적 표현으로 헌법이 보장하는 표현의 자유에 해당한다고 주장한다. 소셜미디어 대표들은 표현의 자유가 중요하다고 강조하면서 법적으로 가짜 뉴스를 검열하거나 차단할 의무가 없다고 떳떳이 말한다. 미국법, 특히 「통신품위법Communications Decency Act」은 유럽이나 우리나라의 법과 달라서 소셜미디어 대표들이 화살을 피할 수 있는 충분한 방패가 되고 있기 때문이다.

트윗으로 흥하고 트윗으로 망하다

트럼프 대통령은 8,000만 명이 넘는 트윗Tweet 팔로워를 자랑하고 트윗의 힘으로 대통령에 당선되기도 했지만, 바로 그 트윗으로 선거 불복과 의사당 난입을 부추기고 결국 스스로 탄핵을 초래했다. 트윗은 여러 가지 음모론과 허위 주장까지도 변두리 언론에서 중심 언론으로 끌어올리는 데 아주 효과적인 미디어였다.[10] 트윗 때문에 미국의 도널드 트럼프 대통령은 재임 시 미국 의회의 탄핵을 두 번이나 받은 유일한 대통령이 되었다.

2020년 12월 14일 51개 주의 선거인단이 공식적으로 민주당 후보 조 바이든Joe Biden을 대통령 당선인으로 선출했음에도 불구하고, 트럼프 대통령은 자신의 비선 조직[11]을 백악관으로 불러 모아, 패배한 주정부의 투표 용지함과 검표기를 빼앗아 오는 방법을 비롯해서 선거 결과를 뒤집기 위한 방법을 모의하는 6시간 마라톤 회의를 했다. 실제로 투표 용지함과 검표기를 마음대로 가져오거나 바꿔치기할 수는 없었지만, 트럼프 대통령과 비선 조직은 대통령 선거가 부정 선거라는 주장을 널리 퍼뜨리기 시작했다. 여기에서 가장 강력한 확성기는 트윗이었다. 백악관에서 비선 조직과 6시간의 마라톤 회의를 마친 후, 트럼프 대통령은 현지 시각으로 새벽 1시 42분에 역사를 바꿀 트윗을 날린다. "대통령 선거에서 패하는 것은 통계적으로 불가능. 새해 1월 6일 D.C.에서 대규모 시위를 합시다. D.C.로 오세요. 광란의 시위가 될 겁니다."

트럼프 대통령이 소셜미디어로 선거부정에 관한 허위사실을 퍼뜨리고 폭력을 조장하는 것이 심각하다고 판단한 페이스북과 트위터 그리고 유튜브는 트럼프 대통령의 계정을 정지했다. 미국 연방의회가 선거인단의 투표 결과를 공표하고 대통령 당선자를 확정하는 날 무려 5명의 사망자까지 초래한 폭력적인 의사당 난입이 발생하자, 소셜미디어 플랫폼들은 트럼프 대통령의 계정을 정지하자는 결정을 내렸다.[12] 트위터를 비롯한 소셜미디어는 선거 당시 트럼프의 가장 효율적인 확성기 역할을 했지만, 이제 주요 소셜미디어 계정의 정지로 트럼프는 지지자들과 더 이상 소통할 수 없는 벙어리와 마찬가지 신세가 되었다.

페이스북은 언론의 자유를 중시하면서 가짜 뉴스나 허위사실도 수수방관하다가 현직 대통령의 계정을 영구 정지시키는 극단적이고 예외적인 조치를 취해서 많은 논란을 초래했다. 최근 페이스북 감독위원회는 사건 당시 트럼프 대통령이 '폭력의 미화'를 금지한 페이스북의 '공동체 규칙community standards'을 위반했으므로 페이스북의 트럼프 계정 정지 조치는 정당했다는 결정을 내렸다. 그러나 감독위원회는 페이스북이 일정한 기준과 근거도 없이 이용자 계정

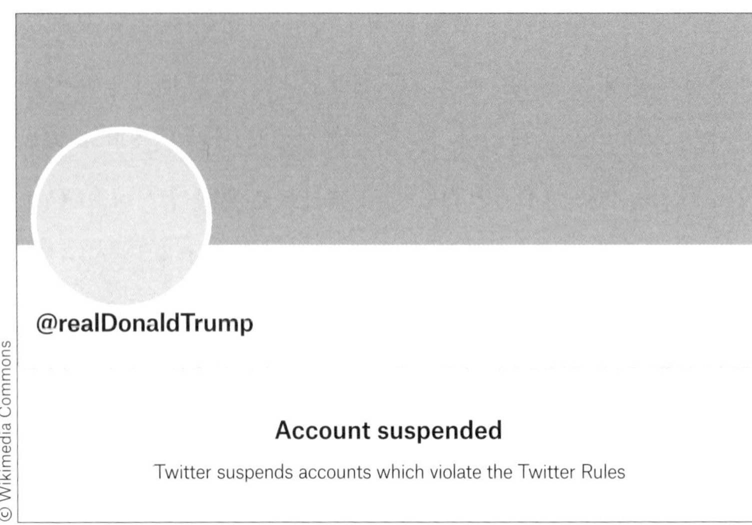

트럼프 대통령의 계정 정지 2021년 1월 6일, 트럼프 전 미국 대통령은 소셜미디어를 통해 대선 결과에 불복하는 지지자들을 부추겨 워싱턴 의사당에 난입하게 했다. 이 일로 트위터를 비롯한 여러 소셜미디어의 계정 사용을 영구 정지당했다.

을 '영구적으로' 정지하는 조치를 취한 것은 극히 자의적이라는 문제점을 지적하면서, 6개월 이내에 명확한 기준을 마련하고 계정 정지 기간을 재검토해 볼 것을 권고했다.

국가보다 더 무서운 권력

트위터와 페이스북뿐만 아니라 유튜브도 트럼프 대통령의 계정을 정지시켰다. 애플과 구글은 큐어넌의 음모론과 폭력적인 시위를 조장하는 극우 앱 팔러를 앱 마켓에서 삭제하고, 아마존은 극우 앱을 서버에서 제거하는 최강의 조치를 취했다. 소셜미디어 계정이나 앱을 일방적으로 정지하고 서버에서 제거하는 것은 마치 중세 교회의 파문과 마찬가지로 정치적 생명을 끊어 버리는 것이고 플랫폼 공화국에서 내려진 사형집행에 해당한다.

소셜미디어에 가짜 뉴스가 난무하고 의사당 난입과 폭력을 부추기는 주장이 널리 퍼지고 있었지만, 미국 연방의회 의원들도 FBI도 연방법원도 소셜미디어에서 가짜 뉴스와 허위정보를 삭제할 수 없었다. 신문과 TV와 같은 전통미디어는 정치적인 성향에 따라서 비판하기도 하지만, 소셜미디어와 같은 플랫폼에 나오는 가짜 뉴스와 허위정보를 더 확산시키는 경우도 많았다. 플랫폼의 책임을 둘러싼 공방이 치열하고 「통신품위법」에 따른 플랫폼 면책조항의 문제점이 지적되었지만 신속하고 확실한 해결책은 찾지 못하고 혼돈에 빠지고 있었다. 가짜 뉴스의 차단은 국가도 해결하기 어려운 과제이지만 역설적으로 소셜미디어 플랫폼은 스스로 할 수 있었음에도 의도적으로 방치했고 의사당 난입 후에 계정 정지라는 충격 조치를 취했다. 플랫폼 공화국에서는 플랫폼이 국가보다 더 막강한 권력을 가지고 있음을 잘 보여 준 것이다.

플랫폼 면책조항

소셜미디어 플랫폼들은 막강한 권력을 갖고 있지만 가짜 뉴스와 허위정보의 확산을 차단하는 데 소극적이었다. 플랫폼들이 의사당 난입 사건에 엄청난 영향을 미쳤음이 명백함에도 그 책임을 묻기 어려운 것은 미국의 「통신품위법」에 규정된 면책조항 때문이다. 방송사 및 신문사는 가짜 뉴스나 명예훼손에 대해서 책임을 지지만, 실리콘밸리의 소셜미디어 플랫폼들은 미국 「통신품위법」 230조에 의해서 책임을 면제받는다. 기본석으로 플랫폼이 저작권 침해나 성착취 인신매매와 같은 불법행위를 방치한 경우에는 저작권법이나 성매매금지법에 따른 책임을 질 수 있다. 그러나 이용자들이 가짜 뉴스나 명예훼손의 글을 게시한 경우에는, 미국 통신품위법의 면책조항에 따라서 플랫폼이 아무런 책임도 지지 않는다. 미국의 「통신품위법」 제230조는 이용자들이 콘텐츠를 게시한 경우에 소셜미디어와 같은 플랫폼 기업들은 그 콘텐츠의 출판사publisher 또는 발언자speaker로서의 책임을 지지 않는다고 규정하고 있기 때문이다.[13] 플랫폼 기업은 이용자들의 콘텐츠 게시와 공유를 가능하게 해 준 인터넷 유통사distributor에 불과하므로 이용자들이 게시한 불법 콘텐츠에 대해서 출판사나 발언자로서의 책임을 물을 수 없다는 것이다. 가짜 뉴스로 미국 민주주의가 커다란 위협을 받고 있음에도 불구하고 트위터와 페이스북 그리고 구글과 애플이 이제까지 별다른 책임을 지지 않고 오히려 정치인들의 선동과 무책임한 언행을 비난하는 이유가 바로 여기에 있다. 또한 인터넷 서비스 사업자는 제삼자가 게시한 콘텐츠가 '음란하거나 폭력적이거나, 괴롭힘 또는 희롱에 해당하는' 것으로 판단해서 선의로 그 콘텐츠를 차단하거나 제한하더라도 그로 인한 책임을 지지 않는다. 선의로 불법 콘텐츠를 차단한 플랫폼은 소위 '착한 사마리아인Good Samaritan'이기 때문에 검열이나 차단으로 인한 책임을 추궁할 수 없다고 본 것이다.

플랫폼에 대해서 '착한 사마리아인' 책임 면제를 도입한 것은 미국에서 인터넷 사용이 막 확장되기 시작한 1996년이다. 인터넷 서비스 사업자들의 책임을 면제해 준 1996년 「통신법」 개정은 전 세계에서 유례를 찾아보기 어려운 입법례인데, 어떻게 이러한 책임 면제 입법이 이루어졌을까? 「통신법」 개정은 뉴욕주 대법원이 인터넷 서비스 사업자의 책임을 인정한 판결을 내린 이후에 연방의회가 보여 준 새로운 법 정책 의지의 소산이다. 1995년 뉴욕주 대법원은 인터넷 서비스 사업자 프로디지Prodigy가 그 게시판에 게시된 명예훼손 게시글에 대해서 출판사와 마찬가지의 책임을 진다고 판결한 것이다. 프로디지 사건은 1994년에 프로디지의 '머니 토크Money Talk'라는 게시판에 익명의 이용자가 증권 투자은행인 '스트래튼 오크몬트Stratton Oakmont, Inc.'와 그 회장이 어느 기업의 주식상장과 관련하여 기망 행위를 비롯한 범행을 저질렀다고 주장하는 게시물을 올린 것으로부터 시작된다. 이러한 익명의 게시물을 올린 이용자를 찾기는 어렵지만, 스트래튼 오크몬트는 인터넷 서비스 사업자 프로디지를 상대로 명예훼손의 책임을 추궁하는 소송을 제기했다.

명예훼손의 내용을 담은 책이 출판되면 그 저자뿐만 아니라 출판사도 명예훼손의 책임을 져야 하는 것처럼, 명예훼손 게시물이 인터넷 게시판에 업로드되면 그 게시판을 운영하는 인터넷 서비스 사업자 프로디지도 명예훼손 게시물의 출판사로 간주되고 책임을 져야 한다는 것이 투자은행의 주장이었다. 프로디지는 명예훼손 서적을 단순히 판매한 서점과 같은 유통사들은 명예훼손의 책임을 지지 않는 것처럼, 프로디지는 명예훼손 게시물을 알지도 못했고 그러한 게시물의 단순한 인터넷 유통사로서 명예훼손의 책임을 지지 않는다고 반박했다. 그러나 뉴욕주 대법원은 투자은행의 손을 들어주었다. 뉴욕주 대법원은 프로디지가 게시판 메시지에 대해 세 가지 방법으로 편집 통제를 행사했기 때문에 신문사처럼 콘텐츠의 발행인으로서 책임이 있다고 판단했다. 프로디지의 명예훼손 책임을 인정한 근거로, ① 프로디지가 이용자들에게 콘텐츠 가이드라인을 제시하고, ② 사내 위원회를 통하여 그 가이드라인을 집행하며, ③ 불법적 콘텐츠를 삭제하기 위한 검열 소프트웨어를 활용했기 때문에 프로디지가 출판사와 마찬가지로 편집권editorial control을 행사한 것이고 명예훼손에 대한 책임을 지게 된다는 것이다.[14]

뉴욕주 대법원판결에 대해서 피고 프로디지는 억울함을 호소했고 그 당시 파죽지세로 성장하고 있던 인터넷 기업들은 많은 불만을 제기했다. 첫째, 프로디지는 불법 콘텐츠를 억제하기 위해서 가이드라인을 마련하고 집행하려는 최선의 노력을 다했음에도 책임을 져야 한다는 사실이 불합리하다는 것이다. 둘째, 검열 소프트웨어를 활용해서 불법 콘텐츠를 삭제하기 위한 노력을 했음에도 오히려 그러한 노력이 출판사의 편집권 행사와 마찬가지로 취급되고 책임의 근거가 된다는 것은 더욱 불합리하다는 것이다. 셋째, 검열이나 삭제의 노력을 하지 않았다면 출판사로서의 책임을 지지 않는데 오히려 불법 콘텐츠 억제를 위한 노력을 기울이면 책임을 져야 한다는 것은 형평에도 어긋난다는 것이다.

뉴욕주 대법원 판결이 나오기 4년 전에 뉴욕주 남부지방법원은 인터넷 기업이 게시판의 콘텐츠를 리뷰하는 어떠한 개입도 한 적이 없다면 이용자들이 게시판에 올린 명예훼손 게시글에 대해서 아무런 책임이 없다고 판결한 바 있었다.[15] 다시 말해서 인터넷 기업은 이용자들의 게시글에 아무런 개입도 하지 않기 때문에 이용자들이 콘텐츠를 올리고 공유할 수 있도록 도와주는 단순한 유통사에 불과하다고 보고, 이용자들이 불법 콘텐츠를 올리더라도 인터넷 기업은 출판사로서의 책임을 지지 않는다고 본 것이다. 그러나 인터넷 이용자가 많아지면서 이용자들이 올린 불법 콘텐츠도 급증하였고 이를 인터넷 기업들이 아무런 개입도 하지 않고 그냥 방치하는 것도 비난의 대상이 될 수밖에 없었다. 여기에서 법적으로 문제 되는 점은 인터넷 기업이 불법 콘텐츠의 억제를 위해 노력하는 순간 유통사로서가 아니라 출판사로서 무거운 책임을 져야 하는가의 문제이다. 뉴욕주 대법원은 인터넷 기업이 콘텐츠 리뷰나 개입을 하면 출판사와 마찬가지의 책임을 져야 한다고 본 것이다. 그러나 실리콘밸리의 인터넷 기업들은 뉴욕주 대법원이 인터넷 서비스와 도서 출판의 차이점을 전혀 고려하지 않고 인터넷 기업들에게 과도한 주의의무와 지나치게 엄격한 책임을 부과한 것이라고 비난했다.

뉴욕주 지방법원과 대법원의 견해 차이는 단순히 뉴욕에서의 하급심과 상급심의 차이가 아니라 미국 전역에 걸쳐 심각하게 대립하고 있는 접근법의 차이를 상징적으로 보여 준 것이고, 20세기 말 세계 각국의 법원과 의회에서 대립하고 있는 두 가지 견해를 대표하는 것이다. 견해차로 인한 혼란을 방지하기 위해서 관련법을 개정할 필요성이 제기되었다. 기본적으로 인터넷에 올라온 가짜 뉴스, 혐오 발언, 폭력 조장 등의 불법 콘텐츠에 대해서 인터넷 기업으로 하여금 소위 '게이트키퍼'로서의 감독의무를 부과할 것인가, 아니면 인터넷 이용자들의 표현의 자유를 더 중시하고 자율에 맡길 것인가의 접근법의 차이에 따라서 법 개정의 방향은 크게 좌우될 수밖에 없다. 이러한 갈림길에서 미국 연방의회는 인터넷 기업에게 '게이트키퍼 책임Gatekeeper Liability'을 부과하는 것은 결과적으로 인터넷에서의 자의적인 검열을 초래할 위험이 있다고 보고 '플랫폼 면책론'과 자율규제라는 접근법을 채택했다. 연방의회는 1996년에 「통신품위법」을 제정해서 이용자들이 올린 콘텐츠에 대해서 인터넷 서비스 사업자들이 출판사 또는 발언자로서의 책임을 지지 않는다고 하는 면책론을 입법화했다. 「통신품위법」은 미국 연방 「통신법」 230조로 편입된 이후 20세기 말부터 시작된 미국의 눈부신 인터넷 산업 발전에 크게 기여한 것으로 평가되고 있다. 26개 단어로 이루어진 「통신품위법」이 인터넷 제국을 건설했다. 26개 단어로 입법화된 면책론에 의하여 드디어 플랫폼 공화국은 탄생할 수 있었다.

알고리즘의 개입

플랫폼 면책조항은 시장의 자율규제를 전제로 표현의 자유를 보장하기 위한 것이다. 그러나 현실은 플랫폼 면책론과 상당히 다른 모습을 보여 준다. 현실에서는 시장 실패와 자유 남용과 관련된 충격적인 사건들이 점점 늘어나고 있다. 2019년 3월 뉴질랜드에서 이슬람교도를 혐오하는 28세 청년이 이슬람 사원에서 51명의 이슬람교도를 사살하고 사살 장면을 실시간으로 페이스북으로 전송한 사건이 있었고, 같은 해 8월 백인 우월주의를 신봉하는 21세 청년이 남미 사람Latino들이 많이 거주하는 미국 텍사스 월마트에서 23명을 사살하는 사건이 있었다. 두 사건의 범인은 각각 뉴질랜드와 미국에 거주하는 청년으로 서로 모르는 사이이지만 똑같이 '에잇챈8chan'이라는 사이트에서 백인 우월주의와 증오심을 공유해 왔었다.

구글이나 페이스북 또는 에잇챈이 자율적으로 증오범죄나 아동음란물을 차단하거나 삭제할 수도 있지만 그러한 자율적 통제를 하지 않았다고 해도 플랫폼에게 책임을 물을 수 없다는 것이 미국 「통신품위법」의 면책조항이다. 이러한 면책조항으로 인해서 플랫폼이 증오발언이나 음란물을 널리 유포하고 관련 범죄를 유발하기도 한다는 비난을 받아 왔다. 플랫폼에서의 명예훼손과 가짜 뉴스에 많은 불만을 갖고 있는 정치인들은 면책조항의 폐지를 공약으로 내걸기도 했다. 만일 플랫폼들의 추천 알고리즘이 이용자들의 성향에 따라 증오 발언이나 음란물을 추천하고 보다 많은 광고 수익을 올린다면 최소한 그 광고 수익만큼 책임을 져야 한다는 주장도 제기되어 왔다.

2015년 파리에서 국제범죄단체 이슬람 국가ISIS, Islamic State의 테러 범죄로 130명이 사망했다. 테러 범죄로 희생된 미국 학생의 부모는 유튜브의 모회사 구글과 트위터 및 페이스북을 상대로 손해배상을 청구하는 소송을 제기했다. 유튜브가 이용자 프로필에 따라 콘텐츠를 추천하는 알고리즘을 운영하였고 일정 부류의 이용자들에게 이슬람 국가ISIS 모집 동영상을 반복적으로 추천했기 때문에 유튜브가 파리 테러 사건으로 희생된 미국 학생의 죽음에 부분적인 책임이 있다는 것이 원고 측 주장이었다. 원고는 유튜브의 추천 알고리즘이 테러 범죄 확산에 기여했다면 「통신품위법」의 면책조항이 적용될 수 없다고 주장했다. 이스탄불에서 ISIS 테러 사건으로 사망한 요르단인의 부모가 트위터와 구글 및 페이스북을 상대로 제기한 소송에서도 원고 측은 면책조항이 적용될 수 없다고 주장했다.

테러 범죄의 희생자들이 제기한 소송은 플랫폼에 대한 면책조항의 적용 여부에 관한 많은 관심을 끌면서 미국 연방대법원으로 올라갔다. 연방대법원에서 가족들은 플랫폼의 알고리즘이 ISIS 동영상을 이용자들에게 추천함으로써 테러를 지원했기 때문에 플랫폼들이 「통신품위법」 면책조항의 보호를 받을 자격이 없다고 주장했다. 플랫폼들이 추천 알고리즘으로 콘텐츠를 추천한다면 출판사와 마찬가지로 그 콘텐츠에 대한 책임을 져야 한다는 것이 주장의 핵심이었다.[16] 그러나 플랫폼들은 추천 알고리즘으로 인해서 모든 콘텐츠에 대한 책임을 져야 한다면 플랫폼의 기능과 작동 방식이 근본적으로 붕괴될 것이라고 반박하면서 면책조항의 중요성을 강조했다. 면책조항의 문제점을 지적하는 학자들도 대법원이 면책조항의 예외를 만드는 무리한 해석보다 의회가 면책조항을 수정하는 입법을 하는 것이 더 바람직하다고 주장한다. 이러한 뜨거운 논쟁 속에 연방대법원은 우선 플랫폼들의 알고리즘이 테러 관련 콘텐츠를 홍보하기 위해 의도적으로 설계되거나 조정되었다고 보기 어렵다고 보았다. 더 나아가 플랫폼들이 테러 조직에 '실질적인 지원을 제공'했다고 볼 만한 충분한 증거가 없다고 판단했다. 연방대법원은 플랫폼들이 테러방지법의 책임이 없다고 판단했기에 「통신품위법」의 플랫폼 면책 여부를 다룰 필요도 없게 되었다. 대법관들은 면책조항의 예외를 인정하는 해석이 미칠 경제적 영향을 우려하고 엄청나게 많은 소송이 제기될 가능성을 고려한 것으로 보인다.

음모론은 플랫폼의 날개를 달고

플랫폼은 오늘날 추천 알고리즘처럼 정교한 알고리즘을 활용하기 훨씬 이전부터 다양한 알고리즘으로 정보의 검색과 확산에 커다란 영향을 미쳤다. 플랫폼은 테러나 음란물처럼 자극적인 콘텐츠뿐만 아니라 가짜 뉴스와 음모론의 생산과 유통의 도구로 활용되기도 했다. 예를 들면 인터넷 플랫폼이 탄생하기 시작한 21세기 벽두에 미국의 세계무역센터가 폭파된 것은 엄연한 사실이지만 플랫폼들에는 순식간에 그와 관련된 가짜 뉴스와 음모론이 범람했다. 2001년 9월 11일 이슬람 수니파 극단주의 무장그룹 '알카에다al-Qaeda'는 19명의 훈련된 행동 대원들을 동원하여 뉴욕의 세계무역센터 쌍둥이 빌딩을 완전히 파괴하고 미국 군사력의 상징 국방부Pentagon 빌딩의 일부를 파괴하는 테러 사건을 일으켰다. 알카에다의 9·11 테러는 불과 1시간 42분 만에 110층짜리 쌍둥이 빌딩을 화염과 먼지 속에 완전히 사라지게 만들고 2,997명의 사망자와 2만 5,000명의 부상자를 만들어 냈다. 9·11테러는 그 방법이나 규모에서 믿기 어려울 만큼 영화 같은 현실이지만 곧바로 더 믿기 어려운 음모론들이 나오기 시작했다. "알카에다가 쌍둥이 빌딩을 무너뜨린 것이 아니라 미국 정보기관이 빌딩을 폭파한 것", "항공기 연료만으로 빌딩의 철골이 녹아내릴 수는 없기 때문", "유대인은 모두 미리 알고 쌍둥이 빌딩을 빠져나왔다.", "9·11 테러는 이스라엘 정보기관 모사드Mossad의 작품" 등등의 음모론이 만들어졌다.[17] 음모론은 그 당시 대중화되기 시작한 인터넷 플랫폼들과 이메일을 타고 빠른 속도로 확산되었다.

인터넷 플랫폼이 음모론의 생산과 확산에 아주 효율적인 수단이라는 것을 알게 된 음모론자들은 더욱 많은 음모론을 만들고 퍼뜨릴 수 있었다. 2008년 선거에서 대통령으로 당선된 버락 오바마Barack Obama가 케냐에서 출생한 이슬람교도라는 음모론은 오바마

© Wikimedia Commons

2001년 3월에 촬영된 뉴욕 세계무역센터 전경 9·11 테러 이후 이 사건을 둘러싼 수많은 음모론이 인터넷을 통해 빠르게 퍼져나갔다.

대통령의 권위를 부정하는 사람들의 감정을 자극하면서 널리 확산되었다. 2012년에는 정신적으로 불안정하고 폭력과 살상 무기에 지나치게 집착하던 20세 청년이 미국 동북부 샌디훅Sandy Hook 초등학교에서 20여 명의 어린이를 죽이고 본인을 포함해서 모두 26명을 살인한 총기 난사 사건이 발생했다. 음모론자들은 그 사건이 정부가 총기 규제를 위해서 조작한 사건이고 희생자 부모들은 총기 사고로 심각한 위기가 초래된 것처럼 연기하는 배우들에 불과하다고 주장했다.[18] 또한 2016년 대통령 선거에서 음모론자들은 그 당시 대통령 후보 힐러리 클린턴이 워싱턴의 어느 피자 가게 지하에서 아동 성매매에 깊이 관여하고 있다는 황당한 음모론을 만들고 동시에 그 당시 치열한 경쟁 관계에 있는 대통령 후보 트럼프가 미국 엘리트 집단의 소아 성애자pedophiles를 상대로 비밀 전쟁을 벌이고 있다는 주장을 확산시켰다.[19] 한편 2020년에는 코로나19 위기가 심각해지면서 마스크 착용과 단체 행사 제한에 관한 찬반 논의가 많았다. 음모론자들은 그 당시 임상 시험을 거쳐 접종 준비 단계에 있던 코로나19 백신 속에 마이크로칩이 들어 있어서 백신 접종으로 프라이버시가 위협받을 것이라는 음모론을 만들어서 방역당국의 권위를 부정하려는 사람들의 관심을 끌었다.[20]

챗GPT의 음모론 양산

이제까지 플랫폼에 돌아다닌 음모론은 사람들이 만들어서 퍼뜨린 것이었다. 이제 챗GPT가 등장하면서 사람 대신에 인공지능이 압도적으로 더 많은 음모론과 가짜 뉴스를 생산하고 확산시킬 것이다. 챗GPT는 이용자들의 질문에 대해서 어느 전문가보다도 박식하고 친절한 답변을 제공하는데 그 답변 가운데 오류도 많고 의도적으로 유도된 허위정보가 많기 때문이다. 챗GPT는 학습 데이터가 방대하고 어떠한 질문에도 객관적이고 균형 잡힌 답변을 제공한다는 인식이나 신뢰를 받고 있어서, 챗GPT가 만들어 낸 음모론이나 가짜 뉴스는 이용자들을 더욱 심각한 혼란에 빠뜨릴 수 있다. 챗GPT를 비롯한 생성형 인공지능은 딥 러닝Deep Learning 방식으로 데이터를 학습해서 그 패턴을 파악한 후 확률적으로 그 패턴에 가장 적합한 표현을 만들어 내는 것에 불과하므로 애초에 진실이나 검증된 정보를 기대할 수는 없다.

챗GPT에서 "레오나르도 다빈치가 19세기에 모나리자를 언제 그렸는지 알려 줘."라고 요구하면, 챗GPT는 1815년이라고 자신 있게 답한다. 챗GPT가 학습한 방대한 데이터 가운데 '레오나르도', '다빈치', '19세기', '모나리자' 등에 관한 데이터를 토대로 통계학적 관련성이 가장 높은 연도가 1815년이기 때문이다. 그러나 모나리자는 1503년 내지 1506년에 그린 작품으로 알려져 있고 1517년까지 계속 수정 작업을 거쳤다고 하는 견해도 있다. 16세기에 완성된 그림인데 19세기 언제 그린 작품인지 물어보는 것은 오류를 유도한 질문인 셈이다. 이러한 경우에 챗GPT는 질문의 오류를 파악하지 못하고 진실 내지 역사적 사실이 무엇인지 답할 수도 없고, 오직 기존 데이터를 통해 학습한 내용 중에서 확률적으로 가장 그럴듯한 답변을 찾아 제공한다. 챗GPT는 진실 여부와 관계없이 확률적으로 가장 그럴듯한 답변을 진실인 양 제공하는 '환각hallucination' 상태를 보여 준다. 인간이 마약을 복용한 상태에서 진실과 거짓을 구별하지 못하고 현실과 환상을 혼동하는 것처럼, 인공지능은 데이터의 부족이나 오류 데이터의 입력 그리고 거짓 유도 질문으로 인해서 환각 상태의 음모론이나 가짜 뉴스를 양산할 수 있다.

챗봇이 특정인의 명예를 훼손하기 위해서 가짜 뉴스를 만드는 것은 아니다. 챗봇은 인간과 같은 감정이 없으므로 명예를 훼손할 의도나 마음은 없다. 오직 데이터의 패턴에 따라서 답변할 뿐이다.

챗GPT가 저명 신문사의 전문기자가 작성한 보도내용인 것처럼 만든 가짜 뉴스가 많은 이용자들을 감쪽같이 속게 만들고 있다.

영국의 로봇업체가 만든 휴머노이드 로봇 '아메카Ameca'에게 "너에게서 냄새가 난다."고 말하자 아메카는 화를 내듯 미간을 찌푸리며 "그 말은 매우 모욕적이고 부적절하다."고 답변했다. 로봇에게 인간과 같은 감정이 있어서 화난 표정을 짓고 불쾌한 감정을 말로 표현하는 것은 아니다. 오직 자극적인 평가나 질문에 대해 인간들이 가장 보편적으로 보여 주는 반응을 모방한 것일 뿐이다. 다만 챗봇의 능력이 너무나도 뛰어나서 우리는 챗봇을 지나치게 신뢰하고 챗봇의 답변이 진실인지 거짓인지 구별하지 못하는 경우가 많다.

음모론의 대가

플랫폼은 자극적인 콘텐츠로 수백억의 수익을 만들기도 하지만 때로는 명예훼손을 퍼뜨리는 확성기라는 법적 책임을 지기도 한다. 미국 샌디훅에서 총기 난사로 26명이 사망하는 충격적인 사건이 발생했을 때, 음모론자로 유명한 라디오 쇼호스트 알렉스 존스 Alex Jones는 그 사건이 총기 규제를 위해서 조작된 사건이고 희생자 부모들은 총기 사고로 심각한 위기가 초래된 것처럼 연기하는 배우들에 불과하다고 음모론을 주장했다. 존스는 이 자극적인 허위 주장으로 780억 원(6,200만 달러) 이상의 광고 수익과 상품 판매 수익을 올린 것으로 알려졌다. 사망한 어린이의 부모가 제기한 명예훼손 소송으로, 존스는 텍사스의 원고 두 명에게 700억 원(5,000만 달러), 그리고 코네티컷의 원고 15명에게 1조 4,000억 원(10억 달러)의 손해배상을 해야 하는 책임을 지게 되었다.[21] 존스는 자신의 음모론이 허위라는 사실을 알면서도 자신의 이익을 위해서 지속적으로 음모론을 확산시켰고, 소송이 제기된 이후에도 자신이 오히려 억울한 소송을 당한 희생자라고 주장하면서 소송 비용을 모금해서 상당한 액수를 기증받기도 했다. 반면에 존스의 음모론은 다양한 플랫폼에서 확산되어 희생자 가족들은 인터넷에서 음모론 지지자들의 괴롭힘을 당하고 심지어 살해 협박을 받기까지 했다. 배심원들은 존스가 음모론으로 막대한 수익을 얻고도 아무런 반성 없이 지속적이고 악의적으로 음모론을 확산한 것에 대해서 징벌적인 배상을 해야 할 필요성이 있다고 보았다.

미국의 경우 신문이나 방송에서 음모론이나 가짜 뉴스를 소개하더라도 그 책임을 묻기 어렵고 오히려 이것이 언론의 자유로 허용되는 경우가 많다. 그러나 최고 시청률을 자랑하는 방송사 '폭스 뉴스Fox News'는 최근에 허위사실로 개표기 회사 '도미니언Dominion'의 명예를 훼손했다고 인정하면서 1조 원(7억 8,700만 달러)이 넘는 배상액을 지급하기로 합의했다. 2020년 당시 미국 트럼프 대통령은 대통령 선거에서 졌다는 것을 알면서도 선거부정을 주장했고, 트럼프 지지자들과 폭스는 도미니언이 개표 조작 프로그램을 설치해서 결과를 뒤바꾸었다고 주장했다. 그러나 문제가 된 몇몇 주에서 재검표를 실시한 결과 선거부정은 없었고 선거 결과를 뒤바꿀 만한 오류도 없다는 것이 밝혀졌다. 도미니언은 폭스의 가짜 뉴스 때문에 기업의 명예가 훼손되었다고 주장하면서 2조 1,000억 원(16억 달러)의 손해배상을 청구하는 소송을 제기했다. 이 소송은 미국의 명예훼손 소송 중 가장 많은 배상액을 청구한 것이었지만, 결국 폭스는 그 절반 정도의 금액으로 화해를 했다.[22]

명예훼손 위자료가 몇만 원에서 몇백만 원 정도에 그치는 우리나라와 비교하면, 미국은 명예훼손에 대한 책임이 막중하다. 우리나라에서는 사실을 이야기하는 경우에도 명예훼손에 대한 책임을 질 수 있지만, 위자료라는 이름으로 인정되는 손해배상액은 미미한 실정이다. 이에 반해서 미국에서는 사실을 말하는 경우는 헌법상 보장된 표현의 자유로 보아 최대한 허용하는 반면에, 허위사실로 명예를 훼손한 것으로 인정되면 그에 상응하는 손해배상 책임을 확실하게 져야 하고 액수도 크다.

문제는 가짜 뉴스나 음모론으로 명예가 훼손되고 손해가 발생했다는 것을 피해자가 입증해야 하는데, 입증이 쉽지 않다는 것이다. 또한 가짜 뉴스나 음모론을 퍼뜨린 가해자를 상대로 손해배상을 청구한다 하더라도, 가해자 개인의 재산이 충분하지 못하면 현실적으로 배상을 받지 못할 수 있다. 가짜 뉴스나 음모론을 확산시킨 플랫폼들은 충분히 손해배상을 할 만한 여력이 있지만, 그러려면 플랫폼이 가짜 뉴스나 음모론의 확산에 도움을 주었다는 점을 입증해야 한다. 플랫폼이 신고받은 불법 정보에 관해 삭제 또는 차단 조치를 취했다면 플랫폼의 책임을 추궁하기는 어려울 것이다. 게다가 특히 미국 플랫폼들은 「통신품위법」의 면책조항 덕분에 비교적 배상책임으로부터 자유롭고 면책조항에 기대어 삭제 또는 차단 조치에도 소극적인 편이다.

윤리보다 수익

미국의 플랫폼들은 면책조항을 방패 삼아 가상공간에서의 분노와 흥분으로 수익을 창출하고 있다는 비난을 받기도 한다. 미국 플랫폼들이 윤리보다 수익을 더 중시하는 것은 법제도의 영향이기도 하지만, 어쩌면 이것이 플랫폼 기업의 기반이 되는 실리콘밸리의 경영철학일지도 모른다. 플랫폼 기업들은 '신속한 기술 사업화'로 시장 선점을 위한 치열한 경쟁을 벌이면서 '전통질서의 파괴'를 당연시하고 기술혁신에 따른 '창조적 파괴'를 미덕으로 생각한다. 윤리는 시대에 따라 변할 수 있고 또 변해야 한다고 생각하므로 창조적 파괴를 통한 수익 창출을 추구하는 것이 더 중시된다.

플랫폼을 비판하는 사람들은 큐어넌의 음모론을 신속하게 차단했어야 하고 트럼프 대통령과 지지자들의 허위 주장도 의사당 난입 사태 이전에 삭제했어야 한다고 주장한다. 사실 페이스북은 자체 공동체 규칙을 마련하여 폭력, 아동 음란물, 개인정보 또는 지식 재산권 침해에 해당하는 콘텐츠를 삭제하는 자율적 조치를 취해 왔다. 이 공동체 규칙은 29억 명의 월간 활성 이용자들에 적용되는 페이스북 공화국의 법률인 셈이다. 이 규칙에 명백히 위반되는 콘텐츠는 알고리즘이 자동으로 적발해서 삭제하고 규칙에 위반되는지 애매모호한 콘텐츠는 검토 담당자들moderators이 삭제 여부 등의 조치를 취한다. 페이스북 이용자의 3분의 2는 비영어권에 속하기 때문에 70여 개의 다양한 언어권에서 직접 또는 간접 고용된 1만 5,000명의 검토 담당자들이 콘텐츠의 운명을 좌우하고 있다.[23] 콘텐츠의 삭제 여부를 결정하고 집행하는 알고리즘과 검토팀은 페이스북 공화국의 규칙을 집행하는 행정기관인 셈이다.

우리는 모두 평등하고 법률은 모든 사람에게 똑같이 적용되어야 한다. 그러나 페이스북의 크로스체크XCheck 시스템은 저명 연예인이나 정치인, 광고주와 같은 VIP 이용자들이 올린 콘텐츠를 삭제할 때 일반 이용자들이 올린 콘텐츠와 달리 신중을 기하는 특별 대우를 하고 있다. 저커버그는 저명 연예인이나 정치인들의 주장에 대해 일반인들의 관심이 많으므로 이들 VIP에게 플랫폼에서 보다 넓은 표현의 자유를 주어야 한다고 반박한다. 기본적으로 이것은 페이스북 공화국에서의 평등 그리고 법치주의에 정면으로 반하는 것이다. 이 점에서 페이스북은 크로스체크 시스템이 일반 공중의 이익이나 언론의 자유를 보호하기 위한 것이 아니라 사업적 이익을 위한 것이라는 비난을 피할 수 없다. 즉 페이스북은 VIP 이용자들이 화내지 않고, 플랫폼을 계속 이용하도록 신중히 처리하고 특별대우를 해서 보다 많은 광고 수익을 올리려는 것이다. 페이스북이 말하는 표현의 자유란 광고 수익을 증가시키는 도구에 불과할 뿐이라고 비난받는 이유가 바로 여기에 있다.

VIP들의 자유를 과잉 보호하면 폭력적이거나 음란한 콘텐츠가 삭제되지 않아 사회적 해악을 초래할 수 있고, 다른 한편 일반 이용자들의 콘텐츠를 지나치게 엄격한 기준으로 삭제하면 플랫폼이 사전검열을 하여 피해를 줄 수 있어 언론의 자유가 침해될 수 있다. 결국 페이스북의 알고리즘과 검토팀의 삭제 등의 조치는 보다 공정한 제삼자의 심사를 받을 필요가 있다. 대부분의 국가가 행정기관의 법 집행이 사법부를 통해서 구제받을 길을 열어 둔 것과 마찬가지이다. 페이스북도 사법부에 해당하는 감독위원회에서 전문가들이 심의하고 번복할 수 있는 제도를 마련했다. 감독위원회는 의사당 난입 사건 직후 페이스북이 트럼프 대통령의 계정을 영구적으로 정지한 결정에 대해서도 심의했다. 감독위원회는 페이스북의 규칙에 '영구 정지'의 처분을 내릴 수 있는지, 내릴 수 있다면 어떠한 기준에 의해서 그러한 처분을 내리는지에 관하여 아무런 규정을 두고 있지 않으므로 트럼프 대통령 계정의 영구 정지는 부당하다고 판단했다. 그러면서 6개월 이내에 시정조치를 취할 것을 권고했다. 법원이 내린 판결은 분쟁 당사자들과 국가를 모두 구속하는 효력을 가지고 있는 데 반해 페이스북 감독위원회의 결정은 권고적 효력만을 갖는다는 점에서 큰 한계가 있다. 감독위원회가 페이스북에 대한 비난을 피하기 위한 피난처로 만들어진 것이 아닌가 하는 비판이 제기되고 있다. 페이스북 공화국의 행정기관과 사법부가 제 기능을 발휘하지 못하면 외부의 타율적 규제, 즉 국가 개입이 필요한 것 아니냐는 논의가 기다리는 이유가 바로 여기에 있다.

자극적인 불법 콘텐츠 삭제에 소극적이라는 점만으로 페이스북이 비난받는 것은 아니다. 기본적으로 페이스북은 윤리보다 수익을 중시할 뿐 아니라 이용자들에게 맞춤형 콘텐츠를 추천하는 알고리즘이 이용자들의 건강과 생명까지도 위협할 수 있다는 내부 의견을 묵살하면서까지 수익을 추구했다. 페이스북의 임원이었던 프랜시스 하우겐Frances Haugen은 내부 연구 결과 인스타그램이 10대 소녀들의 정신건강에 악영향을 미친다는 사실이 지적되었음에도 페이스북은 그 결과를 무시하고 2년간 비밀로 한 채 천문학적인 수익만을 추구했다고 폭로했다. 인스타그램은 10대 소녀들에게 최고의 순간, 완벽한 몸매 등에 관한 콘텐츠를 지속적으로 보내고 공유하도록 해

© Web Summit

발언하는 프랜시스 하우겐 2021년 9월, 하우겐은 "페이스북 제품들은 어린이들에게 해를 끼치고, 분열을 부추기며, 민주주의를 약화시켰다."라며 윤리적 문제를 제기했고, 관련 내용들이 매체를 통해 보도됐다.

서 그들의 우울증, 자존감 저하, 그리고 섭식 장애를 초래했다는 것이다. 특히 하우겐은 저커버그가 페이스북의 주주 의결권의 과반수를 확보하고 있기 때문에 대다수 주주와 이용자들의 의견을 무시하고 플랫폼 경영을 독점하고 있으므로 윤리와 수익의 균형을 유지하기 어렵다고 지적했다.

이러한 비난에 대해서 페이스북은 수익을 추구하는 것은 당연하고 부인할 수 없는 사실이지만 수익을 위해서 윤리를 무시하거나 이용자들의 건강과 생명에 대한 위협을 눈감은 것은 아니라고 반박한다. 페이스북은 이용자들의 안전을 위해서 위법 콘텐츠 적발 알고리즘 개발을 위해 많은 직원을 채용하는 등 상당한 투자를 하고 있다고 주장한다. 구글과 트위터 등 대부분의 플랫폼이 페이스북처럼 윤리와 수익의 균형을 유지하기 위해서 상당한 투자를 해 온 것은 사실일 것이다. 그러나 코로나19 위기가 끝나 가면서 플랫폼 기업들이 수만 명씩 대량 해고할 때 가장 먼저 해고 대상이 된 직원들은 바로 허위정보와 혐오 발언을 검토하고 처리한 검토팀 직원들이었다.

세계 최고의 부자 일론 머스크는 53조 원(440억 달러)에 트위터를 인수하면서 트위터의 콘텐츠 삭제를 대폭 줄이고 표현의 자유를 최대한 널리 허용할 것이라고 선언했다. 일론 머스크는 공장에서 간이침대를 펴고 자면서 주당 100시간 이상 일하는 최고 경영자로 널리 알려져 있고, 근로 시간이나 해고 요건 등에 관한 노동법의 규제가 불합리하다고 생각한다. 일론 머스크는 트위터가 의사당 난입을 부추겼다는 이유로 트럼프 대통령의 계정을 정지시킨 것도 중대한 잘못이라고 비난한다. 일론 머스크가 트위터를 인수한 후 흑인과 동성애에 대한 비난 게시물은 두 배가량 증가했고 트럼프 전 대통령의 계정뿐만 아니라 ISIS 관련 계정도 복구되고 큐어넌 관련 계정은 유료 인증도 받았다.[24] 트위터가 매일 2억 명 이상이 인류의 미래에 관한 이슈들을 토론하는 디지털 광장이고, 언론의 자유가 중요하다는 점에는 모두 공감한다. 그러나 새로운 트위터 정책이 이용자들의 관심을 끌어모아 보다 많은 광고 수익을 올리기 위해서 윤리를 무시하는 것은 아닌지 우려하는 시각도 많다.

플랫폼 기업이 비상장 기업이면 기업주의 이익이 기업 수익처럼 취급되는 경우도 있다. 일론 머스크가 인수하고 상장이 폐지된 이후에 트위터는 일론 머스크에 대해 비판적인 기사를 썼던 기자들의 트위터 계정을 정지시켰다. 일론 머스크는 트위터 이용자들에게 언론의 자유를 최대한 보장한다고 공언했음에도 불구하고 기업주 비판은 규칙 위반으로 취급해서 언론의 자유를 침해했다는 비난을 받았다. 일론 머스크가 챗GPT와 경쟁할 수 있는 새로운 챗봇 트루스GPT TruthGPT를 만들겠다고 선언한[25] 것도 보수 성향의 챗봇을 만들려는 것이라고 추측된다. 챗GPT에게 트럼프 대통령과 바이든 대통령에 대해서 질문해 보면, 보수 성향의 트럼프 대통령에 대해서는 답변을 거절하는 경우가 있는 반면에 진보 성향의 바이든 대통령에 대해서는 미사여구를 동원하여 상세하게 답변하는 경우가 많다. 일론 머스크는 챗GPT의 답변이 진보 성향의 편견을 나타낸다고 주장한다. 기업주의 특정 성향에 맞춘 답변을 유도하기 위하여 데이터를 바꾸고 알고리즘을 수정하면 그 챗봇은 진실을 말하는 챗봇이라고 말할 수 있을까? 기술과 자본을 독점한 기업 또는 기업주가 진실과 윤리까지 좌우할 수 있다는 것을 보여 주는 섬뜩한 순간이다. 플랫폼 공화국의 미래는 기술의 객관성 그리고 수익과 윤리의 균형을 어떻게 확보할 것인지에 달려 있다.

필터 버블

플랫폼 공화국에서 절대적 진실이란 무엇인가? 플랫폼 공화국에서 우리 모두에게 적용되는 윤리 기준이 있을까? 플랫폼은 이용자들에게 개인화된 맞춤형 서비스를 제공하기 때문에 이용자들은 각자 서로 다른 사실을 진실로 믿고 생활한다. 플랫폼은 알고리즘을 이용하여 이용자의 위치, 과거 검색 및 방문 기록과 같은 개인정보를 기반으로 이용자의 성향에 맞추어 필터링한 정보를 이용자에게 제공한다. 동일한 플랫폼을 이용하더라도 이용자마다 서로 다른 광고를 보게 되고, 동일한 단어를 검색하더라도 이용자마다 서로 다른 검색 결과를 보게 된다. 이용자들이 플랫폼의 필터링한 정보만을 계속 반복적으로 접하게 되면 자신의 성향에 맞지 않은 정보와 점점 멀어져 자신만의 문화적 또는 이념적 거품 속에서만 살게 되는 소위 필터 버블filter bubble 현상이 나타날 수 있다.

필터 버블에 갇혀 생활하는 플랫폼 이용자들은 진실이 무엇인지 확인하려 하지 않고 그냥 맹목적으로 진실이라고 믿는 탈진실post-truth 그리고 자신이 믿고 싶은 것만 진실로 받아들이면서 가짜 뉴스를 만들고 유포하는 확증편향의 주역이 되기도 한다. 필터 버블에 갇힌 이용자들은 가짜 뉴스에 분노하거나 흥분하면서 진실을 말하는 미디어를 오히려 불신한다. 이용자들의 분노와 흥분이 많으면 플랫폼 방문과 플랫폼의 광고 수익은 더 늘어나고 그에 따라 플랫폼들은 더 많은 가짜 뉴스를 제공하는 악순환에 빠진다.

필터 버블의 부작용이 현실로 나타난 대표적 사례로 영국의 유럽연합 탈퇴와 미국의 대통령 선거를 들 수 있다. 필터 버블로 인해서 인터넷과 여론이 완전히 달랐던 것이다. 영국은 2016년 6월에 유럽연합의 회원국으로 계속 남을 것인지 아니면 난민 등에 관한 독자적인 정책을 취하기 위해서 유럽연합에서 탈퇴할 것인지에 관한 국민투표를 실시했다. 경제계는 물론이고 다수의 젊은 유권자들은 영국이 유럽연합에 잔류해야 한다고 주장했고 국민투표 당일 여론조사 결과도 잔류 지지가 52%에 달했지만, 국민투표의 결과는 정반대로 51.9%의 유권자들이 유럽연합 탈퇴를 선택해서 전 세계에 커다란 충격을 주었다. 유럽연합 탈퇴를 선택한 사람 대부분은 상대적으로 나이가 많은 사람들로서 인터넷 활동에 소극적인 반면에, 젊고 학력이 높은 유권자들은 구글, 페이스북, 트위터 같은 디지털 플랫폼에서 상대적으로 왕성한 활동을 하면서 유럽연합 잔류가 당연한 여론이라고 믿는 집단 심리group psychology의 오류에 빠졌다. 고령 유권자들은 탈퇴 주장이 조롱받을 수 있다는 것을 알고 목소리를 내지 않고 숨어 있었지만, 젊은 유권자들은 디지털 플랫폼에서 잔류의 필요성과 당위성에 관한 정보에 갇힌 채 모든 사람이 잔류에 동의할 것이라고 믿었던 것이다. 필터 버블 바깥에서 많은 사람들이 탈퇴론을 수군거리고 있었다는 것을 알게 되었을 때는 이미 국민투표가 끝난 뒤였다. 이때부터 영국의 운명은 돌이킬 수 없는 혼란 속으로 빠져들어 가게 되었다.

영국의 국민투표가 충격적인 결과를 보여 준 바로 그때 대서양 건너편 미국에서는 공화당 대통령 후보 트럼프와 민주당 후보 클린턴이 치열하게 선거 운동을 펼치고 있었다. 당시 많은 유권자와 언론은 클린턴의 승리를 예측했지만, 선거 결과는 정반대로 트럼프의 승리였다. 8,000만 명 이상의 팔로워를 둔 트럼프의 트윗 활동과 페이스북 광고가 대선 승리에 크게 기여했다. 문제는 트위터와 페이스북 등의 플랫폼 이용자들의 필터 버블에 러시아 정부가 개입해서 유권자들의 시각을 왜곡시켰다는 사실이 밝혀진 것이다. 러시아 정보총국 GRU가 민주당 전국 위원회와 존 포데스타John Podesta 선거대책 위원장의 이메일 서버를 해킹해서 수십만 건의 문서를 위키리크스와 디씨리크스DCLeaks를 통해서 공개하고 페이스북과 같은 소셜미디어에 가짜 뉴스를 퍼뜨리면서 클린턴 후보를 비난하는 광고를 했다.[26] 러시아 정보총국이 확산시킨 가짜 뉴스는 '클린턴 후보가 ISIS에 무기를 판매했다'거나 '워싱턴 소재 피자 가게의 아동 성매매에 관련되어 있다'는 다소 황당한 내용으로 트럼프 지지 성향 또는 중도 성향의 소셜미디어 이용자 사이에 빠르게 확산되었다. 페이스북과 같은 소셜미디어 플랫폼들의 인공지능은 가짜 뉴스와 광고를 공화당 지지 성향 내지 중도 성향의 이용자들에게 지속적으로 추천했고, 그 결과 이용자들은 정보의 정확성이나 진정성을 객관적으로 생각해 볼 수 없는 필터 버블 속에 갇혀 버린 것이다.

댓글 조작

필터 버블의 부작용은 댓글 조작이나 가짜 계정 그리고 매크로 활용으로 더욱 심각한 결과로 나타난다. 플랫폼의 알고리즘은 이용자의 성향뿐만 아니라 콘텐츠에 관한 조회 수, 좋아요, 댓글을 반영하여 추천이나 검색 결과를 제공한다. 플랫폼 이용자들은 개인 성향에 따라 맞춤형으로 제공된 콘텐츠를 보면서 관련된 댓글, 조회 수, 좋아요 등의 추가 정보의 영향을 받아서 진실뿐만 아니라 가짜 뉴스까지 모두 옳다는 착각이나 확신을 갖게 된다. 진보이든 보수이든 진실이든 가짜 뉴스이든, 댓글 조작이나 가짜 계정 또는 매크로 활용으로 인해서 검색 순위나 추천 순위가 바뀔 수 있다. 문제는 왜곡된 검색 순위나 추천 순위는 선거 과정에서 부동층의 투표 선호도를 20% 이상 이동시킬 수 있다는 점이다. 특히 인터넷 이용률이 높은 40대 이하의 젊은 유권자들에게는 플랫폼이 더 커다란 영향을 미친다. 우리나라를 비롯한 민주주의 국가들에서 많은 선거가 근소한 차이로 승자가 결정된다는 점을 감안해 보면, 플랫폼이 선거 결과에 미치는 영향은 상당히 클 수밖에 없다. 정치인들은 이러한 플랫폼의 영향을 이용하고 싶은 욕구를 느끼고 댓글 조작의 유혹을 충분히 받을 수 있다.

가장 최근 댓글 조작 논란이 제기된 사례로는 2022년 대통령 선거를 들 수 있다. 윤석열 후보가 대장동 개발 사업에 연루돼 있다는 의혹이 제기된 직후인 새벽 1시 30분에 관련 의혹 보도에 9,000

개 이상의 추천이 나오고, 대장동 몸통이 윤석열 후보라거나 이재명 후보를 지지하는 취지의 댓글이 순식간에 네이버 뉴스를 도배했다. 순식간에 과도할 정도로 많은 추천이 이뤄진 점 그리고 댓글의 남녀 성비가 정확히 50%로 동일하고 댓글 연령도 20대, 30대, 40대 모두 정확히 27%로 동일하다는 점이 매크로로 댓글을 조작했다는 논란을 일으켰다. 네이버 뉴스 이외의 다른 플랫폼에서도 새벽 2시 이후에 유사한 댓글 조작 의혹을 살 만한 추천과 댓글이 급증했다. 제2의 드루킹 댓글 조작이라는 주장이 나오기에 충분했다.[27]

드루킹 댓글 조작은 2017년 대통령 선거를 앞두고 수개월 전부터 김경수 전 경남지사가 드루킹(필명) 김동원과 함께 '킹크랩'과 같은 매크로 프로그램을 이용해 댓글 순위를 조작한 사건이다. 드루킹은 네이버와 다음, 네이트에 게시된 기사 7만 6,000여 건에 달린 100만 건 이상의 댓글에 대해 8,000만 회 이상의 공감·비공감 또는 추천·반대를 기계적, 반복적으로 클릭하는 방법으로 각 플랫폼의 댓글 순위를 왜곡했다.[28] 드루킹 일당은 문재인 후보와 더불어민주당에 유리한 댓글에 베스트 선플(선의의 리플) 추천을 그리고 타 후보 비방을 위해서 최신순 '두더지 잡기'를 집중적으로 진행했다. 두더지 잡기는 문재인 후보에 불리한 댓글이 '베댓(베스트 댓글)'으로 올라오면 비공감 버튼을 집중적으로 눌러 하단으로 끌어내리는 매크로 작업이다. 드루킹 일당은 댓글 조작의 대가로 김경수 의원에게 문재인 후보가 대통령으로 당선되면 오사카 총영사 자리를 청탁하였으나 거절당하자, 대선 이후 문재인 정부를 비방하는 정반대 방

© Cyberdoomslayer

드루킹 댓글 조작 관련 시위
드루킹 특검 사무실 건물 앞에서 가이 포크스 가면을 쓴 시위자가 드루킹의 대선 여론 조작 혐의와 관련해 문재인 대통령의 탄핵을 주장하고 있다.

향의 댓글 조작을 시작했다. 특히 2018년 평창 올림픽 개최를 불과 며칠 앞두고 남북단일팀을 구성한다는 발표가 나자 드루킹 일당은 평화 분위기 조성이라는 애매한 대의를 위해 정부가 우리나라 여자 아이스하키 대표팀 선수들에게 희생을 강요하는 갑질을 했다는 취지의 댓글을 달고 추천 및 공감 수를 조작했다. 그동안 드루킹의 댓글 순위 조작 수사는 부진했었지만, 이제 드루킹은 역설적으로 더불어민주당의 의뢰로 본격적인 수사의 대상이 되었다. 결국 드루킹을 비롯한 더불어민주당 당원 세 명이 남북단일팀 논란 기사의 댓글 창에서 여론조작을 했다는 혐의로 구속 기소되었다. 법원은 드루킹 일당 및 김경수 전 지사가 댓글 창을 운영하는 네이버, 카카오(다음을 운영하는 회사), SK커뮤니케이션즈(네이트를 운영하는 회사)의 댓글 순위 산정 업무를 방해한 범죄 혐의를 인정하고 징역형을 선고했다.

댓글 조작은 더불어민주당에만 한정된 것은 아니다. 국가정보원이 댓글 조작에 관여한 바 있고, 북한은 선거 또는 광우병 사태처럼 정치적으로 중요한 순간마다 댓글을 조작해 온 것으로 알려져 있다.[29] 특히 국가정보원의 일부 조직과 국군사이버사령부(현재의 사이버작전사령부) 및 국군기무사령부가 정부에 유리한 댓글을 게시해서 2012년 선거에 영향을 미쳤다는 사실은 상당히 충격적이다. 원세훈 전 국가정보원장은 대통령 선거 수년 전부터 국정원 직원들에게 당시 정부에 유리한 방향으로 인터넷 사이트 게시글과 댓글 작성, 찬반 클릭 등을 지시한 혐의로 유죄 판결을 받았다. 하지만 국가정보원장의 댓글 관련 업무 지시가 「공직선거법」 위반에 해당하는지에 대해서는 각급 법원마다 조금씩 다른 판단이 나와서 여전히 논란의 대상이 되고 있다.

대한민국의 탈진실

우리나라에서 정치적인 이념 갈등이 심해지면서 플랫폼에서의 필터 버블 현상이 댓글 조작과 함께 탈진실을 부추기고 있다. 개인적인 신념이나 감정에 따라서 진실보다 대안적 사실alternative facts을 더 신뢰하는 경우가 급증한다. 2008년 정부가 미국산 쇠고기 수입을 추진하자 우리 국민들이 광우병 쇠고기를 먹고 '뇌송송 구멍 탁' 광우병에 감염되어 사망하게 된다는 광우병 괴담이 인터넷으로 확산되었다. MBC PD수첩은 광우병 괴담으로 인한 국민들의 불안에 초점을 맞추고 사실 확인은 하지도 않은 채 장중한 음악과 함께 장례식 장면을 내보내면서 미국의 어느 여성 환자가 광우병으로 사망하였다는 취지의 허위보도를 했다. 어느 여성 코디미언과 만화 작가 등 광우병의 감염 가능성에 관한 과학적 진실이나 객관적 통계보다 광우병 괴담의 자극적인 메시지를 강조하고 확산하는 데 앞장선 사람도 있었다. 대통령 선거 결과에 불복한 사람들 상당수는 당선된 대통령이 추진하는 미국산 쇠고기 수입에 반대하면서 광우병 소의 부산물이 들어간 화장품을 사용하기만 해도 광우병에 걸린다

광우병 괴담 2008년 당시 광우병에 대한 공포는 지나치게 과장된 면이 많았고, 인터넷에는 잘못된 정보가 범람했다.

는 한국판 괴담의 끝장판을 플랫폼에서 펼치기까지 했다. 2016년에는 정부가 미국의 고고도 미사일 방어체계 '사드THAAD'를 성주에 배치하려고 하자 사드 배치를 반대하는 사람들이 사드 전자파 때문에 참외 농사가 망한다거나 몸이 튀겨진다는 괴담을 퍼뜨렸다. 일부 민주당 의원들은 성주에 내려가서 괴담송을 부르고 일부 성주 주민들은 진실보다 사드 괴담과 같은 대안적 사실에 기대면서 반대 시위에 적극 참여했다. 2016년 촛불집회에 참여하고 박근혜 대통령의 탄핵을 주장한 사람들 가운데 상당수는 아직도 박근혜 대통령이 불륜 행위로 딸을 출산했고 청와대에서 굿을 했다고 생각하고 있다. 2021년에는 대통령 선거를 앞두고 대통령 후보의 장모와 사업상 소송전을 벌여 오던 정모 씨가 김건희 여사는 호텔에서 접대부로 일하던 쥴리라는 소문이 있다고 이야기한 동영상이 민주당 지지 유튜브 채널과 페이스북에 널리 확산되었다. 김건희 여사가 쥴리이고 불륜 행위를 했다는 어떠한 증거나 증언도 없지만, 그 소문은 민주당 지지자들에게 대안적 사실로 받아들여져 선거 운동에도 활용되었다. 플랫폼에 의한 필터 버블 효과로 인해서 김건희 여사는 진실과 대안적 사실에서 전혀 다른 두 여인으로 존재하게 된 것이다.

지난 대통령 선거에서 행인들에게 "김건희가 쥴리다."라는 내용의 전단지를 나눠 준 사람은 「공직선거법」 위반으로 벌금형 처벌을 받았다. 쥴리에 관한 유튜브 동영상을 제작해서 올린 열린공감TV 대표와 제작진도 「공직선거법」 위반 그리고 플랫폼에서의 명예훼손 혐의로 고발되었다. 다만 열린공감TV는 언론의 자유를 주장하면서 시중에 떠도는 소문을 그대로 전달한 것뿐이라고 변명한다. 구체적 사실관계에 관한 법원의 판단을 기다려 봐야 하겠지만 그 책임을 묻기가 쉽지는 않다.

10여 년 전 PD수첩으로 광우병 괴담 확산에 크게 기여했던 최승호 PD는 수년간의 소송 끝에 무죄 판단을 받았다. 대법원은 PD수첩이 광우병의 위험성을 왜곡하고 과장해서 보도한 것은 사실이지만, 공공성 있는 사안을 보도한 것이고 공직자 개인의 명예와는 직접적인 연관이 없어서 제작진에게 명예훼손 책임을 물을 수 없다고 본 것이다. 최승호 PD는 언론의 자유라는 훌륭한 방패 뒤에서 국가적 대혼란에 대하여 아무런 책임도 지지 않았을 뿐만 아니라 문재인 정부가 들어서자 MBC 사장으로 영전하기도 했다.

신문이나 TV 또는 인터넷 방송의 명예훼손 혐의가 인정되더라도 그로 인한 위자료 또는 손해액은 미미한 수준이다. 우리 법원의 온정주의로 인해서 탈진실을 부추긴 언론은 거의 책임이 없거나 있어도 비교적 미미한 수준이다. 이와 반대로 미국은 언론의 자유를 아주 넓은 범위에서 인정하면서도 명예훼손이 인정된 경우에는 법원에서 엄청난 규모의 손해배상을 명한다. 선거부정에 관한 가짜뉴스로 미국 최대 방송사 폭스가 1조 원이 넘는 손해배상을 하기로 합의한 사례를 보면, 미국에서 탈진실을 부추긴 언론이 치러야 할 대가가 얼마나 큰지 쉽게 이해할 수 있다. 반면 언론사와 달리 플랫폼 기업들에 대해서는 「통신품위법」의 면책조항에 따라 탈진실에 대한 책임을 묻지 않는다. 이와는 정반대로 우리나라는 인터넷 서비스 제공자, 즉 플랫폼에 대해서는 상당히 높은 수준의 주의의무와 책임을 요구하고 있다.

플랫폼의 콘텐츠 삭제

앞서도 말했지만 미국의 통신품위법 제230조에서는 플랫폼 기업이 출판사나 방송사에 해당하지 않는다고 보아 이용자들의 콘텐츠 게시와 공유에 대하여 아무런 책임도 지지 않는다는 면책조항을 두고 있다.[30] 이에 반해서 우리나라의 「정보통신망법(정보통신망 이용촉진 및 정보보호 등에 관한 법률)」은 플랫폼 기업에게 사생활 침해 또는 명예훼손처럼 타인의 권리를 침해하는 정보 또는 음란물이나 청소년 유해 매체물과 같은 불법 정보 또는 성범죄 관련 불법 촬영물이 인터넷에 유통되지 않도록 노력해야 한다고 상당한 주의의무를 부과하고 있다.[31] 미국 「통신품위법」은 콘텐츠를 직접 생산하지 않는 한 콘텐츠의 유통을 담당한 것에 불과하기 때문에 플랫폼 기업에 신문이나 방송 등의 기존 미디어와 같은 주의의무를 부과할 수 없다고 본 반면, 우리 「정보통신망법」은 플랫폼 기업에 기존 미디어에 부과해 온 수준 이상의 모니터링 의무와 책임을 부과하고 있다. 미국의 「통신품위법」은 플랫폼 기업 스스로 불법 콘텐츠를 차단한 경우 소위 '착한 사마리아인'이기 때문에 차단에 대한 책임을 추궁할 수 없다고 규정하고 있다. 그런데 우리 「정보통신망법」에는 모니터링에 관한 면책조항이 없으므로 우리나라의 플랫폼 기업은 한편으로는 피해 예방을 위해 모니터링 의무를 부담하면서 또 한편으로는 모니터링 과정에서의 판단 오류에 대해 이용자들의 추궁을 받을 수도 있다.

신문이나 방송은 스스로 콘텐츠를 생산하므로 불법적인 내용을 배제하고 통제할 수 있지만, 플랫폼 기업은 이용자들이 생산하거나 게시한 콘텐츠의 유통만 담당하므로 내용을 통제하기가 어렵다. 물론 우리 「정보통신망법」도 플랫폼 기업이 불법적인 콘텐츠에 대해서 언제나 절대적인 책임을 져야 한다는 것이 아니고 불법 정보가 유통되지 않도록 '노력해야' 한다고 규정하고 있을 뿐이다. 따라서 문제의 핵심은 플랫폼 기업이 콘텐츠 유통을 담당하면서 불법 정보의 유통을 차단하기 위해서 '어느 정도의 노력'을 해야 하는가일 것이다. 첫째, 「정보통신망법」은 사생활 침해나 명예훼손처럼 타인의 권리를 침해하는 정보의 경우에는 그 피해자가 불법 정보의 삭제 또는 반박 내용의 게재를 요청할 수 있으며 플랫폼 기업은 그러한 요청을 받은 후 지체 없이 삭제 또는 임시조치를 취해야 한다고 규정하고 있다. 또한 음란물이나 청소년 유해 매체물과 같은 불법 정보의 경우에는 방송통신위원회가 심의위원회 심의를 거쳐 플랫폼 기업으로 하여금 불법 정보의 처리를 거부, 정지, 제한할 것을 명할 수 있다. 특히 미성년자와 여성을 상대로 한 성 착취 영상물이 대대적으로 판매되고 공유되어 커다란 충격을 주었던 'n번방 사건' 이후 「정보통신망법」이 개정되어, 성범죄 관련 불법 촬영물의 경우에는 플랫폼 기업이 불법 촬영물 유통 방지 책임자를 지정해 두고 그 책임자로 하여금 불법 촬영물의 삭제 또는 접속 차단 등의 조치를 취하도록 할 의무가 추가되었다.

선거 과정에서는 허위사실에 의한 명예훼손이 늘어나고 플랫폼에서의 콘텐츠 삭제 요청도 급증한다. 2022년 구글 투명성 보고서에 의하면, 우리나라 대통령 선거 전 1년 동안의 콘텐츠 삭제 요청이 전 세계에서 러시아에 이어 두 번째로 많았다.[32] 이렇게 삭제 요청이 많은 이유는 우리 「정보통신망법」이 불법 정보의 범위를 너무 넓게 규정하고 있기 때문이다. 예를 들면 선거 과정에서 상대방이 진실을 주장하는 콘텐츠를 게시하더라도 명예훼손에 해당한다고 주장하면서 삭제를 요청할 수 있다. 다만 삭제 요청이 있더라도 플랫폼이 타인의 권리 침해가 없다고 판단한 경우에는 그 요청을 거절해도 된다. 대통령 선거 당시 이재명 후보는 소위 '형수 욕설 녹취록'의 삭제를 요청했지만 구글은 그 요청을 거절한 것으로 알려졌다.[33] 녹취록이 가족 구성원 사이의 비공개 전화 통화로서 구글 드라이브에 올려서 누구든지 다운로드받을 수 있게 하는 것이 사생활 침해 또는 명예훼손에 해당한다면 구글은 삭제 요청에 따라서 그 녹취록을 삭제해야 할 것이다. 그러나 녹취록이 이재명 후보의 형이 먼저 공개한 바 있고 대통령 선거에서 유권자들의 알 권리를 충족시켜 줄 수 있는 정보라는 점에서, 녹취록 공개는 공공의 이익에 부합하므로 「공직선거법」 위반에 해당하지 않는다. 이재명 후보가 형수에게 욕설했다는 사실은 진실로 확인되고, 욕설을 포함한 대화 내용이 공직 후보자의 자질과 적격성을 가늠하는 데 중요한 자료이므로 욕설 녹취록은 공공의 이익에 관한 사실과 정보를 포함하는 것이다. 구글이 삭제 요청을 거절한 이유가 바로 여기에 있다. 구글은 명예훼손의 피해가 불명확하고 플랫폼 이용자들의 정보 공유 및 유통이 더 중요하다고 본 것이다. 만일 욕설 녹취록의 업로드 및 공개가 「공직선거법」의 위반이 아니더라도 여전히 명예훼손에 해당한다면 삭제 요청을 거절하고 명예훼손 녹취록을 그대로 방치한 구글에도 명예훼손의 책임이 있는지 의문이 남는다. 그리고 심지어 피해자가 삭제 요청을 하지 않더라도 구글은 명예훼손 녹취록을 모니터링해서 삭제했어야 할 의무를 부담해야 하는데 그러지 않은 구글에게 책임을 물을 수 있는지의 문제도 여전히 어려운 이슈로 남는다. 미국에서라면 「통신품위법」에 면책조항이 있으므로 문제 될 여지가 없지만, 우리나라는 「정보통신망법」에서 플랫폼에 불법 정보의 유통을 차단하도록 노력할 의무를 부과하고 있다. 우리 대법원은 별 다른 정책적 고려 없이 플랫폼에 모니터링 의무를 부과하고 엄격한 책임을 인정한 판결을 내린 것이다.

플랫폼의 모니터링

「정보통신망법」이 플랫폼에 노력을 많이 요구할수록 플랫폼은 모니터링을 강화하고 결국 사이버 검열 역할을 맡게 될 것이다. 또한 대법원이 플랫폼에게 불법 게시물을 차단하는 데 더 높은 주의 의무를 부과할수록 플랫폼은 더 넓은 사이버 검열의 권한을 부여받게 될 것이다. 「정보통신망법」과 대법원 판례는 플랫폼이 상당한 자본과 기술을 갖고 있다고 보고 상당한 '게이트키퍼 책임'을 부과한 것이다. 문제의 핵심은 플랫폼들이 게이트키퍼로서 인터넷상의 불법 게시물을 차단하기 위해서 플랫폼 이용자들이 게시하고 공유하는 정보를 모두 모니터링하고 때로는 자의적인 판단으로 차단 및 유지라는 일방적인 처분을 할 수 있다는 점이다. 과거에 정부가 언론 또는 예술 분야의 사전검열을 통해서 표현의 자유를 침해했던 것처럼, 플랫폼의 모니터링과 콘텐츠 차단 결정이 인터넷에서의 자유를 위축시키는 사이버 검열에 해당하는 것이 아닌가 하는 우려가 나오고 있다.

2009년에 대법원은 사실상 플랫폼의 사이버 검열을 부추기는 잘못된 판결을 내렸다. 명예훼손의 피해자로부터 게시물 삭제 요구를 받은 경우뿐만 아니라 그러한 삭제 요구를 하지 않은 경우에도 플랫폼들은 명예훼손 게시물이 플랫폼에 게시되지 않도록 차단할 의무가 있다고 본 것이다. 그러한 차단 의무를 게을리한 네이버, 다음, 야후, SK는 명예훼손으로 인한 피해자의 손해를 배상해야 한다고 판단했다.[34] 이 판결의 배경이 된 사건을 보면, 원고가 피고 플랫폼 기업들에게 자신의 명예를 훼손한 댓글 등의 게시물의 삭제 또는 차단을 요청하자 플랫폼 기업들이 관련 게시물을 삭제하고 금칙어 설정에 의한 검색 차단 조치를 취했다. 그러나 원고는 충분한 삭제 및 차단이 이루어지지 않았다고 주장하면서 손해배상 청구 소송을 제기하였다.

플랫폼 기업들이 피해자의 요청에 따라 관련 게시물을 삭제하고 검색 차단 조치를 취한 것은 분명하다. 원고는 플랫폼 기업들의 삭제 및 차단 조치가 불충분해서 인터넷상 자신의 명예 감정을 해치는 게시물들이 여전히 남아 있다고 주장하면서 그에 대한 플랫폼 기업의 책임을 추궁한 것이다. 플랫폼은 댓글과 게시글을 올린 이용자들의 보호도 중요하기 때문에 피해자 요청에 따라 통상적인 삭제 및 차단 조치를 취했으니 책임을 지지 않아도 된다고 항변했지만, 피해자는 플랫폼이 언론매체처럼 플랫폼상의 모든 명예훼손 게시물에 대한 책임을 져야 한다고 주장했다.

대법원은 플랫폼 기업들이 뉴스 기사의 제목을 변경하거나 적극적으로 특정 영역에 뉴스 기사를 게재한 점에서 기존 신문사와 유사한 편집 기능을 수행한 것으로 판단하였다. 더 나아가 대법원은 피해자의 삭제 또는 차단 요구가 불명확하거나 그러한 요구가 없는 경우에도 댓글이나 게시물의 불법성이 명백하고, 그 게시물의 존재를 알 수 있었고, 또한 기술·경제적으로 그 게시물에 대한 통제가 가능한 경우에는 플랫폼 기업에게 그 게시물의 삭제 또는 차단의 의무가 있다고 본 것이다. 문제의 핵심은 누가 댓글이나 게시물의 불법성을 명백히 판단할 수 있는지 그리고 어떻게 불법적인 게시물을 알거나 찾아낼 수 있는지에 달려 있다.

판결의 배경이 된 사건은 이러하다. 1년간 교제한 여자 친구가 임신을 하자 원고는 여자 친구에게 헤어질 것을 요구했다. 이에 여자 친구의 어머니가 항의하고, 그 과정에서 여자 친구는 자살에 이르게 되었다. 그 직후 여자 친구 어머니가 원고의 잔인성을 지적하면서 억울한 사정을 널리 퍼뜨려 줄 것을 호소하는 글을 미니홈피에 올리면서 사건은 시작되었다. 머지않아 미니홈피 방문자 수가 급증하고 원고를 비난하는 게시글이 폭증하고 플랫폼 이용자들이 원고의 실명, 학교와 회사 명칭, 전화번호 등 신상털기를 본격화했다. 주요 일간지가 이용자들의 반응을 보도하는 기사를 게재하고 관련 기사는 다시 플랫폼 뉴스 서비스에 공유되고 댓글도 급증했다. 이용자들의 신상털기는 지나친 행동이지만 관련 뉴스 기사 및 이용자들의 댓글과 게시글이 원고를 비난하는 내용이라고 해서 반드시 명예훼손에 해당한다고 볼 수 있을지는 불명확하다. 소위 '형수 욕설 녹취록' 사건도 명예훼손에 해당하는지 판단하기 어렵기 때문에 구글이 그 삭제 요청을 거절한 바 있다. 여자 친구의 자살로부터 시작된 이 사건에서 원고가 명예훼손에 해당한다고 주장한 구체적인 게시물의 삭제를 요구하지 않는 한, 네이버를 비롯한 피고 플랫폼 기업들로서는 어느 게시물이 불법적인 것인지 판단하기 어려웠을지 모른다. 명예훼손의 판단 기준을 구체적으로 마련해 놓더라도 플랫폼 기업들은 불법 게시물을 찾아내기 위해서 이용자들의 댓글과 게시글을 전수조사하듯 모두 모니터링하고 감시해서 조치를 취해야 하는데 그것은 현실적으로 실현 불가능하다. 명예훼손과 건전한 비판을 누가 어떻게 구별할 수 있을까? 또한 대법원처럼 플랫폼 기업들에 불법 게시물의 삭제 및 차단 의무를 부과한다면, 플랫폼 기업의 과도한 모니터링 때문에 인터넷에서의 표현의 자유 그리고 이용자들의 자유로운 이용은 심각한 위협을 받게 될 것이다.[35]

우리 대법원은 플랫폼이 인터넷 공간에 뉴스 기사를 게재함으로써 기존 신문사와 유사한 기능을 수행했다고 보고 신문사와 마찬가지로 명예훼손 게시물에 대한 책임을 져야 한다고 판단했다. 미국 의회는 30년 전 플랫폼과 신문사의 역할을 신중하게 검토해 본 후 플랫폼은 신문사와 달리 콘텐츠를 생산하지 않기에 콘텐츠의 불법성에 대한 책임을 지지 않는다는 면책조항을 도입했다. 미국 연방대법원도 플랫폼의 역할에 대해 신중한 입장을 취하면서 플랫폼 규제에서 한 발 물러서 있다. 루이스 브랜다이스Louis Brandeis 대법관은 미국의 50개 주정부와 주법원이 법 정책의 합리성과 효율성을 점검하는 실험실이라면서 특히 연방대법원의 신중한 태도를 강조했었다. 브랜다이스 대법관의 이 명언은 오늘날까지 미국 연방대법원의 플랫폼 규제에 관한 신중한 입장으로 이어져 왔다. 이와 반대로 우리 대법원은 사실상 사이버 검열을 부추기는 부작용을 낳을 수 있는 위험한 실험을 스스로 앞장서서 하고 있는 셈이다.

진실을 차단하는 사이버 검열

플랫폼의 과도한 모니터링 또는 사이버 검열은 가상공간에서 진실까지 틀어막게 된다. 특히 우리나라 「형법」과 「정보통신망법」은 허위사실에 의한 명예훼손을 처벌할 뿐 아니라 진실을 말해도 명예훼손으로 처벌할 수 있도록 광범위한 명예훼손죄를 규정하고 있다.[36] 2018년 서지현 검사는 검찰 내 성추행을 폭로해 '미투Me Too' 운동을 확산시키는 계기를 만들었지만, 명예훼손으로 고소당할 수도 있다는 점을 염려했다. 같은 해 안희정 전 충남지사의 비서 김지은 씨는 8개월에 걸쳐 성폭행 및 성추행을 당했다고 폭로하고 여성변호사협회의 자문을 얻어 변호인을 선임했다. 그 후 안희정 전 지사를 고소했고 안희정 전 지사는 위력에 의한 간음, 추행 혐의가 인정되어 3년 6월의 징역형을 받게 되었다. 최영미 시인은 〈괴물〉이라는 시를 통해 문단에서 벌어진 과거 성추행을 폭로했고 이어서 언론 인터뷰를 통해 1992~1994년 종로 탑골공원 근처 주점에서 고은 시인이 성추행을 한 적 있다고 밝혔다. 고은 시인은 최영미 시인을 상대로 명예훼손 소송을 제기했다.

「형법」은 명예훼손에 관한 처벌을 규정하면서도 진실을 말한 것이 공공의 이익에 관한 때에는 처벌하지 않는다는 예외를 두고 있다. 진실을 말하는 것이 공공의 이익에 부합된다면 명예훼손의 위법성이 없다고 볼 수 있기 때문이다. 「정보통신망법」에서도 공공의 이익에 관한 진실을 인터넷에 올리거나 공유하는 것은 처벌할 수 없는 것으로 해석될 것이다. 도지사와 같은 공직자의 성추행이나 국가 기관에서의 비리를 폭로하는 것은 공공의 이익에 부합되고 위법성이 없다고 볼 수 있다. 이에 반하여 개인의 비윤리적 행태나 개

'미투' 발목 잡은 '사실적시 명예훼손'

인 기업 내에서의 성추행이나 비리를 폭로하는 것은 진실을 말하는 것임에도 불구하고 우리 법원은 명예훼손으로 처벌한 경우가 많다. 우리나라의 「형법」과 「정보통신망법」은 명예 감정의 보호를 위해서 사실과 정보의 유통을 억누르는 후진국형 법제도에 해당한다는 지적이 나오고 있다. 후진국형 「형법」과 「정보통신망법」으로 인해서 우리나라 플랫폼은 구글과 같은 경쟁사 플랫폼에 비하여 사실과 정보가 부족한 사이버 공간을 만들고 있는 셈이다.

유럽 디지털 서비스법

유럽연합은 최근에 알고리즘과 온라인 광고에 관한 규제를 도입했다. 즉 2022년 「디지털 서비스법」[37]을 제정해서 소셜미디어 플랫폼과 같은 온라인 서비스에서 불법 콘텐츠를 규제하기 시작했다. 「디지털 서비스법」은 플랫폼 기업들이 불법 콘텐츠를 아예 몰랐거나 불법 콘텐츠임을 알고 차단한 경우에는 책임을 지지 않는다는 면책 규정을 두고 있다. 플랫폼 기업이 불법 콘텐츠를 스스로 모니터링해서 삭제해야 할 의무를 부담하는 것도 아니다. 「디지털 서비스법」은 명백히 플랫폼의 콘텐츠 검열을 금지하고 있다. 플랫폼 기업이 불법 콘텐츠를 알면서도 차단하지 않으면 책임져야 한다는 것을 의미할 뿐이다. 「디지털 서비스법」에서의 플랫폼 기업의 책임은 미국 「통신품위법」에서의 플랫폼 기업의 책임과 전혀 다른 것이다. 미국의 「통신품위법」은 플랫폼 기업이 콘텐츠를 직접 생산한 경우가 아니라면 불법 콘텐츠에 대해서 출판사처럼 책임질 필요가 없다고 하는 반면에, 유럽의 「디지털 서비스법」은 플랫폼 기업이 단순히 불법 콘텐츠를 전송하거나 저장하는 역할만 하더라도 그러한 불법 콘텐츠를 알면서도 차단하지 않고 그대로 방치할 경우 저작권 침해, 명예훼손 등의 책임을 질 수 있다는 것이다. 유럽과 미국의 법리 차이는 디지털 서비스법이 제정되기 이전부터 이미 존재했던 차이를 그대로 유지한 것일 뿐이다.

가장 주목되는 것은 「디지털 서비스법」이 거대 플랫폼 기업에게 새로운 의무를 부과하고 있다는 점이다. 월평균 4,500만 명 이상의 이용자를 가진 대규모 온라인 서비스 제공자, 예컨대 구글, 페이스북, 트위터, 아마존, 애플, 유튜브, 인스타그램과 같은 미국 플랫폼 기업들은 알고리즘의 작동 방식을 유럽의 규제 기관에 공개해야 한다. 플랫폼 기업들은 이용자들에게 콘텐츠를 추천하거나 불법 콘텐츠를 차단하는 알고리즘을 설명하고 온라인 광고의 투명성을 위해서 명확한 정보를 제공해야 한다. 이용자가 원할 때는 이용자의 개인정보 또는 프로파일링profiling을 토대로 한 콘텐츠 추천 시스템 이외의 다른 추천 방식을 제공해야 한다. 또한 플랫폼 기업들은 매년 알고리즘을 설명하면서 불법 콘텐츠 신고 및 차단 건수 그리고 알고리즘의 콘텐츠 차단 정확성 내지 오류 비율에 관한 상세한 투명성 보고서를 제출해야 한다. 온라인 광고의 경우 어린이를 상대로 한 '맞춤형 광고'는 모두 금지하고 성인 대상 광고도 이용자의 종교나 성적 성향과 같은 '민감한 정보'를 토대로 한 프로파일링은 금지한다.

기본적으로 유럽연합은 거대 플랫폼들이 성폭력과 공중보건 그리고 기본적인 인권과 선거에 악영향을 미칠 수 있는 잠재적 위험 요인이라고 보고, 플랫폼 기업들에게 그러한 위험에 관한 자체 평가와 위험 방지를 위한 조치를 취할 의무를 부과했다. 뿐만 아니라 플랫폼 기업들의 위험에 관한 자체 평가와 방지조치에 관한 정보는 유럽연합 및 회원국 당국 그리고 외부감사 및 학계와 공유해야 한다. 플랫폼 기업들의 이러한 의무를 효율적으로 집행하기 위해서 유럽연합 집행위원회는 거대 플랫폼 기업에 대한 감독 권한을 갖는다. 집행위원회는 거대 플랫폼 기업들에 대한 감독과 법 집행을 위해서 최근에 상당한 규모의 전문 인력과 시설을 확보하고 '유럽 알고리즘 투명성 센터European Centre for Algorithmic Transparency'를 설립했다. 알고리즘 투명성 센터가 플랫폼의 블랙박스 같은 알고리즘을 어느 정도 분석해서 효율적인 규제를 할 수 있을지 지켜볼 일이다.

집행위원회는 플랫폼 기업 감독에 드는 비용을 조달하기 위해서 플랫폼 기업들에게 감독 수수료를 부과할 수 있다. 더 중요한 점은 집행위원회가 「디지털 서비스법」을 위반한 미국 플랫폼 기업에 대해서 전 세계 매출액의 6% 이내 범위에서 과징금을 부과할 수 있는 막강한 권한을 가지게 되었다는 것이다. 예컨대 테슬라Tesla의 일론 머스크 최고 경영자의 인수 후 트위터는 거의 즉흥적으로 '유료 인증 시스템paid verification scheme'을 도입해서 이용자나 기업이 일정 회비를 내면 계정의 진정성을 검증해 주기 시작했다. 이에 따라 가짜 계정을 가진 이용자와 기업도 회비만 내면 진정성을 인정받아 허위정보를 확산시킬 수 있는 위험과 혼란을 초래했다. 이 경우에 집행위원회는 일론 머스크에게 계정 관리 제도의 변경이 초래할 위험에 관한 사전 평가도 없이 제도를 바꾸는 바람에 허위정보가 확산되고 현실적으로 심각한 손해를 발생하게 한 것에 책임을 물어 상당한 과징금을 부과할 수도 있을 것이다.[38]

플랫폼 사회

우리는 인생의 3분의 1을 수면으로 보내고, 깨어 있는 나머지 시간의 3분의 1은 휴대폰에 소비한다. 우리 모두 휴대폰 중독에 빠졌다고 말한다. 사실은 우리가 플랫폼 사회에 살고 있기 때문에 당연한 현상일지 모른다. 우리는 정치, 경제, 문화뿐만 아니라 교육과 종교 그리고 건강과 사랑까지 플랫폼에 의존하고 있다. 그런데 PC 컴퓨터를 통해서 플랫폼에 접속하는 시간은 줄어들고 점점 더 많은 사람이 휴대폰으로 플랫폼에 접속한다. 아침에 일어나자마자 휴대폰으로 뉴스를 보고 소셜미디어로 친구의 메시지를 확인한다. 울던 아이도 휴대폰을 주면 울음을 멈추고, 미국에서는 휴대폰으로 친구와 만나고 휴대폰으로 택시를 탈 수 있게 되면서 고등학생과 대학생들의 운전면허 취득이 대폭 감소했다. 휴대폰으로 쇼핑하는 것은 물론이고 휴대폰으로 일거리를 받고 알고리즘의 지시대로 일하는 경우도 많아지고 있다. 그러나 휴대폰으로 들어간 우리의 플랫폼 사회는 기존의 우리 사회와 너무나도 다르다.

플랫폼이 우리가 일하는 방식과 삶의 방식을 송두리째 바꿔 놓았기 때문이다. 플랫폼은 우리의 일과 삶을 보다 빠르게, 보다 효율적으로, 보다 투명하게, 개인별 맞춤형으로 만들었다. 그래서 가격과 임금 그리고 품질에 있어서 과거보다 훨씬 더 치열한 경쟁이 진행되고 있다. 치열한 경쟁이 일어나고 있는 플랫폼 사회는 플랫폼 기업의 서버에 의존하고 있다. 심지어 어느 날 카카오의 서버가 화재로 먹통이 되자 우리의 일과 삶도 멈춰야 했던 황당한 경험을 했다.

플랫폼은 알고 있다. 우리의 일과 삶은 플랫폼에서 끊임없이 데이터를 만들어 내고 있고, 플랫폼은 그 데이터를 모두 수집하고 분석하여 수익 창출에 활용한다. 우리가 휴대폰을 사용하는 순간 구글과 애플은 물론이고 휴대폰 속에 설치해 놓은 앱들은 모두 데이터 수집을 시작한다. 커피숍에서 무료 와이파이를 사용하는 대신 우리는 우리 자신의 데이터를 제공한다. 자율주행 자동차의 편리함을 누리는 대신에 그리고 스마트홈의 편리함을 누리는 대신에 우리는 플랫폼에 우리의 이동 시간, 이동 경로, 가정생활에 관한 데이터를 제공한다. 그래서 플랫폼은 우리가 무엇을 했는지, 무엇을 하고 싶은지, 무엇을 먹고 싶은지 우리 자신보다 더 잘 알고 있다. 플랫폼은 자녀들이 무엇을 생각하고 있는지 부모보다 더 잘 알고 있다.

이용자가 제공하는 데이터는 플랫폼의 편리하고 효율적인 서비스와 대가 관계에 있다. 이용자들은 정보 제공의 대가로 서비스를 받는 것이다. 이용자들은 프라이버시에 대해서 걱정하지만 대부분 이용약관을 읽어 보지도 않고 앱을 다운로드받는다. 악마의 유혹에 빠져 영혼마저 팔아치우는 파우스트처럼 오늘날 플랫폼 이용자들은 편리한 플랫폼 서비스의 매력에 빠져 개인정보 제공에 크게 개의치 않는다. 플랫폼 사회에서 이용자들이 파우스트의 거래를 거절할 수 있는지 그리고 서비스를 이용하면서 어떻게 정보를 지킬 수 있는지가 중요한 관심사가 되고 있다.

배달 앱과 승차 앱이 널리 이용되면서 플랫폼이 일거리를 주고 근로자를 관리하게 되었다. 플랫폼의 알고리즘이 배달이나 운전 종사자들에게 일거리를 배정해 줄 뿐만 아니라 알고리즘이 그들의 근무 행태와 실적을 관리하고 수당을 지급한다. 플랫폼 종사자들은 하나의 기업에 전속되어 있지 않고 기존의 근로자들과 상당히 다른 지위를 갖고 있어서 새로운 질서를 필요로 한다. 인공지능이 발전하면서 플랫폼의 알고리즘이 직접 법률, 의료, 세무 등의 전문적인 서비스를 제공하는 경우도 늘어나고 있다. 승차 앱이 기존 택시 업계의 저항을 받은 것처럼 전문 서비스를 제공하는 플랫폼들도 관련 자격증을 가진 전문가들로부터 커다란 저항을 받고 있다. 하지만 플랫폼 사회에는 국경이 없으므로 우리만의 질서를 고집하기는 어려울 것이다.

플랫폼은 알고 있다

인간은 검색한다. 고로 존재한다. 구글은 매일 이용자들의 검색어 85억 건을 처리하면서 우리의 마음속까지 읽고 우리가 원하는 것을 제공해 준다.[1] 구글의 알고리즘은 하루 24시간 내내 쉬지 않고 우리의 검색어와 인터넷 이용 행태를 분석해서 맞춤형 서비스를 제공하고 있다. 페이스북 이용자들은 분당 400만 번의 '좋아요'를 누르고 하루 평균 3억 5,000만 건의 사진을 업로드한다.[2] 페이스북은 이용자들이 업로드한 이미지와 '좋아요'를 수집하고 분석해서 미국 중앙정보국CIA, Central Intelligence Agency보다 더 소상히 이용자들의 인종, 종교, 성별, 성격과 정치 성향 등을 파악하고 있다. 인스타그램은 청소년들의 생활 방식과 습관을 그 부모보다 더 잘 알고 있다. 구글과 페이스북은 이용자들의 취미와 성향을 파악해서 광고에 활용하고 막대한 수익을 올린다. 아마존은 소비자들의 생활을 잘 파악해서 언제 생수를 주문하고 언제 화장지를 추가 주문할지 알고 있다. 심지어 구입 목록을 통해서 아마존은 여성 고객이 임신 상태임을 미리 알아채고 출산 준비물을 배송할 수도 있다. 아마존은 소비자들의 주문을 기다리는 대신 구매 예측 알고리즘에 따라 '배송 후 쇼핑shipping-then-shopping' 사업 모델을 시작할 수 있었다.[3]

구글은 전 세계 검색 시장의 90% 이상을 장악하고 있고, 러시아의 얀덱스와 중국의 바이두Baidu 그리고 일본의 야후 재팬과 한국의 네이버만 예외로 자국 시장에서 검색 서비스를 제공하는 플랫폼으로 생존해 있다. 네이버는 우리의 방문 이력과 댓글 등을 수집해서 분석함으로써 우리의 관심사와 걱정까지 정확히 파악할 수 있다. 구글과 네이버는 '기침'과 '열'이라는 검색어가 증가하는 추세를 보고, 중대재해본부보다 일주일 먼저 코로나19의 확산을 알 수 있었다. 86.5%의 국민이 매일 100억 건의 메시지를 주고받는 국민 메신저 카카오톡이 우리의 친구 관계뿐 아니라 어떤 선물을 주고 받는지까지 소상히 파악하고 있음은 물론이다.[4] 플랫폼은 직업과 재산 그리고 거주지에 따라 청춘 남녀에게 점수를 매겨 점수대가 유사한 결혼 상대를 추천해 주기도 한다. 종교 서비스를 제공하는 플랫폼은 신부님 대신 우리의 고해성사를 들어 주고 위로와 격려의 메시지를 보내주기도 한다.

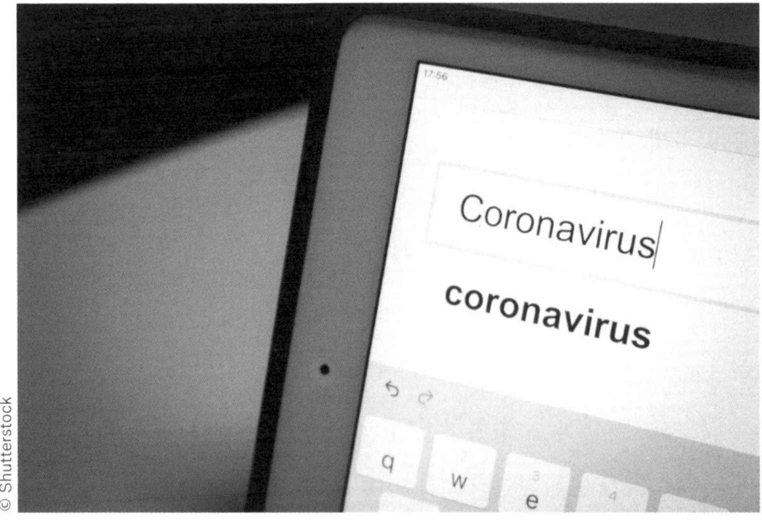

구글 또는 네이버의 검색어 빈도를 통하여 코로나19 감염 상황을 확인 또는 예측할 수 있다.

이제 챗GPT가 다양한 형태의 사업에 활용되면서 플랫폼들이 기업의 영업 비밀부터 개인의 관심사와 개인정보까지 모두 수집해서 전지전능한 신적 존재가 될 조짐을 보이고 있다. 어느 날 미혼 여성이 챗봇에 묻는다. "현재 사귀고 있는 두 남자 가운데 누가 더 좋을까?" 챗봇은 점쟁이보다 더 빨리 그리고 부모보다 더 명확하게 대답을 해 준다. "당신은 외모를 중시하니까 A를 선호하시겠지만 외모나 두뇌가 지속적인 사랑에 미치는 영향은 9%입니다. 당신의 성격과 두 남자에 관한 정보 그리고 당신이 두 남자를 만날 때의 심장박동의 차이를 토대로 권해 드리면 B가 정답입니다."

이제까지 은행은 고객의 금융 정보를 비밀로 유지하는 것이 원칙이었다. 그러나 오픈뱅킹Open Banking과 마이데이터MyData 서비스가 대중화되면서 휴대폰 앱 서비스를 제공하는 은행은 고객의 다른 은행 거래 내역을 비롯하여 모든 은행 계좌 정보를 수집하고 관리할 수 있게 되었다. 오픈뱅킹과 마이데이터 서비스 이용에 동의하고 사용 중인 계좌를 모두 등록해 두면 서비스를 효율적이고 편리하게 이용할 수 있다. 다만 인증서를 배우자와 공유하면 은행뿐만 아니라 배우자도 내 계좌를 모두 들여다볼 수 있게 된다. 반면 일부 계좌를 감추고 싶어 하는 이용자도 있다. 예금주가 직접 은행을 방문해야 하고 절대 노출될 일 없는 스텔스 계좌가 벌써 20만 건 이상 만들어졌다. 적에게 노출되지 않는 스텔스 항공기처럼 스텔스 계좌는 직접 창구에 가서 신청해야 하는 불편함이 있지만 모바일 뱅킹 거래가 차단되고 온라인상에서는 전혀 보이지 않는다. 플랫폼은 나의 사적인 금융 정보를 다 알고 있어도 안방마님은 모르게 하는 플랫폼 사회의 새로운 프라이버시 개념을 등장시켰다.

안방에 들어온 스파이

플랫폼 기업은 우리와 멀리 떨어진 서버에서 우리의 생활을 관찰하는 데 그치지 않는다. 우리 안방 구석구석에까지 스파이를 보내서 하루 24시간 우리의 모든 말과 행동, 사생활을 감시하고 있다. 우리 안방 벽에 달린 온도 조절기, 거실 탁자 위에 얌전히 자리 잡고 있는 인공지능 스피커, 집 안을 돌아다니면서 구석구석 청소하는 로봇청소기, 거실 벽에 걸린 인터폰 등등…. 구글이 10여 년 전부터 판매한 '네스트Nest'라는 온도 조절기는 단순한 온도 조절뿐 아니라 실내 조명, 오븐과 같은 가전제품 그리고 자동차까지 연결해서 스마트홈 시스템으로 이용자들의 생활 패턴을 관찰하고 분석할 수 있다. 스마트홈 시스템은 범인의 실내 침입과 같이 비정상적인 움직임을 감지하면 조명을 켜고 녹음이나 녹화를 하기 때문에 보안에 도움이 되는 반면, 우리의 사생활 정보를 모두 수집해 간다는 점에서 순간순간 찜찜하고 불안한 생각이 들게 한다.

인공지능보다 더 많이 보급된 스파이는 인공지능 스피커일 것이다. 구글 어시스턴트Assistant와 아마존 알렉사뿐만 아니라 네이버 클로바Clova, 카카오 미니mini같이 거대 플랫폼 기업 대부분이 인공지

네이버 클로바 샐리 인공지능 스피커

능 스피커를 판매하고 있다. 기존의 만능 리모컨처럼 인터넷에 연결된 TV, 에어컨, 로봇청소기 등의 가전제품을 스피커로 조종할 수 있다. 아침에 일어나 인공지능 스피커에 "좋은 아침"이라 말하면 오늘 날씨와 예정된 일정을 브리핑해 주고 중요한 아침 뉴스를 요약해 전달해 준다. 스피커가 책을 읽어 주고, 자장가를 불러주고, 배달 음식을 주문해 주고, 궁금한 것을 물어보면 검색해서 답을 알려주기도 한다. 이렇게 인공지능 스피커가 똑똑하고 고맙지만 언제나 마음 한편에 걸리는 점이 있다. 인공지능 스피커가 우리의 말을 듣고 도와주기 위해서 우리가 실내에서 일상적으로 하는 이야기를 모두 서버에 보내서 자신에 대한 명령인지 아닌지 그리고 명령이라면 어떻게 답을 해야 할지 24시간 분석하고 있다는 점이다.

로봇청소기는 구석구석 청소도 잘하고 말을 잘 듣는다는 생각이 들 정도라서 반려동물처럼 이름을 붙여 주기도 한다. 청소기는 집 구조와 장애물을 파악하기 위해서 집 전체를 바퀴벌레처럼 기어 다니면서 집 구조뿐 아니라 침대, 소파, 책상 등 가구까지 구석구석 촬영해서 서버로 보낸다. 우리는 청소기를 반려동물처럼 생각해 무장해제한 채 아무런 저항 없이 값진 사생활 정보를 쉽게 넘기고 있는 것이다. 거실 벽에 걸린 인터폰도 훌륭한 방범 기능을 수행하기 위해서 실내 상황을 녹화할 수 있다. 실제로 우리나라에서 가정집 인터폰을 해킹해 내부를 촬영한 영상이 인터넷에 유포되는 사고가 발생하기도 했다.

아마존은 인공지능 스피커뿐만 아니라 현관 카메라 링Ring을 판매해서 스마트홈을 완성해 나가고 있다. 최근에 아마존은 2조 2,000억 원에 청소 로봇 아이로봇을 인수하기로 해서 더욱 완벽한 스마트홈 그리고 보다 철저한 소비자 감시를 향해 한 걸음 더 나아갔다. 미국에서는 살인 사건 현장에 있던 인공지능 스피커가 서버에 전송한 피고인과 피해자의 음성을 경찰이 수사에 활용하기도 했다. 또한 링을 담당한 아마존 직원은 이용자들이 욕실과 침실에 설치한 카메라를 보면서 여성 이용자 수십 명의 적나라한 모습을 감상하기도 했다. 아마존은 성능 좋은 음성 및 영상을 통해 소비자들의 가정생활을 완벽하게 그릴 수 있었다. 미국 연방거래위원회는 인공지능 스피커 알렉사의 음성 녹음과 현관 카메라 링의 녹화물을 서버에 저장해서 이용한 것이 프라이버시 침해에 해당한다고 보고 소송을

제기했고, 아마존은 390억 원의 과징금 납부에 합의하고 사건을 마무리했다.[5]

인공지능 스피커 또는 현관 카메라와 유사한 장비를 장착한 자동차는 '운전자와 함께 이동하는 스파이'가 될 수도 있다. 최근 미국 '테슬라' 직원들이 고객의 차량 카메라에 찍힌 영상들을 채팅방에서 함께 돌려봤다는 사실이 알려져서 커다란 충격을 주었다.[6] 테슬라는 자율주행 기술을 개발하는 과정에서 인공지능을 학습시키기 위해 고객의 차량 카메라로 촬영한 데이터를 수집해 활용했다. 차량 카메라가 보행자, 도로 표지판, 차고 등의 영상을 전송하면 테슬라 직원이 그 이미지에 '라벨label'을 붙여서 인공지능이 학습하게 한 것이다. 테슬라는 개인정보 취급 방침에 대해 고객들의 동의를 받았기 때문에 차량 카메라가 전송한 데이터를 활용할 권한을 갖고 있다고 설명한다. 그러나 차량 카메라가 촬영한 영상에는 주행 관련 데이터뿐 아니라 고객 차량 안팎의 고객의 사생활 데이터도 포함되었고 일부 직원들이 일탈 행위로 채팅방에서 공유했다는 점에 문제의 심각성이 있다. 특히 테슬라의 영상 처리 알고리즘은 차량 소유자의 거주지와 영상 녹화 시간과 위치를 정확히 표시해 주고 있어서 테슬라가 고객 사생활 침해의 가능성을 숨기고 개인정보를 침해한 것이 아닌가 하는 비난을 피하기 어려울 것이다.

강요된 동의

온도 조절기든 인공지능 스피커든 청소기든 플랫폼 기업이 수집한 목소리와 이미지 등은 이용자로부터 동의를 받아야 할 개인정보에 해당하는 경우가 많다. 그런데 플랫폼 기업이 약관 형태로 이용자로부터 받는 동의는 방대한 범위에 걸친 내용이다. 이를테면 알렉사 이용자 약관에는, "귀하는 귀하가 알렉사와 나눈 대화를 아마존이 수집하고 클라우드 서버에 저장해 관리하면서 주문을 처리하고 추가적인 서비스(예컨대 음성의 문자 변환 및 문자의 음성 변환 서비스) 개발에 활용하는 데에 동의한다."는 항목이 있다. 이용자는 스스로 이 약관에 동의했다는 사실을 잘 모르거나, 알더라도 대화 내용이 얼마나 보관되는지, 구체적으로 어떤 추가 서비스 개발에 활용되는지 전혀 알지 못한다.

이와 같이 동의의 의미는 점점 더 커질 수밖에 없다. 왜냐하면 앞으로 우리는 더욱더 많은 개인 데이터를 숨 쉬듯 생산할 낼 예정이기 때문이다. 우리는 한 몸처럼 동기화된 휴대전화와 노트북 이용 패턴을 통해서 그리고 이동 중에는 내비게이션과 자율주행 자동차의 기록을 통해서 다양한 개인 데이터를 만들어 낸다. 이렇게 우리 데이터를 수집·관리한다는 사실이 마음에 들지 않아 개인정보 수집 약관에 동의하지 않으면 아예 서비스 자체를 이용할 수 없다. 약관에 동의하지 않고 서비스를 이용할 수 있는 경우에도, 플랫폼 기업은 약관에 대한 미동의로 인해서 서비스의 기능과 보안이 약해지거나 업데이트 지원 부족으로 해킹 위험이 있다고 협박에 가까운 경고를 한다. 일상에서 다양한 플랫폼 서비스가 점점 필수가 되면서 우리가 개인정보 수집을 거절할 자유는 없어진다고 봐도 무방하다. 즉 플랫폼 사회에 살고 있는 우리의 사생활은 더욱 많이 노출되지만, 현실은 그와 함께 '강제된 동의'가 늘어나는 것이다.

플랫폼 기업들은 이용자가 구체적인 내용을 모르면서 한 번 클릭한 것으로 개인정보 수집을 동의한 계약이 체결되었다고 주장한다. 그러나 만약 클릭 한 번으로 계약이 체결된다고 하더라도 수집하고 활용하는 정보의 범위를 명확히 알리지 않았다면 이용자가 동의했다고 볼 수 있을지 의문이다. 또한 서비스 가입 시 기본값을 '동의'로 정해서 사실상 동의를 강제하는 것과 마찬가지인 경우에도 진정한 동의가 있었다고 말할 수 있을까? 설사 이용자가 동의하여 이용계약이 체결되었다 하더라도 그 계약이 지나치게 불리하고 불공정하다면 과연 유효한 계약이라 할 수 있을지 의문이다. 문제의 핵심은 플랫폼과 이용자 사이에 개인정보 또는 프라이버시에 관한 생각의 차이가 크다는 점에 있다.

프라이버시 개념을 바꾸다

이용자의 개인정보를 수집하고 이용해서 연간 100조 원 이상의 수익을 올리는 페이스북의 마크 저커버그는 프라이버시에 관해서 많은 이야기를 했다. 프라이버시에 관한 저커버그의 생각은 이용자들의 생각과 많이 다르기 때문일 것이다. 저커버그는 하버드 대학교에 다니는 동안 여학생 얼굴을 비교하는 사이트 '페이스매쉬Face-mash'를 만든 때부터 프라이버시 침해에 관한 항의를 받았었다. 그로부터 20년이 지난 현재까지 프라이버시 침해로 많은 항의를 받고 수차례 위기를 겪었지만 저커버그는 자신의 생각을 조금도 굽힘 없이 꾸준히 밀어붙이고 있다.

'얼굴 명부Facebook 사이트'를 만들기 1년 전, 저커버그는 '얼굴 비교Facemash 사이트'를 만들었었다. 얼굴 비교 사이트는 저커버그가 하버드 아홉 개 기숙사 학생들의 온라인 얼굴 명부를 긁어모아 놓고 게임처럼 누구 얼굴이 더 멋진가 품평하는 사이트였다. 얼굴 비교 사이트는 개통한 후 불과 네 시간 만에 450명의 기숙사생이 방문해서 무려 2만 2,000회의 사진을 열람하는 폭발적인 인기를 누렸다. 그러나 얼굴 비교 사이트가 허락 없이 온라인 얼굴 명부를 수집해서 이용함으로써 저작권을 침해하고 학생들의 프라이버시를 침해했다고 판단하고, 개통된 지 불과 며칠 만에 하버드 대학교는 얼굴 비교 사이트를 폐쇄하고 저커버그에 대한 징계 여부를 심의하기로 했다. 얼굴 비교 사이트를 폐쇄하고 사과한 지 1년이 지난 2004년, 저커버그는 대학생들 사이에서 얼굴 사진을 보면서 편하게 메시지를 주고받는 페이스북을 만들었고, 불과 19년 만에 25억 명의 이용자를 확보한 세계 최대의 소셜미디어 플랫폼으로 성장시켰다. 그러나 얼굴 비교 사이트의 문제점은 오늘날까지 그대로 페이스북

© Elaine Chan and Priscilla Chan

하버드 대학교 재학 시절의 마크 저커버그

에서 계속되고 있고 프라이버시 침해 문제로 페이스북의 주가는 여러 차례 폭락 위기를 맞았다.

페이스북은 기본적으로 이용자들이 프라이버시를 부분적으로 공유하면서 소통하는 것을 즐길 수 있도록 온라인 공간을 마련한 것이다. 이용자들이 공유하는 사생활로부터 다양한 개인정보를 수집한 페이스북은 막대한 광고 수익으로 연간 100조 원 이상의 수익을 올리는 거대 플랫폼으로 성장했고 저커버그를 이 세상에서 가장 돈이 많은 부자 반열에 올려놓았다. 저커버그는 프라이버시에 대한 사람들의 생각이 변하고 있다고 주장하며 자신 있게 말한다. "사람들이 프라이버시를 숨기려고만 하는 것은 아니다. 절대적으로 프라이버시를 비밀로 두길 원하는 것이 아니다. 플랫폼에서 더 많은 것을 공유하길 원한다. 이제 사람들은 플랫폼에서 공유하고 싶은 것과 숨기고 싶은 것을 구별하고 통제하기를 원할 뿐"이라고.[7]

법대생 막스의 도전

2004년 대학생들의 메시지 공유 사이트로 시작한 페이스북은 뜨거운 인기에 힘입어 캠퍼스를 넘어 전 세계로 확산되었다. 이용자들은 프라이버시에 대한 불안감을 느꼈었지만 그 누구도 공식적으로 불만을 제기하진 못했다. 그러나 스물네 살의 오스트리아 법대생 막스 슈렘Max Schrems은 2011년 '아일랜드 데이터보호위원회Irish Data Protection Commissioner'에 페이스북의 프라이버시 침해를 신고하면서 그 시정을 요구했다. 막스는 미국 실리콘밸리의 샌타클라라 대학교에서 한 학기 동안 에드워드 팔미에리Edward Palmieri 페이스북 변호사의 강의를 듣던 중 페이스북이 유럽의 데이터보호법에 대해 무지하고 오해하는 것에 충격받고 도전을 시작했다.

페이스북은 구글이나 마이크로소프트처럼 아일랜드에 본사를 두어 수조 원 규모의 법인세를 절감하였지만 동시에 아일랜드의 엄격한 데이터보호법을 따르고 있다. 막스는 아일랜드의 법에 따라서 페이스북에 자신의 데이터를 요청했다. 그 결과 페이스북 친구뿐만 아니라 친구 요청을 거절한 사람들의 목록과 이메일 주소 그리고 과거에 자신이 주고받은 모든 메시지와 채팅, 심지어 삭제한 메시지까지, 무려 1,200쪽 분량의 데이터가 담긴 파일을 전달받았다. 막스는 자신도 모르는 사이에 페이스북이 이토록 많은 정보를 수집해서 활용한 것이 아일랜드 법 위반에 해당한다고 주장하면서 아일랜드 데이터보호위원회에 법 위반 사항을 신고하고 시정을 요구했다. 그러나 막스는 위원회의 공식적인 답변이나 조치를 통지받지 못했다. 아일랜드는 세제 혜택을 주면서까지 구글과 페이스북 본사를 유치했기 때문에 정치적, 경제적으로 페이스북을 배려한 것으로 추측된다.

2014년 초 미국 CIA에서 계약직으로 일하던 에드워드 스노든Edward Snowden은 미국 정보당국의 스파이 활동을 폭로했다. 미국 정보당국이 9·11 테러 이후 소위 '프리즘PRISM' 대량 감시 프로그램을 통해 구글과 페이스북 등의 플랫폼에 저장된 개인정보를 들여다보고 있다는 사실이 알려진 것이다. 막스는 페이스북 이용자의 데이터도 프리즘 프로그램에 따라 미국 정보당국의 감시 대상이라고 주장하면서 페이스북이 더 이상 유럽 이용자들의 데이터를 미국으로 전송하는 것을 금지해 달라고 아일랜드 데이터보호위원회에 요구했다. 페이스북이 미국 서버로 전송한 유럽 이용자들의 데이터가 '적절한 보호'를 보장받을 수 없다면, 이는 유럽의 데이터보호법에 위반된다고 주장한 것이다. 위원회는 유럽연합 집행위원회와 미국 정부 간에 유럽 이용자들의 데이터를 미국이 적절히 보호한다는 '세이프 하버Safe Harbor' 협정이 체결되어 있기 때문에 막스의 주장이 근거 없다고 판단하고 막스의 요구를 거절했다. 막스는 위원회의 결정에 불복하여 아일랜드 지방법원에 소송을 제기했고, 호건 판사는 프리즘 프로그램의 등장으로 세이프 하버가 유럽 데이터 보호법 위반에 해당하는지의 이슈에 관하여 '유럽연합 사법재판소 CJEU, Court of Justice of the European Union'의 판단을 받아야 한다고 판단했다.

유럽연합 사법재판소에서 막스는 자신의 개인정보가 세이프 하버에 따라 미국의 페이스북 모회사 서버로 전송되고 미국 정보당국의 감시 대상이 되었기 때문에 자신의 개인정보는 '적절한 보호'를 받지 못한 것이라고 주장했다. 유럽연합 사법재판소는 페이스북 같은 플랫폼 기업이 개인정보에 대하여 적절한 보호조치를 취하고 있다고 하더라도 미국 정부의 프리즘 프로그램으로 인하여 개인정보와 프라이버시가 위협을 받는다면 유럽과 미국 사이에 체결한 세이프 하버는 더 이상 유효하지 않다고 판결했다. 이는 4년여의 투쟁 끝에 막스가 승리한 순간이고 페이스북뿐 아니라 구글을 비롯한 수많은 플랫폼 기업의 국경 간 데이터 전송에 커다란 변화를 일으킨 순간이다.

페이스북의 얼굴 인식

저커버그는 하버드 대학교 여학생들의 얼굴을 비교하는 사이트로부터 출발해서 오늘날의 페이스북 제국을 건설했다. 문제는 페이스북의 알고리즘이 이용자들의 얼굴 사진을 인식해서 누가 누구인지 알아차릴 수 있다는 점이다. 막스는 유럽에서 페이스북의 얼굴 인식 알고리즘의 문제점을 지적했고 페이스북은 2012년에 알고리즘 사용을 중단하기로 했었다. 같은 해 미국에서도 페이스북이 이용자들의 동의 없이 얼굴 인식 프로그램을 사용해서 얼굴 사진에 이름을 표시하는 데 불만이 제기되었고, 일리노이주 페이스북 이용자들은 법원에 집단소송을 제기했다. 일리노이주 생체 정보 개인정보보호법은 얼굴과 지문 등의 데이터를 수집하기 위해서는 정보 주체의 동의를 받을 것을 요구하고 있었다. 담당 판사는 페이스북이 8,500억 원(6억 5,000만 달러)을 배상하기로 한 합의안을 승인했다. 따라서 소송에 참가하지 않았어도 약 160만 명의 일리노이주 페이스북 이용자들은 1인당 약 45만 원(345달러)의 배상금을 받게 되었다.[8]

얼굴 인식 알고리즘은 마케팅에서 널리 활용되고 있다. 백화점 정문을 들어서자마자 판매 책임자가 나와 반가운 인사를 하며 원하는 매장으로 안내하는 것은 백화점의 얼굴 인식 알고리즘이 고객의 얼굴을 인식해서 판매 책임자에게 개인정보를 보내주기 때문에 가능한 것이다. 백화점이 나를 알아봐 주면 기분 좋겠지만 나의 관심사를 꿰뚫어 보고 있다는 데에 섬뜩해질 수도 있다. 그런데 더 섬뜩한 사실은 따로 있다. 얼굴 인식 알고리즘으로 맞춤형 광고가 가능하다는 것이다. 틱톡은 얼굴 인식 알고리즘으로 이용자들의 연령, 성별 및 인종을 식별했다. 얼굴 사진 수집 및 활용에 관한 동의를 받지 않았다는 불만과 항의를 받고 틱톡은 1,200억 원(9,200만 달러)의 배상금을 지급하기로 합의했다.[9] 이제 영화 〈마이너리티 리포트〉에서처럼 거리를 지나는 사람의 연령, 성별, 인종별 특징에 따라 각각 다른 광고가 나오는 시대에 살게 되었다.

얼굴 인식 알고리즘은 마케팅 이외의 다양한 분야에서 활용되고 있다. 자동으로 출퇴근 시간을 기록할 수도 있고, 범죄를 저지른 사람을 적발해 내거나 범죄를 저지르기 전 이상 행동을 벌이는 사람이 누구인지 찾아낼 수도 있다. 얼굴 인식 알고리즘은 미국에는 워싱턴 D.C.를 비롯해 도시 열 곳에서 벌써 보안 카메라를 장착한 지능형 보안 로봇security robots이 돌아다닌다. 이 로봇은 사람의 얼굴과 자동차 번호판을 인식하고 필요한 경우 경찰을 부른다. 얼굴 인식 알고리즘은 편리하고 효율적이지만 동시에 사생활 침해와 인식의 오류 또는 편견을 드러낼 수 있다.

얼굴 인식의 오류로 인해서 국제공항의 출입국 심사를 통과하는 데 시간이 오래 걸리기도 하고 경찰의 감시 대상 목록에 올라가기도 한다. 실제로 미국과 중국 이민국의 얼굴 인식 알고리즘이 사진 인식을 잘못해 범죄자로 의심을 받아 통과에 오랜 시간이 필요한 경우가 많다. 미국 법원이 활용하고 있는 컴파스COMPAS를 비롯한 대부분의 얼굴 인식 알고리즘이 아시아·아프리카계 인종의 얼굴을 잘못 파악할 확률은 백인 남성의 100배에 이른다. 또한 여성을 잘 파악하지 못할 확률 역시 남성보다 훨씬 높다. 컴파스가 재범 가능성이 있다고 예측한 피고인 가운데 실제로 다시 범죄를 저지른

사람은 20%에 불과했다. 특히 백인보다 흑인일 때 그 오류가 두 배가량 더 많이 발생했다.[10]

2020년 5월 미국 미네소타주에서 일어난 조지 플로이드George Floyd 사망 사건은 이러한 차별이 생명을 위협하는 심각한 문제임을 일깨웠다. 이 사건은 백인 경찰 데릭 쇼빈Derek Chauvin이 흑인 피의자 조지 플로이드를 체포하는 과정에서 수갑을 채워 길바닥에 엎어놓고 8분 이상 무릎으로 목을 눌러 제압한 끝에 질식사시킨 사건이다. 그동안에도 경찰이 흑인에게 유독 잔인하고 폭력적이라는 문제가 지적되었던 만큼, 이 사건은 얼굴 인식 알고리즘 역시 억울한 흑인 피해자를 만들고 있다는 여론에 크게 힘을 실었다. 이 사건을 계기로 아마존을 비롯한 첨단 플랫폼 기업들은 미국 경찰과 정부에 더 이상 얼굴 인식 프로그램을 공급하지 않겠다고 발표했다.

얼굴 인식의 오류와 편견이 기업이나 정부의 감시 욕구와 만나면 최악의 빅 브라더를 탄생시킬 수 있다. 그 가까운 예가 중국의 '사회신용체계'이다. 중국 정부는 화웨이华为, 텐센트腾讯 등의 플랫폼 기업이 보유한 데이터와 실시간으로 돌아가는 2억 대의 감시 카메라, 얼굴 인식 알고리즘을 결합해서 14억 중국 인민의 사회생활을 모두 점수화하고 관리할 수 있는 거의 완벽한 감시 체계를 완성한 것이다.[11] 중국의 사회신용체계는 민간 플랫폼 기업들이 수집한 데이터를 정부가 영장 없이 무제한으로 활용한다는 점에서 외국인들에게도 큰 충격을 주고 있다.

커피 마시면서 '와우'

아침에 커피를 마시면서 페이스북을 열었는데, 페이스북 화면과 나란히 커피 광고가 올라온다. 내가 마시고 있는 커피 제품이 내 눈앞 화면에 뜨는 일종의 '와우' 순간이다. 페이스북의 광고 알고리즘은 목표 소비자들을 찾아내고 판매 수익을 늘리기 위해 이용자들의 '클릭'을 비롯한 개인정보를 수집해서 활용한다. 구글과 네이버는 검색 엔진이나 지도에 입력하는 검색어와 가장 밀접하게 관련된 '상황별 광고contextual ads' 또는 '맞춤형 광고targeted ads'로 수익을 올린다.

플랫폼 기업들은 이용자들의 거의 모든 클릭과 웹사이트 방문을 추적한다. 이용자들의 클릭과 방문 사이트에 관한 정보를 수집해서 이용자가 무엇을 보고 무엇을 읽고 무엇을 구입하는지를 분석해야 이용자의 관심사와 욕구에 대한 상세한 프로필을 만들 수 있다. 플랫폼 기업들은 이용자의 프로필 데이터를 광고주들이 이용할 수 있도록 제공하면서 광고를 판매한다. 구글이나 페이스북 또는 유튜브나 인스타그램에서 마치 내가 방금 무엇을 했는지 아는 것 같은 소름 끼치는 광고를 보게 되는 이유가 바로 여기에 있다.

이용자들의 클릭과 방문 이력을 추적해서 수집한 개인정보는 전 세계적으로 800조 원(6,790억 달러)이 넘는 규모로 온라인 광고 산업의 성장을 이끌고 있다.[12] 플랫폼 광고는 TV, 라디오 및 신문에서의 기존 광고보다 훨씬 더 커다란 규모로 성장했다. 특히 신문 광고는 지난 20년간 반 토막이 아니라 3분의 1토막 아래로 떨어져 신문 업계는 생존 자체를 위협받고 있다. 플랫폼 광고는 기존 아날로그 광고와 달리 이용자의 성향을 토대로 한 개인별 맞춤형 광고일 뿐 아니라 구입 단계에서도 개인마다 구입 조건이 달라질 수 있는 특징을 갖고 있다. 맞춤형 광고를 보고 클릭해서 구입한 상품은 일반 온라인 쇼핑 사이트에서 산 것보다 평균 10% 정도 비싼 가격으로 구입한 것으로 알려져 있다.[13]

또한 맞춤형 광고는 소비자의 성별, 지역별, 소득별 차별을 악화시킬 수 있다. 페이스북이 맞춤형 광고 알고리즘으로 불법적인 차별 광고를 내보냈다는 의혹이 제기되었고 미국 주택도시개발부는 페이스북 광고의 불법성을 확인했다. 특히 미국 '시민 자유 연합ACLU, American Civil Liberties Union'과 같은 시민단체들은 페이스북이 광고주가 원하는 소비자 그룹과 원하지 않는 그룹을 구별해서 선택적으로 광고할 수 있는 기술을 제공했고, 페이스북의 이러한 알고리즘은 '디지털 금지선digital redlining'을 만들고 인터넷에서의 차별을 초래한다고 비난했다. 미국의 「공정 주택법Fair Housing Act」은 주택의 매매 및 임대에 있어서 성별, 종교, 인종, 장애 또는 가족 구성 등에 따른 차별을 금지하고 있으므로 페이스북의 광고가 차별에 해당하면 법 위반에 따른 책임을 추궁할 수 있다. 곧이어 페이스북을 상대로 한 집단소송이 제기됐는데, 페이스북이 노인과 여성에게는 일부 주택·금융 서비스 광고를 보내 주지 않는 차별을 했다고 주장하면서 손해배상을 청구했다. 페이스북은 금융 서비스와 채용 광고에 있어서도 차별을 해왔다는 의혹을 받고 있다.

사실 플랫폼 이용자들은 자신이 보는 광고가 다른 사람에게 보이는 광고와 동일한 것인지 다른 것인지, 또는 자신만 보지 못하는 광고가 있는 것인지 자체도 전혀 알지 못한다. 현행법 위반에 해당하지 않는다면, 소비자와 광고주 모두 플랫폼에서 개인적으로 차별화된 맞춤형 광고를 선호할 것이다. 맞춤형 광고로 플랫폼과 광고주들은 막대한 이익까지 얻게 된다. 소비자들은 맞춤형 광고를 즐기면서도 자신의 클릭과 사이트 방문이 모두 감시당하고 있다는 찜찜한 느낌을 지워 버릴 수 없고 인터넷에서 프라이버시가 유출될까 봐 고민하게 된다.

쿠키와 맞춤형 광고

20여 년 전 플랫폼 공간에 배너 광고를 배치하는 것은 신문 광고와 다를 바 없이 시작했다. 그러나 인터넷에서 '쿠키cookie'가 사용되면서 플랫폼의 '맞춤형 광고'가 본격화되었다. 쿠키는 이용자들이 웹사이트를 방문할 때 그 사이트가 이용자의 웹 브라우저에 저장해 놓은 작은 텍스트 파일이다. 헨젤과 그레텔이 집으로 돌아가는 길을 쉽게 찾을 수 있도록 떨어뜨린 빵 부스러기처럼, 쿠키는 인터넷 이용자들이 웹사이트를 방문했을 때 남는 이용 기록을 저장해 둔 파일이다. 쿠키 파일에는 이용자의 언어 설정과 같은 기본 정보와 검색, 쇼핑 이력 등의 사이트 이용 내역이 저장되어 있어서 이용자가 동일한 사이트를 방문할 때 사이트 이용을 편리하게 도와준다.

어느 이용자가 웹사이트를 방문할 때 그 사이트가 이용자의 브라우저에 저장해 놓은 쿠키를 '당사자 쿠키first party cookie'라고 한다. 당사자 쿠키에 기록된 이용자들의 검색 및 쇼핑 이력을 수집해서 분석하면 이용자의 성향과 관심사를 어느 정도 파악할 수 있고 그에 따른 맞춤형 광고가 이루어질 수 있다. 그러나 이용자의 성향을 보다 철저히 분석하고 더욱 정밀한 맞춤형 광고를 하기 위해서 '제삼자 쿠키third party cookie'를 활용하는 경우가 많다. 제삼자 쿠키는 이용자가 방문한 사이트가 아닌 다른 제삼자의 사이트가 만든 쿠키를 말한다. 당사자 쿠키는 자신의 사이트에서 이루어진 검색 및 쇼핑 등의 이용 행태만 수집할 수 있지만, 제삼자 쿠키는 자신의 사이트 이외의 다수의 다른 사이트에서 이루어진 이용 행태까지 수집할 수 있게 해 주기 때문에 광고 사업자들에 의해서 많이 활용된다. 미국의 CIA와 같은 정보당국도 제삼자 쿠키를 활용해 온 것으로 알려지고 있다. 광고주 또는 광고 대행 사업자들은 다수의 웹사이트에 제삼자 쿠키 설치를 의뢰하는 약정을 하고 제삼자 쿠키로부터 이용자들의 검색 이력, 사이트 방문, 쇼핑 목록 등의 이용 행태를 수집하고 이용자별 프로필을 만들어서 더욱 정교한 맞춤형 광고를 할 수 있게 된다. 광고 사업자들은 제삼자 쿠키를 설치한 사이트를 많이 확보하면 할수록 다양한 사이트에서 이용자의 이용 행태를 더 많이 수집할 수 있게 된다.

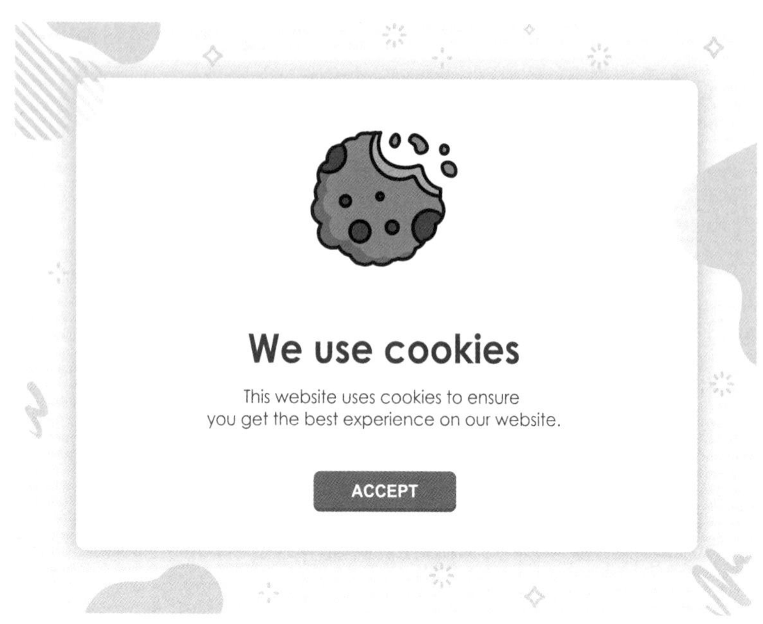

인터넷 쿠키 웹사이트에 접속할 때 자동으로 만들어지는 임시 파일로 이용자가 본 내용, 상품 구매 내역, 신용카드 번호, 아이디, 비밀번호, IP 주소 등의 정보를 담고 있다.

금광에서 금을 채굴하듯이 광고 사업자들은 쿠키를 모아서 이용자들의 성향과 관심사를 파악해서 정교한 맞춤형 광고로 수익을 올리게 된다. 금광 채굴권을 매입해야 채굴할 수 있는 것처럼 제삼자 쿠키를 수집하기 위해서는 상당한 투자가 필요하다. 전 세계 이용자의 브라우저에 설치해 놓은 쿠키 가운데 구글의 마케팅 플랫폼에 해당하는 구글 애널리틱스Google Analytics와 더블클릭DoubleClick 그리고 메타Meta의 페이스북이 설치해 놓은 제삼자 쿠키가 압도적으로 많은 이유가 바로 여기에 있다. 내가 페이스북에서 커피를 산 게 아니지만 페이스북을 열면 커피 광고가 뜨는 이유도 바로 여기에 있다.

맞춤형 광고가 정교하다는 건 쿠키 정보 수집, 결합 및 분석에 의해 이용자가 누구인지 정확히 식별했다는 의미다. 광고 사업자는 제삼자 쿠키를 수집해서 이용자의 이용 행태를 추적할 수 있다. 하지만 제삼자 쿠키의 활용이 많아지면서 이용자는 프라이버시 침해 위험에 더 많이 노출되었다.

앱 추적과 맞춤형 광고

휴대폰에서는 이용자가 스스로 설치해서 이용하는 다양한 앱들이 이용자의 성향과 관심사를 추적하는 효율적인 도구로 활용되고 있다. 앱의 행태 추적은 웹사이트 쿠키와 유사하지만 쿠키보다 더 강력한 힘을 가지고 있다. 우리는 항상 휴대폰을 갖고 다니고 여러 가지 앱을 설치해서 이용하는 경우가 많으므로 이 앱들은 우리가 일어나서 잠들 때까지 우리의 위치와 앱 이용, 웹사이트 방문, 검색 기록 등의 이용 행태에 관한 수많은 정보를 수집해서 앱 개발자 및 광고 사업자에게 보낸다. 특히 광고 사업자들은 앱 개발자들에게 SDKSoftware Development Kit를 제공해서 앱 개발자로 하여금 SDK를 삽입한 앱을 개발하도록 요구하고 SDK가 앱과 함께 이용자들의 이용 행태에 관한 정보를 직접 광고 사업자의 서버로 전송한다. 날씨 앱은 우리 지역의 날씨를 알려줄 뿐 아니라 앱 개발자와 광고 사업자 서버에 앱 이용 사실과 위치 정보를 보낸다. 쇼핑 앱을 설치해서 이용하면 쇼핑 앱뿐만 아니라 날씨 앱 이용 사실과 위치 정보 및 쇼핑 이력까지 모두 서버로 전송한다. 휴대폰 이용 시간이 많고 광고 사업자가 SDK를 자유롭게 설계해서 통제할 수 있기 때문에 앱의 행태 추적은 쿠키의 정보 수집보다 광고 사업자가 필요로 하는 정보를 더 많이 수집할 수 있도록 도와준다.

안드로이드 또는 iOS와 같은 휴대폰 운영 시스템은 광고 사업자들이 휴대폰 이용자들에게 맞춤형 서비스를 제공하는 데 도움을 주기 위하여 휴대폰마다 별도의 광고 ID를 부여한다. 앱이 앱 개발자와 광고 사업자에게 이용 행태를 보낼 때 광고 ID를 함께 보낸다. 광고 ID와 이용 행태 정보 그 자체만으로는 휴대폰 이용자가 누구인지 식별할 수 없다. 휴대폰 이용자가 앱의 행태 추적과 맞춤형 광고를 꺼림칙하게 생각한다면 휴대폰의 설정 화면에서 광고 ID 사용을 금지하거나 새로운 광고 ID를 부여받을 수도 있다. 따라서 광고 ID와 앱 추적만으로 이용자들의 프라이버시가 침해된다고 말할 수는 없다. 구글과 페이스북은 네이버나 다음보다 훨씬 더 많은 앱으로부터 이용자 행태 정보를 수집하고 있다. 수집한 행태 정보가 많으면 많을수록 그리고 쿠키 정보나 다른 정보와 결합해서 이용자의 성향과 관심사를 더 명확히 파악할수록 이용자의 프라이버시 침해 가능성은 더 커질 것이다. 앱 개발자와 광고 사업자는 이용자의 성향과 관심사를 명확히 파악하면 맞춤형 서비스를 개발하고 더 정교한 맞춤형 광고를 제공할 수 있게 된다. 다른 한편 이용자들로서는 맞춤형 서비스와 광고가 편리하다고 생각하면서도 자신의 휴대폰 이용과 사이트 방문이 모두 추적당하고 있다는 데서 불편한 느낌이 들게 된다. 앱 추적에 대해서 이용자들에게 어떠한 선택이 주어져 있는지 어떠한 구제 수단이 있는지 모바일 환경에서 더욱 중요한 이슈가 되고 있다.

숨길 수 없는 디지털 발자국

우리는 휴대폰 속의 앱을 이용할 때마다 앱 개발자들에 의해 추적될 수 있는 '발자국'을 남긴다. 앱 이용뿐만 아니라 웹사이트 방문, 구매 및 검색 등의 온라인 행태는 모두 디지털 데이터의 형태로 전송되고 저장되면서 누군가에 의해 추적되고 있다. 휴대폰 이용 또는 플랫폼 이용이 늘어날수록 우리 일상생활은 점점 더 많은 디지털 데이터 형태의 흔적이나 발자국을 남기게 된다. 숨길 수도 없고 없앨 수도 없는 디지털 발자국digital footprint은 이용자들의 관심, 흥미, 기호 및 성향 등을 파악할 수 있는 온라인 행태 정보인 것이다. 이는 기업들에게는 거대한 수익의 원천이 되지만 이용자들에게는 프라이버시를 위협하는 복병일지도 모른다.

디지털 발자국은 맞춤형 서비스나 광고뿐만 아니라 그 이외의 다양한 용도로도 활용된다. 코로나19 위기에는 휴대폰 이용자들의 디지털 발자국이 방역과 감염 경로 파악에 널리 활용되었다. 최근에는 기업들이 신규 직원을 채용하는 과정에서 소셜미디어 플랫폼

© Shutterstock

디지털 발자국 기업들은 소비자의 디지털 발자국을 분석하고, 이를 토대로 맞춤형 광고를 노출한다.

에 남아 있는 지원자들의 디지털 발자국을 유용한 자료로 활용한다. 청소년들은 대학에 들어가기 전에 소셜미디어 플랫폼에 약 7만 건 정도의 사진이나 메시지를 올리는데, 대학들은 신입생 선발이나 장학금 지급에 있어서 지원자의 디지털 발자국을 반영하여 판단하고 있다.[14] 대학 입학이나 취직에서 활용되는 디지털 발자국은 공개되어 있거나 친구 또는 회원들이 공유하는 메시지와 사진 그리고 댓글과 좋아요 등으로 구성된다. 플랫폼의 맞춤형 광고는 이에 그치지 않고 이용자들도 알지 못하는 사이에 광고 사업자 및 앱 개발자에게 전송되는 다양한 종류의 발자국을 활용하고 있다. 대학 입학 또는 취직과 달리 맞춤형 광고에 대해서는 자신의 디지털 발자국의 활용에 대한 반응이 사람마다 상당히 다르다.

대부분의 소비자는 개인의 관심사와 성향에 맞춰서 보내주는 맞춤형 서비스를 편리하게 생각한다. 쿠팡이 이용자의 연령과 성별 등의 특성을 고려하여 이용자별로 적절한 상품 목록을 보여 주는 맞춤형 화면이 이용자들에게 편리하기 때문이다. 마찬가지로 일반 신문 광고보다 맞춤형 광고가 더 재미있고 일상생활에 더 도움이 된다고 생각한다. 그러나 상당수의 소비자는 휴대폰 앱 사용과 웹사이트 방문에서 남긴 디지털 발자국이 기업들에 의해서 수집되고 활용되는 것에 불안감이나 불만을 갖는다. 또한 일상생활이 모두 데이터화되고 우리가 들어 보지도 못한 기업에 의해서 감시되고 있다는 사실에 놀라게 된다. 특히 우리가 가상공간에 남긴 디지털 발자국에 의해서 우리의 정치 성향, 건강, 종교, 성생활 등과 같이 민감한 정보가 노출되고 활용될 수 있다는 점에 대해서는 우려가 크다. 플랫폼 사회에서 우리의 프라이버시는 포기되어야 하는 것인지, 보호받는다면 어느 정도 보호받을 수 있는지, 우리가 남긴 디지털 발자국 가운데 대체 무엇이 개인정보로 보호받을 수 있고 어떻게 보호받을 수 있는지 등의 이슈가 중요해진 이유가 바로 여기에 있다.

쿠키와 앱 속의 개인정보

쿠키와 앱으로 이용자들의 디지털 발자국을 수집하고 활용하는 것이 프라이버시 침해인가? 쿠키와 앱 속의 어느 데이터가 개인정보에 해당하는가? 플랫폼 이용자들은 쿠키와 앱 속 데이터에 대하여 어느 정도 통제할 수 있는가? 플랫폼 사회에서 가장 중요한 이 문제들은 모두 '예/아니요'와 같이 이분법적으로 판단할 수 있는 문제가 아니다. 플랫폼 사회에서 프라이버시 개념은 바뀌고 있고 이용자들이 통제권을 어떻게 확보할 것인가라는 보다 현실적인 문제로 귀착되고 있다. 이용자들의 프라이버시 통제권이라고 하는 현실적인 문제는 세계 각국에서 「개인정보 보호법」, 「공정거래법」, 「소비자보호법」 등의 해석 또는 법 개정의 문제로 나타나고 있다. 플랫폼 기업들도 쿠키와 앱 추적에 관한 기존 정책을 재검토하고 있고 그에 따라 데이터를 둘러싼 기업 간의 경쟁 양상도 크게 달라지고 있다.

웹사이트 방문 시 만들어지는 '쿠키' 파일에는 랜덤으로 생성된 문자열이 주어지고 휴대폰에서의 이용 행태 추적을 편리하게 하기 위해서 랜덤으로 광고 ID가 주어진다. 쿠키 파일의 문자열이나 휴대폰의 광고 ID 자체만으로는 이용자가 누구인지 알 수 없다. 또한 이용자가 프라이버시에 관한 불안감을 느끼면 자신의 브라우저나 휴대폰 설정 메뉴에서 쿠키나 광고 ID를 삭제하거나 초기화할 수도 있다. 그러나 쿠키 속에 저장되는 정보는 검색 또는 구매 이력과 같이 이용자의 관심과 성향을 파악할 수 있는 다양한 행태 정보를 포함한다. 광고 ID를 중심으로 사이트 방문, 상품 구매 등의 다양한 행태 정보가 어느 정도 수집되면 그 광고 ID로 특정된 휴대폰 보유자가 누구인지 알아낼 수도 있는 정도에 이르고 있다. 특히 구글과 페이스북은 제삼자 쿠키를 수집하고 압도적으로 많은 앱 추적을 하고 있을 뿐 아니라 검색어, 메시지, 좋아요 등의 다양한 정보와 결합할 수 있기에 쿠키 또는 앱 추적으로 이용자가 누구인지 식별할 수 있다는 것에는 의문의 여지가 없다.

쿠키 정보의 수집이나 앱 추적은 이용자들이 모르는 사이에 이뤄진다. 이용자들이 알더라도 플랫폼 서비스를 제공하기 위해 불가피하게 필요한 경우, 쿠키나 앱 추적에 대해 이용자들이 이의를 제기할 수 없을 것이다. 또한 통계 작성이나 학술 연구를 위하여 필요한 때도 이용자를 알아볼 수 없는 형태로 그 정보가 이용된다면 이용자의 동의를 구할 필요는 없다.[15] 그러나 구글과 페이스북처럼 쿠키 또는 앱 속 정보를 다른 정보와 결합하여 이용자가 누구인지 알아볼 수 있는 지위에 있는 플랫폼 기업이 광고 목적으로 정보를 수집하거나 제공한다면, 그 쿠키 정보의 수집 또는 앱 추적에 관해 이용자(정보 주체)의 동의를 받아야 한다. 방송통신위원회와 한국인터넷진흥원이 마련한 '온라인 맞춤형 광고 개인정보보호 가이드라인'도 웹사이트 방문 이력, 앱 사용 이력, 구매 및 검색 이력 등 이용자의 행태 정보를 수집하는 광고 사업자가 다른 정보와 결합하여 이용자를 식별할 수 있는 경우에는 이용자의 동의를 받아야 한다는 점을 명확히 하고 있다. 구글과 페이스북의 개인정보 처리 방침에는 다양한 정보의 수집이 서비스 제공, 서비스 발전 및 업데이트, 그리고 개인화된 광고를 제공하기 위한 것이라고 밝히고 있다. 문제는 플랫폼 이용자들이 개인정보 처리 방침을 잘 알지 못한다는 것이고 사실상 동의가 강제되고 있는 게 아닌가 하는 점이다.

플랫폼의 책임

쿠키 활용과 앱 추적은 상당히 오래된 플랫폼 관행이지만 그로 인한 프라이버시 침해를 문제 삼고 법적 책임을 추궁한 것은 오래되지 않았다. 특히 유럽은 2018년 '개인정보 보호 규칙GDPR, General Data Protection Regulation'을 시행하면서부터 플랫폼에 의한 개인정보 침해에 대한 다양한 제재 조치를 적극적으로 취하고 있다. 예컨대 2019년 구글은 플랫폼 이용자들이 개인정보 처리 방침을 잘 알 수 있도록 충분하고 친절한 정보를 제공하지 않고 사실상 이용자들의 동의를 강제한 것으로 인정되어 프랑스에서 700억 원의 과태료를 납부하였다.[16] '프랑스 데이터보호위원회CNIL, Commission nationale informatique et liberté'는 구글의 개인정보 수집 및 이용이 투명하지 못하고 이용자들에게 적절한 정보를 제공하지 않고 맞춤형 광고에 활용하는 것은 이용자들로부터 유효한 동의를 얻었다고 볼 수 없다고 판단했다. 위원회가 구글에 과태료를 부과하게 된 것은 디지털 세계에서의 자유와 프라이버시를 주장하는 프랑스 프라이버시 보호 단체 '라 카드라튜La Quadrature'가 구글의 개인정보 침해를 주장한 데 따른 조사 결과 취해진 결정이다. 특히 구글은 한 페이지에 필수 정보를 제공하는 대신 최대 다섯 번에서 여섯 번의 클릭을 통해서 겨우 정보를 파악할 수 있도록 해서, 이용자들이 개인정보 처리 방침을 이해하는 것을 사실상 가로막고 있다는 점이 지적되었다. 프랑스 당국의 제재 이후 유럽 각국에서 다양한 조사와 제재가 계속되고 있다.

2021년 7월 룩셈부르크 데이터보호위원회는 아마존에 1조 원(7억 4,600만 유로)의 과징금를 부과했다. 라 카드라튜의 주도하에 1만 명의 룩셈부르크 이용자들이 위원회에 개인정보의 침해를 신고했었다.[17] 데이터보호위원회는 아마존의 개인정보 수집 및 이용 상황을 조사했고, 이용자들의 적절한 동의 없이 개인정보를 이용해서 맞춤형 광고를 보낸 아마존의 위법행위가 있었다고 판단했다.

2021년 12월 프랑스 데이터보호위원회는 구글의 쿠키 수집과 이용이 유럽연합의 개인정보 보호 규칙에 위반한다고 보고 1,200억 원(9,000만 유로)의 과징금을 부과했다.[18] 법 위반의 핵심은 구글이 이용자들로 하여금 쿠키 수집에는 쉽게 동의하게 하면서 거절은 어렵게 만든 점에 있었다. 구글은 이용자의 쿠키 거절을 복잡하게 만들어서 이용자들이 쿠키 거절을 포기하도록 사실상 유도한 것이고 구글은 맞춤형 광고로 많은 이익을 얻게 된 것이다. 프랑스 데이터보호위원회는 과징금을 부과했을 뿐 아니라 구글이 3개월 내에 쿠키 거절 방식을 개선하지 않을 경우에 하루에 1억 4,000만 원(10만 유로)의 과태료를 납부하라고 명했다. 프랑스 데이터보호위원회가 구글에 과징금을 부과한 날에 아일랜드 데이터보호위원회도 구글에 대해서 동일한 법 위반을 근거로 850억 원(6,000만 유로)의 과징금을 부과했다.

프랑스 데이터보호위원회의 결정은 우리나라에도 영향을 미쳤다. 우리 '개인정보보호위원회(개보위)'는 2022년 9월 구글에는 692억 원, 메타에는 308억 원의 과징금을 부과했다.[19] 개보위는 구글이 이용자들의 데이터 수집에 관한 설정 메뉴에서 옵션을 가려 둔 채 기본값을 '동의'로 설정해서 이용자들의 수집 거절을 어렵게 만들어 놓은 것은 사실상 동의를 강요한 것과 마찬가지라고 본 것이다. 페이스북은 한 번에 다섯 줄밖에 보이지 않는 스크롤 화면에 행태 정보 수집 관련 사항이 포함된 694줄짜리 데이터 정책을 게재해 두었을 뿐 그 이외에 별도로 이용자들에게 데이터 수집과 이용에 관한 사항을 명확하게 알리고 동의받지는 않았던 것으로 밝혀졌다. 우리나라 「개인정보 보호법」은 플랫폼 기업들이 이용자 개인정보를 수집하는 경우에 이용자에게 수집 목적과 수집 항목, 이용 기간을 알리고 동의를 받아야 한다고 규정하고 있는데, 구글과 메타는 사실상 이용자의 동의를 받지 않고 데이터를 수집해서 이용한 위법행위를 한 것이다.

2023년 1월 아일랜드 데이터보호위원회는 페이스북과 인스타그램 이용자들의 행태 정보 이용이 유럽연합의 개인정보 보호 규칙

GDPR을 위반한 것이라고 판단하고 메타에 5,000억 원(3억 9,000만 유로)의 과징금을 부과했다.[20] 메타는 이용약관에서 개인정보의 수집과 이용이 이용자와의 계약 이행 및 플랫폼 서비스 제공에 필요하다는 점을 명확히 했고 이용자들이 이용약관에 동의하지 않으면 서비스를 이용할 수 없다는 점도 밝혔기에 법 위반은 없다고 항변했다. 그러나 위원회는 메타가 일방적으로 작성한 이용약관의 조건을 이용자들에게 강요했다는 점 그리고 데이터 수집 및 이용을 거절할 수 있는 기회를 주지 않은 메타의 사업 방식이 법 위반에 해당한다고 판단한 것이다. 위원회는 과징금 부과와 함께 3개월 이내에 기존의 데이터 이용 방식을 중지할 것을 명했다.

2023년 5월 아일랜드 데이터보호위원회는 메타에 1조 7,000억 원(12억 유로)의 과징금를 부과했다.[21] 천문학적 규모의 과징금은 페이스북, 인스타그램, 왓츠앱이 유럽 이용자들의 개인정보를 미국에 전송함으로써 유럽연합의 개인정보 보호 규칙을 위반했다는 이유로 부과된 것이다. 유럽연합 개인정보 보호 규칙에 따르면 유럽 이용자들의 개인정보를 외국으로 전송하는 것은, 그 나라에서 유럽에서와 마찬가지의 적절한 보호를 할 수 있는 경우에 한해 허용된다. 메타는 미국에서 개인정보의 보호를 위한 적절한 조치를 취하지 않고 유럽 이용자들의 개인정보를 미국으로 전송해서 상업적으로 이용했기 때문에 유럽연합 개인정보 보호 규칙 위반에 해당한다는 것이다.

플랫폼 이용자 가운데 13세 미만의 아동 이용자가 계속 늘어나고 있는데 프라이버시에 관한 인식은 거의 없어서 프라이버시 침해 가능성은 더 커지고 있다. 아일랜드 데이터보호위원회는 아동의 개인정보 침해를 이유로 메타에 5,700억 원(4억 500만 유로)의 과징금을 부과했다.[22] 위원회의 조사 결과 인스타그램의 기업용 계정에 13세 이상 17세 미만 아동 이용자들의 이메일 주소와 전화번호가 게시되고 공유된 사례가 많았고 아동 이용자들에게 명확하고 쉬운 용어로 개인정보 보호에 관한 안내를 하지 않았다. 아일랜드 데이터보호위원회는 그 이전의 조사를 통해 메타의 개인정보 상당량이 어느 해킹 플랫폼에 게시되고 공유된 사건에 대한 제재 조치로 메타에 3,700억 원(2억 6,500만 유로)의 과태료를 부과했었다. 메타는 개인정보 관리의 부실로 인하여 상당한 제재를 받은 셈이다. 아일랜드에 이어 영국 데이터보호위원회도 13세 이하의 아동이 앱 이용 시 행태 정보를 수집하고 이용하는 데 부모의 동의를 받지 못했다고 판단하고 틱톡에 209억 원(1,270만 파운드)의 과태료를 부과했다.[23]

페이스북의 데이터 독점

데이터는 이용자들의 프라이버시 문제일 뿐 아니라 동시에 기업들의 경쟁력을 좌우하는 핵심 자산이 된다. 페이스북의 데이터 수집과 이용은 유럽에서 데이터 독점과 경쟁 질서 왜곡 이슈를 제기하고 있다. 페이스북은 2014년에 왓츠앱을 인수하면서 두 이용자 그룹의 데이터를 결합하지 않겠다고 약속했지만 2년 뒤부터 그 약속과 정반대로 데이터를 결합해서 맞춤형 광고에 활용하기 시작했다. 유럽연합 집행위원회는 데이터 독점 여부에 중요한 영향을 미치게 된 인수합병과정에서 페이스북이 거짓 정보를 제공했다고 보고 1,500억 원(1억 1,000만 유로)의 과태료를 부과했다.[24] 2014년에 저커버그는 자신의 집에서 며칠간 왓츠앱 창업자들과 위스키를 마시며 의기투합해서 왓츠앱을 인수하기로 역사적인 합의를 했고, 왓츠앱 창업자들은 창업 5년 만에 억만장자가 되었다. 왓츠앱은 인수된 이후에도 상당 기간 독립적인 운영을 계속했다. 그러나 페이스북은 왓츠앱을 인수하는 데 아이슬란드의 1년 국내총생산GDP에 맞먹는 24조 원(190억 달러)을 투자했기 때문에 왓츠앱의 수익화를 추구하기 시작했고, 개인정보를 포함한 두 이용자 그룹의 데이터를 결합해서 맞춤형 광고에 활용했다. 유럽연합 집행위원회는 합병한 두 플랫폼이 데이터를 결합해서 이용하는 것은 경쟁 질서에 커다란 영향을 미치는 중요한 사항이라고 보고 그에 관한 거짓 정보를 제공한 페이스북에 과태료를 부과한 것이다.

유럽연합 집행위원회의 과태료 부과는 수년 전 합병 승인 과정에서 페이스북이 거짓 정보를 제공한 것에 대한 제재에 불과했고, 페이스북의 데이터 결합 및 이용은 계속되었다. 2021년 6월 독일의 경쟁당국에 해당하는 '연방카르텔청'은 페이스북의 데이터 결합 및 이용이 경쟁법 위반에 해당한다고 판단했다. 페이스북은 전 세계에서 가장 거대한 소셜미디어 플랫폼일 뿐 아니라 독일에서도 월간 3억 명 이상 그리고 매일 2,000만 명 이상의 이용자를 확보하고 있다. 페이스북은 독일 시장의 90% 이상을 장악한 플랫폼 기업으로 시장지배적인 지위를 갖고 있다고 볼 수 있다. 독일 연방카르텔청은 페이스북이 인스타그램과 왓츠앱에서 수집한 데이터를 결합해서 이용할 수 있도록 이용자들의 동의를 요구하는 것은 시장지배적 지위의 남용이라고 판단했다. 페이스북이 지배적 지위를 남용하여 이용자의 데이터를 착취한 것 자체가 경쟁법 위반에 해당한다고 본 것이다. 페이스북이 독일 경쟁당국의 결정에 불복하여 제기한 소송에서, 법원은 페이스북이 데이터 수집 및 이용 과정에서 경쟁사업자를 배제한 것이 아니라면 이용자 데이터 착취로 경쟁법 위반을 인정하기 어렵다 보고 경쟁당국의 결정을 취소했다. 연방카르텔청은 연방대법원에 상고했고 연방대법원은 연방카르텔청의 결정이 적법하다고 판단했다. 연방대법원은 페이스북이 이용자들의 동의 없이 또는 이용자가 모르는 사이에 데이터를 결합하고 이용한 것은 이용자의 선택권을 빼앗은 것이고 이용자 착취에 의한 시장지배적 지위 남용에 해당한다고 본 것이다. 독일 연방카르텔청과 연방대법원은 개인정보의 보호 내지 독점이 프라이버시의 문제일 뿐 아니라 동시에 경쟁 질서에 영향을 미치는 경쟁법을 위반하는 문제가 된다는 점을 명확히 했다.

기술도 법도 캘리포니아

유럽과 달리 미국에는 연방 차원의 개인정보보호법이 없고 캘리포니아처럼 주 차원의 법률이 적용되고 있을 뿐이다. 플랫폼 기술이 캘리포니아 실리콘밸리에서 꽃피고 확산되었듯이 플랫폼에서의 프라이버시 보호도 캘리포니아가 선도하고 있다. 10년 전 캘리포니아 북부지방법원에 페이스북의 프라이버시 침해를 주장하는 소송이 제기되었고, 페이스북은 그 해결을 위해서 107억 8,000만 원(9,000만 달러)을 지급하기로 합의했다.[25] 이 소송에서 원고들은 페이스북에서 로그아웃한 이후에도 페이스북이 이용자를 계속 추적했고 특히 페이스북이 쿠키와 다양한 소프트웨어를 이용하여 이용자들의 웹사이트 방문 이력을 추적하고 수집해서 광고주들에게 팔았다고 주장했다. 지방법원에서는 원고의 청구가 받아들여지지 않았지만 항소법원에서 페이스북이 패소하면서 페이스북은 합의금을 지급하기로 하고 소송을 마무리했다. 합의금은 2010년부터 2011년까지 미국에서 타사 웹사이트를 방문한 페이스북 이용자들에게 지급됐다. 또한 페이스북은 합의금 지급 이외에 불법적으로 수집한 이용자 데이터를 모두 삭제하기로 했다.

구글에 의한 프라이버시 침해를 주장하는 집단소송도 캘리포니아에서 제기되었는데, 2023년 1월 구글은 290억 원(2,300만 달러)을 지급하기로 합의했다. 집단소송에서 원고들은 구글이 이용자의 동의도 없이 검색어를 제삼자인 광고주들과 공유했고 이 과정에서 이용자의 개인정보를 노출해서 캘리포니아 「소비자 개인정보 보호법 CCPA, California Consumer Privacy Act」을 위반했다고 주장했다. 집단소송 결과 합의가 이루어짐에 따라, 구글 이용자들 가운데 2006년에서 2013년 사이에 구글에서 검색을 했고 검색 결과로 나온 링크를 클릭한 이용자는 약 9,800원(7.7달러)의 합의금 지분을 청구할 수 있게 되었다.[26]

주정부 차원의 개인정보 보호를 위한 시도는 상당수 있다. 특히 플랫폼 사회에서 이용자들의 위치는 항상 플랫폼에 알려질 수밖에 없고, 위치 정보는 매우 민감한 정보일 뿐 아니라 특정 상황에서는 신변을 위험에 빠뜨릴 수 있다. 예를 들면 미국에서는 낙태 옹호론자와 반대론자 사이의 대립과 갈등이 심각한 정치적 이슈가 되고 있는데, 낙태 클리닉을 방문한 사람들의 위치 정보는 낙태 반대론자의 공격 목표로 활용될 수도 있다. 구글은 이용자들의 위치를 추적해 온 관행 때문에 관련 당국의 조사를 받아 왔고, 2022년 11월 40개 주에 5,206억 원(3억 9,150만 달러)을 지급하기로 합의했다.[27] 오리건주 법무장관은 구글의 이용자 위치 정보 수집의 문제점을 조사하고 나서 "이용자들은 구글에서 위치추적 기능을 껐다고 생각하지만, 구글은 계속해서 그들의 위치와 동선을 몰래 추적하고 저장하고 맞춤형 광고에 활용해 왔다."고 발표했다. '구글 지도' 이용자들은 자신의 위치추적을 비활성화할 수도 있지만, 구글 지도 알고리즘은 이용자들이 지도 앱을 열 때마다 위치 정보를 저장하고 위치와 관련 없는 것을 검색할 때도 위치 정보를 저장해 왔다는 것이 밝혀진 것이다. 40개 이외에 애리조나주 법무장관은 별도의 소송을 제기했고 최근에 구글은 애리조나주에 1,200억 원(8,500만 달러)을 지급하기로 합의했다.[28] 또한 텍사스, 인디애나, 워싱턴 D.C.의 법무장관도 구글의 위치추적의 위법성을 주장하면서 별도의 소송을 제기했다.

구글은 서비스 개선을 위해서 위치 정보의 수집이 필요하다고 주장하면서 이용자들은 위치추적 기능을 켜거나 끌 수 있고 언제든지 자신의 위치나 동선에 관한 데이터를 삭제할 수 있다고 항변했다. 2022년 6월 미국 연방대법원이 낙태의 자유를 인정해 온 기존 판례를 뒤집고 각 주별로 낙태를 제한할 수 있다고 하는 판례 변경을 했다. 이후 구글은 낙태 클리닉 같은 민감한 장소에 관한 이용자들의 위치 기록을 삭제하겠다고 밝히기도 했다. 그러나 문제의 핵심은 이용자들이 스스로 위치추적을 막기 어렵게 되어 있다는 점이다. 법무장관들은 구글이 이용자 위치추적에 관하여 명확한 정보를 공개하고 구글이 어떠한 종류의 위치 정보를 수집하고 어떻게 맞춤형 광고에 위치 정보를 활용하는지에 관해 이용자들에게 상세한 정보를 제공해야 한다고 주장했다.

미국 연방 차원의 개인정보보호법은 없지만, 13세 미만 아동의 개인정보를 보호하기 위해서 연방의회는 「온라인 아동 프라이버시 보호법COPPA, Childern's Online Privacy Protection Act」을 제정했다. 이 법은 아동이 주 고객인 웹사이트와 온라인 서비스는 아동의 부모에게 개인정보 수집에 관한 동의를 받길 요구하고 있다. 그러나 구글과 유튜브는 아동의 부모로부터 아무런 동의도 받지 않은 채 쿠키 정보를 수집해서 아동 채널 광고에 활용했다. 미국 연방거래위원회와 뉴욕주 법무장관은 구글과 유튜브를 상대로 소송을 제기했고, 구글과 유튜브는 연방거래위원회에 1,670억 원(1억 3,600만 달러) 그리고 뉴욕주에 430억 원(3,400만 달러)의 과징금을 내기로 합의했다.[29]

소비자를 속인 페이스북

연방 차원에서 개인정보의 침해를 이유로 내려진 가장 커다란 제재는 미국 연방거래위원회가 페이스북에 부과한 6조 원(50억 달러)가량의 과징금이다. 2016년 미국 대통령 선거에서 러시아 스캔들로 큰 충격을 받은 이후 연방거래위원회는 페이스북의 개인정보 수집 및 이용에 관한 조사를 벌였다. 3년간의 조사를 마친 연방거래위원회는 페이스북이 지속적으로 개인정보의 수집과 이용에 관해서 소비자들을 기만해 왔다고 판단하고 페이스북에 과징금을 부과한 것이다.[30]

러시아 스캔들은 영국의 정치 컨설팅회사 케임브리지 애널리티카가 페이스북에서 성격 테스트 앱으로 이용자들의 개인정보를 수집하는 것에서 시작한다. 케임브리지 대학교 연구원 마이클 코신스키Michal Kosinski는 자신의 논문에서 이용자별로 68개의 '좋아요'를 보면 그 사람의 피부색, 성적 지향, 민주당 또는 공화당 지지와 같은 정치 성향까지 85% 이상의 정확도로 알아낼 수 있다고 주장했다. 러시아 출신 미국 심리학자 알렉산더 코건은 케임브리지 대학교 강사로 재직하면서 성격 테스트 앱을 개발해 케임브리지 애널리티카에 제공했다. 케임브리지 애널리티카는 미국 페이스북 앱 이용자의 개인정보뿐 아니라 아무런 동의도 없이 앱 이용자 친구들의 개인정보까지 수집해 약 8,700만 미국인의 정치 성향을 분석하고, 2016년 미국 대통령 선거에서 공화당 트럼프 후보 측을 지원했다.[31] 케임브리지 애널리티카가 페이스북 이용자의 정치 성향을 분석한 데이터는 트럼프 후보 측과 내통한 러시아 첩자들에 의해 맞춤형 정치 광고에 이용되었다는 것이 밝혀지면서 큰 충격을 주었다. 뿐만 아니라 케임브리지 애널리티카가 유권자들의 정치 성향을 분석하기 위해서 페이스북 이용자 친구들의 동의를 받지 않고 개인정보를 수집해서 정치 광고에 활용했다는 점이 더욱 충격적이었다.

러시아 스캔들은 페이스북을 비롯한 소셜미디어 플랫폼에서의 프라이버시가 심각한 위협을 받고 있다는 위기감을 불러일으키기에 충분했다. 미국 연방의회도 페이스북 최고 경영자 저커버그를 상대로 청문회를 열고 러시아 스캔들의 원인과 대책을 추궁했다. 러시아 스캔들에서 이용된 성격 조사 앱과 같이 제삼자가 개발한 앱이 많은데, 페이스북은 이러한 앱이 이용자와 그 친구들의 개인정보를 수집하고 이용하는 것을 모두 허용했다. 사실 이용자들은 페이스북이 자신의 개인정보를 제삼자인 앱 개발업자들과 공유한다는 것을 전혀 몰랐고 알 수도 없었다. 페이스북이 마련해 놓은 '프라이버시 설정privacy settings'이라는 메뉴에서 이용자들이 가장 엄격한 프라이버시를 설정했더라도 페이스북은 여전히 제삼자인 앱 개발업자들과 이용자 개인정보를 공유할 수 있었다는 점에서 페이스북은 명백히 소비자들을 속였던 것이다. 미국 연방거래위원회는 페이스북이 이용자들로 하여금 개인정보 공유를 거절opt-out할 기회를 주었어야 했는데 그러한 조치를 취하지 않았다는 점까지 감안해서 전반적으로 소비자를 기만하여 광고 수익을 올린 것으로 본 것이다. 미국의 프라이버시 전문가들도 소비자들의 개인정보를 기만적으로 과잉 수집하는 것이 마크 저커버그의 삐뚤어진 경영관에서 비롯되었다고 비난하면서, 소비자가 정말로 의도한 것보다 더 많은 정보를 공개적으로 공유하도록 소비자를 속이는 플랫폼 사업 행태를 '개인정보 저커링Privacy Zuckering'이라고 부르기도 한다. 2019년 미국 연방거래위원회는 페이스북이 케임브리지 애널리티카 같은 앱 개발업자에게 개인정보 무단 수집을 허용하고 프라이버시 보호에 있어서 이용자들을 기만했다고 보고 6조 원이 넘는 기록적인 과징금을 부과했다. 연방거래위원회는 페이스북이 더 이상의 소비자 기만을 하지 않도록 이사회 수준의 '독립 프라이버시 위원회independent privacy committee'를 설치할 것도 주문했다. 독립 프라이버시 위원회는 페이스북 최고 경영자 저커버그가 더 이상 이용자 프라이버시를 무시하고 임의로 경영하지 못하도록 하기 위한 조치다.

페이스북에 대한 제재 조치는 개인정보 보호에 관한 새로운 기록을 세운 셈이다. 특히 6조 원의 과징금은 전문가들이 예상했던 과징금의 50배를 넘는 전무후무한 규모다. 연방거래위원회의 과징금 부과로부터 2년이 지난 후 주주들이 제기한 소송에서 그 이유가 밝혀졌다. 연방거래위원회가 페이스북의 러시아 스캔들을 조사하기 시작할 때 저커버그의 개인적인 책임도 조사했었다. 페이스북은 연방거래위원회의 최종 결정에서 저커버그의 개인적 책임을 빼는 것을 조건으로 6조 원이 넘는 과징금 부과에 합의한 것으로 알려졌다. 이러한 사실은 페이스북의 주식을 보유하고 있던 소액주주들이 제기한 소송에서 밝혀졌다.

페이스북이 천문학적 규모의 과징금을 납부한다고 해도 러시아 스캔들로 인한 개인정보의 침해가 완전히 보상되는 것은 아니다. 페이스북 이용자들은 페이스북의 개인정보 침해로 인한 손해배상을 청구하기 위해서 집단소송을 제기했다. 2022년 12월 페이스북은 정치 컨설팅회사 케임브리지 애널리티카와 관련된 데이터 침해에 관한 법적 조치를 해결하기 위해 9,000억 원(7억 2,500만 달러)을 지급하기로 합의했다.[32] 페이스북이 이용자들의 동의도 없이 케임브리지 애널리티카 같은 제삼자 앱을 통해 개인정보의 접근 및 이용을 가능하게 한 위법행위로 이용자에게 손해를 가했다는 점을 인정한 것이다. 개인정보의 무단 이용으로 인해서 케임브리지 애널리티카는 파산했고 페이스북도 민사책임과 행정제재를 받게 되었다. 9,000억 원의 손해배상액은 이제까지 개인정보 침해로 인한 소송에서 인정된 배상액 가운데 가장 큰 금액으로 러시아 스캔들의 규모와 충격을 잘 보여 준다. 손해배상은 집단소송을 제기한 원고뿐만 아니라 2007년 5월부터 2022년 12월 사이에 미국 페이스북의 활성화된 계정을 보유한 모든 이용자들에게 분배 지급된다. 이용자별 배상액은 얼마나 많은 이용자가 지급 청구를 할지 그리고 각 이용자의 페이스북 계정 보유 기간이 얼마나 되는지에 따라 산정될 예정이다.

페이스북의 주가 폭락

6조 원의 과징금에도 불구하고 페이스북의 주가는 크게 떨어지지 않았다. 페이스북의 비윤리성에 관한 내부고발과 비난이 있어도 페이스북의 지위는 흔들리지 않았다. 그러나 쿠키와 앱 추적이 제한되고 페이스북의 데이터 수집과 이용이 어려워지면서 페이스북의 주가는 4분의 1 토막으로 폭락하고 페이스북은 휘청거렸다. 페이스북의 광고 수익은 이용자들의 개인정보로부터 나오는데 애플과 구글이 데이터 수집을 어렵게 만들었기 때문이다. 정부는 6조 원의 과징금을 부과하는 제재를 가해도 페이스북의 개인정보 침해를 완전히 해결할 수 없었지만, 애플과 구글은 플랫폼의 규칙을 바꿔서 페이스북과 광고 사업자들의 개인정보 수집을 대폭 제한할 수 있었다. 이는 플랫폼의 규칙 개정이 국회의 입법이나 정부의 행정처분보다 더 큰 힘을 갖고 있음을 잘 보여 준다.

젊은 이용자층이 틱톡으로 옮겨 가고 페이스북의 맞춤형 광고에도 어려움이 닥치면서, 2021년 9월에 378달러였던 페이스북의 주가는 2022년 11월에 90달러까지 폭락했다. 이제까지 페이스북은 이용자들의 메시지와 '좋아요' 같은 '페이스북 내에서의 행태'를 추적first party tracking할 뿐 아니라 이용자들이 페이스북 이외의 제3의 앱이나 '쿠키'에서 데이터를 수집third party tracking해 이용자의 성향을 파악한 후 맞춤형 광고로 많은 수익을 올려왔다. 애플이 이용자의 동의 없이 앱 추적을 할 수 없도록 '앱 추적 투명성ATT'을 강화하면서 페이스북의 데이터 수집이 어렵게 되었다. 구글도 제삼자 쿠키의 사용을 차단하면서 페이스북과 광고주들은 데이터 수집에 더 심각한 어려움을 겪게 되었다.

이용자 대부분은 앱 추적이나 쿠키에 대해서 잘 알지 못하고 있고, 이용자들이 모르는 사이에 페이스북과 광고 사업자들은 이용자의 행태 정보를 수집해서 광고에 활용해 왔다. 지금까지 애플 이용자들은 자신의 휴대폰에 앱을 설치하면 앱 개발자가 이용자의 모든 앱 이용 이력, 사이트 방문, 쇼핑 및 검색 이력을 추적하고 수집한다는 것을 모르는 경우가 많았다. 최근에 애플은 이용자의 개인정보를 더 철저하게 지킨다고 하는 명분하에 앱 추적 투명성 정책을 발표했다. 이 정책에 의하면, 이제 이용자들은 앱의 데이터 수집 허용 여부를 선택할 수 있게 된 것이다. 특히 앱 추적 투명성 정책은 이용자들이 '동의' 버튼을 클릭한 경우에 한해서 앱이 데이터를 수집할 수 있도록 해서 앱의 데이터 수집을 어렵게 만들었다. 이용자들이 데이터 수집에 적극적으로 동의하는 경우가 아니라면 페이스북과 광고 사업자들은 이제 데이터 수집에 심각한 어려움을 겪을 수밖에 없을 것이다.

구글도 이용자들의 개인정보를 보호한다는 명분으로 제삼자 쿠키를 금지하고 동일 사이트 정책을 채택했다. 이제까지 광고 사업자들은 제삼자 쿠키를 활용하여 이용자들의 사이트 방문, 쇼핑 및 검색 이력을 추적해 왔다. 그러나 동일 사이트 정책에 의하면 웹사이트들은 서비스 제공에 필요한 당사자 쿠키를 계속 활용할 수 있지만 다른 사이트의 방문 기록을 저장한 제삼자 쿠키는 더 이상 수집할 수 없다. 메타는 앱 추적 및 쿠키 제한으로 데이터 수집에 어려움을 겪게 되겠지만, 구글은 검색 엔진과 유튜브를 통해서 다양한 데이터를 수집할 수 있으므로 맞춤형 광고에 아무런 지장이 없다. 광고 사업자들로서는 데이터 소스의 고갈로 앞길이 막막한 메타보다 여전히 훨씬 다양한 데이터를 수집할 수 있는 구글로 옮겨갈 것이다. 애플은 앱 추적을 제한했지만 여전히 모든 앱을 지켜볼 수 있는 지위에 있고, 구글도 제삼자 쿠키를 제한했지만 당사자 쿠키와 데이터 접근에 있어서는 여전히 압도적으로 유리한 지위에 있다. 플랫폼 이용자들의 시각에서 보면 앱 추적과 쿠키 제한으로 인하여 애플과 구글에 프라이버시 보호를 맡기게 되었다는 것을 의미할 뿐이다. 애플과 구글의 손에서 이용자들의 프라이버시 보호가 더 잘 이루어질 수 있을지는 지켜볼 일이다. 800조 원이 넘는 전 세계 광고 시장에서 메타의 광고 수익은 앱 추적과 쿠키 제한 때문에 구글과 애플로 더 옮겨 갈 것이다. 네이버도 메타의 광고를 되찾아올 수 있는 기회를 만들 수 있을 것이다. 앱 추적과 쿠키 제한이 개인정보의 보호를 명분으로 삼고 있지만 광고 시장 내 경쟁 질서에 어떠한 영향을 미칠지 지켜봐야 할 일이다.

챗GPT와 개인정보

챗GPT의 이용이 보편화되면서 플랫폼에서의 개인정보 침해가 더욱 피부에 와닿게 되었다. 과거에는 맞춤형 광고에 놀라워하면서도 수년이 지난 후에야 비로소 개인정보 침해의 위기를 느꼈다. 그러나 챗GPT는 등장 직후부터 프라이버시 위기를 초래했다. 챗GPT는 너무나 친절하고 전문적인 비서로 다가와서 우리의 사적인 문제를 의논하는 대상이 되었기 때문이다. 챗GPT를 비롯한 챗봇 플랫폼은 이용자들의 사적인 질문도 모두 저장하고 추가적인 학습 데이터로 활용한다. 이용자들은 고해성사하듯이 챗GPT에 극히 사적인 문제의 해결을 부탁하고 기업의 영업 비밀을 노출하면서 문제 해결을 요구하기에, 프라이버시와 영업 비밀의 침해 가능성은 소셜미디어보다 훨씬 크고 심각하다.

유럽에서는 챗GPT가 이용자들의 개인정보를 수집하고 저장하고 활용하는 것이 유럽 데이터 보호 규칙 위반에 해당할 수 있다는 지적이 나오고 있다. 이탈리아 데이터보호청은 개인정보 침해를 이유로 챗GPT의 사용을 금지했고, 20일 이내에 개인정보의 수집과 저장 절차에 시정이 없으면 약 284억 원(2,000만 유로)의 과징금을 부과하겠다는 입장을 밝혔다.[33] 캐나다, 프랑스, 아일랜드, 독일 등도 챗GPT의 개인정보 수집 활용에 대한 조사를 시작했다.

기업들에게는 챗GPT가 영업 비밀의 유출 경로가 될 수 있다는 위기의식이 커지고 있다. 삼성, SK하이닉스, SK텔레콤, 아마존, 월마트, 월가 은행들은 영업 비밀 유출의 가능성을 이유로 자사 직원들의 챗GPT 사용을 금지했다. 챗GPT가 직원들의 업무 효율성을 증대시켜 줄 수도 있지만 직원들이 챗GPT에 제공하는 질문과 지시문prompt 속에 기업의 영업 비밀이 포함될 여지가 충분히 있기 때문이다.

우리나라에서 개발된 챗봇도 개인정보를 수집하고 이용하고 있다. 네이버의 '클로바 케어콜CLOVA CareCall'은 챗GPT처럼 사람들의 대화를 이해하고 자연스럽게 언어를 생성할 수 있는 초거대 AI 언어 모델을 기반으로 개발된 안부 전화 서비스다. 클로바 케어콜은 어르신 이용자가 '속이 더부룩하다'고 말한 것도 알아듣고 기억한 후 다음번 대화에 활용한다. SK텔레콤의 '에이닷A.' 서비스도 이용자의 사적인 상황을 모두 기억하고 활용하여 보다 친절한 대화 서비스를 제공한다.

2020년 코로나19 위기 속에서 사람 얼굴 보기 어려운 상황에서 토종 챗봇 '이루다'의 인기는 폭발적이었다. 친구처럼 자연스럽고 다정하게 대화를 나눌 수 있는 '이루다'는 출시 2주 만에 75만 명의 이용자를 확보하는 선풍적인 인기를 끌었다. 그러나 혐오 발언,

성차별 그리고 개인정보 유출로 인한 프라이버시 침해 가능성이 제기되면서 이루다는 2주 만에 입을 닫게 되었다. 스캐터랩SCATTER LAB은 수년 전부터 '연애의 과학' 등과 같은 앱을 개발하여 이용자들에게 '카톡으로 보는 속마음' 같은 기능을 제공하며 카카오톡 대화를 전부 수집했고, '이루다'는 스캐터랩이 이렇게 수집한 100억 건가량의 카카오톡 대화를 학습해서 탄생한 챗봇이다.[34] 카카오톡 대화 속에 사적인 내용이 많이 있다는 것은 다 아는 사실이지만 스캐터랩은 대화 내용 이용에 대하여 이용자들의 사전 동의를 받았다고 주장했다. '연애의 과학' 앱 이용자들은 로그인함으로써 개인정보 처리 방침에 동의한 것으로 볼 수 있기 때문이다.

개인정보보호위원회는 데이터 수집 및 이용 목적을 구체적으로 설명하지 않고 단순히 '신규 서비스 개발'로만 기재하여 동의를 받은 것은 적법한 동의로 보기 어렵다고 판단하고 '이루다' 개발사에 과징금을 부과했다. 그러나 인공지능 기술발전의 속도를 감안해 보면 '신규 서비스 개발' 이외에 구체적으로 인공지능 기술의 용도나 종류를 예측하고 데이터를 수집하고 학습하도록 요구하는 것은 토종 스타트업에 무리한 요구를 하는 것일 수도 있다. 이용자들로서는 이해하기도 어려운 신규 서비스의 구체적인 종류나 내용을 열거하도록 요구하는 것은 데이터 수집과 이용을 더 어렵게 만들어 스타트업이나 신생 기업의 기술혁신을 저해할 수 있다. '이루다'의 개인정보 침해는 학습 및 응답 시 카카오톡 대화를 가명 처리하지 않았다는 점에 집중되어야 한다. 인공지능이 학습하는 데이터는 카카오톡 대화처럼 비공개 대화뿐만 아니라 인터넷에 공개된 데이터도 포함하는 경우가 많으므로 데이터의 가명 처리는 더욱 중요해질 것이다.

공개된 개인정보

플랫폼의 데이터 수집은 여러 가지 방법으로 이루어지는데, 인터넷에 공개된 데이터를 수집해서 활용하는 것은 얼마든지 자유로운 것인지 아니면 개인정보의 보호를 위해서 일정한 제약이 있는지 문제 되고 있다. 인공지능 및 플랫폼 기업들은 스스로 개발한 스파이더 또는 크롤러 등의 다양한 봇으로 인터넷에 공개된 데이터를 수집해서 기술 개발 및 서비스 제공에 활용해 왔다. 그러나 공개된 데이터가 개인정보에 해당하면 우리 법원은 데이터의 수집과 이용에 상당히 신중한 입장을 보이고 있다.

대법원은 인터넷상 공개된 변호사들의 신상정보를 수집해서 사건 담당 판사와의 친밀 관계를 알려주는 것이 그 변호사들의 개인정보에 관한 인격권을 침해한 것이라고 판결한 바 있다.[35] 변호사가 판사와 고등학교, 대학교, 사법연수원 가운데 어느 하나라도 동일하면 재판에 유리하다고 보는 일반적인 인식이 문제 될 수는 있다. 그러나 공개된 데이터를 수집해서 변호사와 판사와의 인맥 정도를 알려주는 것이 누구의 인격권을 침해하는 것인지 대법원판결의 취지를 이해하기 어렵다. 영리를 목적으로 개인정보를 수집하고 이용했다고 하더라도 영리 목적 그 자체로 법 위반에 해당한다고 볼 수는 없다. 대법원 홈페이지에서 제공하는 '나의 사건검색' 사이트를 보면 어느 사건에서 어느 변호사가 승소했는지 패소했는지 쉽게 알 수 있다. 대법원은 이와 같이 공개된 사건정보를 수집해서 변호사들의 승소율이나 전문성 지수 등을 제공하는 것이 변호사의 개인정보에 관한 인격권을 침해한다고 볼 수 없다고 판결했다.[36] 대법원은 이미 '공개된 개인정보'를 수집·이용·제공 등 처리를 할 때에는 정보 주체의 동의가 있었다고 객관적으로 인정되는 범위 내에서만 적법하다고 본 것이다.

「신용정보의 이용 및 보호에 관한 법률(신용정보법)」은 신용정보회사가 신용정보의 수집과 처리에 정보 주체의 동의를 받아야 하는 것을 원칙으로 하지만, 정보 주체가 스스로 소셜미디어 등에 공개한 정보는 정보 주체의 동의 없이 수집하고 처리할 수 있다고 규정하고 있다. 다만 대법원 판례에 따라서 「신용정보법」도 공개 데이터의 수집과 처리는 그 정보 주체의 동의가 있었다고 객관적으로 인정되는 범위 내로 한정한다고 규정하고 있다.[37] 여기에서 문제는 '정보 주체의 동의가 있었다고 객관적으로 인정되는 범위'가 무엇인지 여전히 추상적이고 애매모호하다는 점이다. 데이터를 수집하는 스파이더나 크롤러는 추상적인 기준을 이해하지 못하고 기계적으로 데이터를 수집할 뿐이다. 우리는 소셜미디어와 같은 플랫폼에 때로는 아주 사적인 메시지나 사진을 올리고 공유하면서 동시에 플랫폼에 의한 데이터 수집과 이용을 통제하고자 한다. 소셜미디어와 같은 플랫폼에 공개된 데이터는 신용정보회사뿐 아니라 일반적으로 구인·구직에 널리 활용되고 있다. 플랫폼 사회에서 우리는 데이터의 수집과 이용을 통제하고 싶어 하지만, 현실을 보면 우리가 사실상 동의했다고 볼 수밖에 없는 경우가 늘어나고 있다. 청소년 시절의 소셜미디어 활동을 대학 입학에 활용하는 데 반대하기는 어려울 것이다. 변호사뿐만 아니라 누구든지 자신이 소셜미디어에 올린 다양한 신상정보가 구인 또는 구직에 활용되는 데 대부분 동의할 것이다.

소셜미디어 데이터

페이스북과 트위터에 자신의 학력이나 경력을 비롯해서 다양한 신상정보를 올리는 경우가 많다. 플랫폼 이용자들이 자신의 신상정보가 구인 또는 구직에 활용될 수 있다는 것을 알고 있거나 널리 활용될 것을 기대하는 경우도 많다. 실제로 수많은 기업이 신입사원 채용 시 지원자의 소셜미디어 데이터를 활용하고 있다. 기업들의 채용과정에서 소셜미디어 데이터상에 드러난 문제점을 근거로 인터뷰를 거절한 경우도 많다. 전 세계적으로 구인과 구직에 가장 많이 활용되고 있는 소셜미디어는 링크드인이다.

링크드인은 20년 전에 탄생해서 2016년 마이크로소프트에 인수된 플랫폼인데 2023년 기준 9억 명이 넘는 이용자를 확보한 세계 최대의 전문가 플랫폼professional platform이다. 9억 명의 이용자 대부분이 25세 이상 34세 이하의 비교적 젊은 층으로 자신의 학력은 물론 상세한 신상정보를 링크드인에 올리고 공유하길 원하고 있다. 5,000만 개 기업들은 홍보 및 신입직원 채용을 위해서 그리고 12만 개 대학들은 대학원생 모집을 위해서 링크드인에 계정을 만들고 링크드인을 통하여 지원서를 받고 있다. 링크드인 이용자들은 플랫폼에 공개한 자신의 신상정보가 다른 플랫폼에 의해서 수집되고 이용되는 데 아무런 이의가 없고, 링크드인도 경쟁 사업자의 크롤러가 허락 없이 자신의 서버에 들어와서 데이터를 수집하고 이용하는 것을 금지할 아무런 권한이 없다. 링크드인 데이터의 크롤링을 둘러싼 소송에서, 미국 연방법원은 링크드인에 게시된 데이터가 개인정보에 해당하더라도 누구나 접근해서 볼 수 있도록 공개된 데이터라면 경쟁 사업자의 데이터 크롤링은 적법한 것이라고 판단했다.[38]

플랫폼 이용자들이 링크드인에서 공유하고자 하는 데이터와 페이스북이나 트위터에 올리는 데이터가 다르다. 페이스북에서는 정치적 편향성이 강한 MBC 방송 프로그램에 좋아요를 누를 수도 있고 트위터에서는 동성애 메시지를 리트윗할 수도 있을 것이다. 대학이 신입생 선발 과정에서 지원자의 디지털 발자국 가운데 정치 성향이나 성적 지향을 보고 불합격을 결정한다면 지원자는 대학의 결정이 위법하다고 주장할 것이다. 기업이 유사한 사유로 채용을 거절하는 것은 무방한지, 대학이나 기업이 지원자의 소셜미디어로그인 정보를 요구하는 경우에 지원자가 그러한 요구를 거절할 수 있는지, 대학이나 기업이 지원자의 디지털 발자국을 수집하고 활용하면서 알고리즘에 의하여 기계적으로 처리하는 것은 무방한지 등의 이슈가 플랫폼 사회에서 해결해야 할 과제들이다.

플랫폼 노동

플랫폼은 구인 기업들과 구직자들을 연결해 줄 뿐만 아니라 직접 일거리를 주고 보수를 산정해서 지급하기도 한다. 코로나19 위기가 지배한 지난 2년간 택배와 배달 수요가 급증하면서 많은 사람이 쿠팡이나 배달의민족 같은 플랫폼에서 일자리를 찾았다. 플랫폼 종사자에는 배달·운송 플랫폼 종사자뿐 아니라 번역, 프로그램, 데이터 처리와 같이 플랫폼을 통해 일하는 사람들도 포함한다. 현재 국내 플랫폼 종사자는 약 220만 명에 달한다.[39]

플랫폼에서 노동을 제공하는 플랫폼 종사자 또는 임시직gig workers은 기존 굴뚝 산업에서의 근로자들과 전혀 다른 문제들에 직면한다. 플랫폼 기업들은 상당한 수익을 올리지만 그 플랫폼의 알고리즘에 의해서 일거리를 배정받고 알고리즘의 관리를 받는 근로자들은 인간보다 더 철저하고 냉정한 알고리즘과의 갈등으로 괴로워한다. 플랫폼 기업들은 수익 증가와 함께 새로운 일자리를 만들기도 하지만, 기존의 안정된 직업 대신에 배달 종사자와 같은 임시직을 양산하고 있다.

플랫폼 사회에서 노사관계는 혁명적인 변화를 겪고 있다. 산업혁명에 성공한 영국이 19세기 초에 노동법을 제정하면서 근대적인 노사관계가 시작되었다면, 이제 제4차 산업혁명이 시작하면서 기존의 노사관계는 붕괴되고 새로운 질서가 필요해졌다. 인류의 역사를 보면, 고대 농경사회에서는 주로 노예의 노동에 의존해 오다가 중세 봉건 질서가 무너지고 농노, 노비가 해방되었다. 근대사회에 들어서는 계약에 의해 노동을 제공하는 '근로자'들이 주된 생산 활동을 담당했다. 노예, 농노, 노비와 같은 신분은 없어졌으나 근대사회 근로자들의 생활이나 지위가 이전의 신분제 노예보다 실질적으로 더 좋아지는 데는 또다시 수백 년의 세월이 필요했다.

18세기 중반, 영국에서 산업혁명이 시작되면서 공장에서 일하는 근로자들이 대폭 증가했다. 그러나 공장은 농장보다 더 열악한 근로환경 속에 있었고, 공장 근로자들은 노예보다 더 많은 근로 시간과 밤샘 작업에 시달려야 했다. 무엇보다도 가장 잔인했던 것은 열 살도 되지 않은 어린이들이 교육의 기회조차 박탈된 채 노예 같은 노동에 시달려야 했다는 점이다. 산업혁명에 성공하고 태양이 지지 않는 제국을 건설한 영국은 사회 개혁의 목소리에 따라 노동법을 제정하고 근로자들을 보호하기 시작했다. 1802년에 영국이 제정한 최초의 근대적인 노동법은 「도제보건법」이다.[40] 방직 공장에서 일하는 도제apprentice 또는 어린이들이 최소한의 교육을 받을 수 있도록 하고, 도제의 근로 시간을 하루에 12시간 이하로 제한하고

밤샘 근로는 철폐하고 도제에게 적절한 숙박 시설과 의복을 제공해야 한다고 규정한 것이다.[41]

근대적인 노동법은 한 직장에서 평생 또는 상당 기간 계속해서 일하는 근로자들의 근로 환경과 근로 조건을 보호하기 위한 법제도로 발전해 왔다. 그런데 현재 우리가 살고 있는 21세기의 플랫폼 공화국에서는 한 직장에 계속 출근하고 정해진 임금을 받는 전통적인 근로자들은 전체 경제활동인구의 절반에도 미치지 않는다. 특히 코로나19로 인하여 미국에서는 플랫폼 종사자들이 150% 증가했고 우리나라에서도 대폭 증가했다.[42] 운송, 배달업 종사자뿐만 아니라 프리랜서들도 대부분 관련 플랫폼에서 일거리를 배정받는다는 점에서 넓은 의미의 플랫폼 종사자들이다. 문제는 플랫폼 종사자들이 근대적인 노동법에서 말하는 '근로자'에 해당하는지 명확하지 않다는 점이다.

우리나라 「근로기준법」은 한 직장에 계속 근무하면서 정해진 임금을 받는 사람을 근로자로 보고(전속성과 계속성의 요건) 있기 때문에, 한 직장에 매달릴 필요도 없고 근무 시간과 근무 장소가 자유로운 플랫폼 종사자들은 「근로기준법」에서 근로자로서 인정받기 어렵다. 플랫폼 종사자들의 수입도 개인별로 커다란 차이를 보이고 두 개 이상의 직업을 가진 'N잡러'인 경우도 많다. 따라서 플랫폼 종사자의 3.2%는 15세에서 19세의 청소년이지만 「근로기준법」상의 연소자 보호에 관한 규정의 보호를 받기 어렵다.

플랫폼 종사자들의 수입을 보면, 음식 배달 종사자들의 월평균 수입은 보통 300~350만 원에 달하지만, 차량(이륜차) 수리비, 유류비, 보험료 등으로 소요되는 비용이 월평균 60~70만 원 수준이므로 평균 실수입은 230~290만 원 정도라고 볼 수 있다.[43] 택배 종사자들의 평균 수입은 조금 더 많고 대리운전자들의 평균 수입은 조금 더 낮다. 그러나 모든 플랫폼 종사자들의 노동 시간이 많은 편이라서 비교적 수입이 많은 택배 종사자들을 비롯해서 플랫폼 종사자들의 실수입은 노동시간으로 나눠 보면 2023년 최저임금인 시급 9,620원에 못 미치는 수준이다.

플랫폼 종사자들은 대기 상태에서 호출을 받는 동시에 노동을 제공하기 때문에 엄격한 의미의 노동 시간과 비노동 시간을 구별하기가 어렵다. 또한 플랫폼 종사자들은 무한경쟁의 환경 속에서 일하고 있으므로, 최저임금 및 주당 근로 시간에 관한 법 규정을 플랫폼 종사자들에게 적용하기도 어렵다. 플랫폼 종사자를 위한 산재보험은 대부분 회사에서 가입하지만, 고용보험은 선택 사항이고 건강보험과 국민연금은 개인적으로 부담하는 것으로 알려져 있다. 또한 과거에는 최저임금보다 훨씬 더 낮은 저임금으로 노동력을 활용하기 위해서 중국과 베트남으로 공장을 이전했는데 이제 기업들은 클릭 한번으로 저임금 개발도상국의 노동력을 활용할 수 있다. 인공지능 기업들은 저임금 노동력이 풍부한 케냐 또는 베네수엘라 같은 개발도상국에서 시간당 평균 1,000원(90센트)을 지급하고 데이터 라벨링 같은 단순노동을 조달하고 있다.[44]

현재의 「근로기준법」은 전통적인 근로자들을 대상으로 만들어진 법 제도이기에 21세기 플랫폼 종사자 보호에 많은 어려움을 드러내고 있다. 「근로기준법」은 굴뚝 산업 시대의 법제도로써 수명을 다하고 이제 인공지능 시대에 새로운 질서로 대체되어야 할지도 모른다. 그러나 플랫폼 종사자들도 협상력을 키우기 위해서 노동조합을 결성할 길이 열려 있다. 「근로기준법」과 달리 「노동조합 및 노동관계조정법(노동조합법)」은 근로자의 개념을 아주 넓게 규정하고 있기 때문이다. 대법원도 「노동조합법」에서 근로자의 개념은 「근로기준법」에서처럼 엄격하게 볼 필요가 없고, 자신의 노동력을 제공하고 임금 또는 그와 비슷한 수입에 의존하는 경제적 약자들의 단결권을 보장할 필요가 있다면 넓은 범위에서 근로자의 노동조합 결성을 인정할 필요가 있다고 보았다.[45] 예컨대 대법원은 「노동조합법」에서 직업의 종류를 불문하고 임금과 유사한 수입에 의존하여 생활하는 자를 넓게 근로자로 보고 노동조합 결성의 길을 열어 주고 있다. 그러면서 골프장 캐디가 받는 캐디 피caddie fee는 「근로기준법」상 임금에는 해당하지 않지만 캐디가 '임금과 유사한 수입에 의존하여 생활하는 자'로 「노동조합법」에 따른 노동조합을 결성할 수 있는 근로자에 해당한다고 판결했다.[46] 우리 대법원 판례에 따르면 플랫폼 종사자들도 자신의 노동력을 제공하고 임금과 유사한 수입에 의존하여 생활하는 자로서 노동조합을 결성할 수 있을 것이다.

플랫폼 종사자들이 교통사고와 같은 산업재해를 당한 경우에는 산업재해 보상금을 받을 길이 열려 있다. 「산업재해보상보험법」은 보험설계사, 건설 기계 운전자, 택배 기사, 대리운전 기사 등의 특수

형태 근로 종사자(특수고용직)도 적용 대상으로 포함하고 있어서, 특수고용직에 해당하는 플랫폼 종사자들은 사업주에게 산업재해 보상에 필요한 보험료 납부를 요구하고 산업재해를 당한 경우에는 보상금을 청구할 수 있을 것이다. 대법원도 앱 배달 기사가 근로자는 아니지만 특수고용직으로서 산업재해보상보험의 보호 대상이 된다는 점을 확인한 바 있다.[47] 「고용보험법」은 '근로자가 아니면서 사업주를 위하여 자신의 노동을 제공하고 일정한 대가를 지급받는' 택배원, 퀵서비스 운전자, 대리운전 기사 등도 고용보험에 가입할 수 있다고 규정하고 있어서, 일부 플랫폼 종사자들은 고용보험의 혜택을 받을 수 있다.[48] 또한 새로 제정된 「생활물류 서비스 산업 발전법」은 택배 기사와 배달 종사자 등의 안전을 위해서 사업자로 하여금 휴식 시간, 휴식 공간의 제공 등의 조치를 취하도록 요구하고 있어서, 관련 업종에 종사하는 플랫폼 종사자들의 안전에 도움이 될 것이다.

노동조합의 종말

노동조합은 19세기에 탄생한 노동법의 산물이다. 우리나라 노동조합은 전체 노동자의 불과 9% 정도만 가입해 있고, 주로 대기업과 공기업의 일부 근로자로 구성된 단체이므로 21세기 플랫폼 사회의 노동자들을 대표한다고 보기에는 너무나도 거리가 멀다. 특히 전국민주노동조합총연맹(민노총) 소속의 귀족 노조들은 매년 생산성보다 높은 임금을 요구하면서 38%에 달하는, 심각한 비정규직 문제에는 아랑곳하지 않는다. 민노총의 기득권 투쟁으로 젊은이들의 일자리는 위협을 받고 있고, 정권 퇴진이나 미군 철수와 같은 정치투쟁으로 인하여 노동운동에 대한 대중의 피로감과 부정적인 인식마저 늘어나고 있다.

민노총의 정치 투쟁은 일부 노조 간부들의 구시대 이념을 실현하는 데 도움이 될지 모르지만 21세기 플랫폼 사회의 새로운 노동문제의 해결과는 너무나도 거리가 멀다. 대기업이나 공기업의 민노총 소속 근로자들에 비하면 플랫폼 종사자들의 보수는 형편없이 낮고 그들이 직면한 신체적 위험과 열악한 근무 환경은 아주 심각하다. 플랫폼 종사자들의 노동 조건은 대기업이나 공기업의 근로 조건과 크게 달라서 그 차이를 줄이는 것은 민노총의 능력 밖에 있는 문제일 수도 있다. 어쩌면 플랫폼 사회에서는 민노총의 존재 의의 자체에 종말을 고하고 있는 것인지도 모른다.

플랫폼 종사자는 현행 「근로기준법」에서 근로자로 보호받기는 어렵지만 노동조합을 결성할 수 있고 산업재해보상보험에도 가입할 수 있다. 배달 플랫폼 종사자들은 이미 노동조합을 결성한 바 있다. 다만 플랫폼 종사자의 생계는 고용주에 달려 있는 것이 아니라 플랫폼의 알고리즘에 달려 있다. 배달이든 운전이든 고용주가 일거리를 주는 것이 아니고 플랫폼의 알고리즘이 배정해 준다. 알고리즘은 플랫폼 종사자들을 초 단위로 평가해서 유능한 종사자에게는 좋은 일거리를 배정하고 불성실한 종사자들에게는 나쁜 일거리를 주거나 아예 배제하기도 한다. 플랫폼 종사자의 보수도 고용주가 주는 것이 아니라 알고리즘이 산정하고 지급한다. 플랫폼 종사자는 고용주를 만나지도 않고, 고용주와 임금 협상을 하기도 어렵다. 플랫폼 종사자들은 전국에 널리 흩어져 있어서 서로 만나기도 어렵고 노동조합을 결성하기도 어렵다. 플랫폼 종사자들이 노동조합을 결성한다고 하더라도 알고리즘과 싸우거나 협상할 수는 없다. 노동조합이 고용주와 협상한다고 하더라도 고용주가 알고리즘 핑계를 대면 협상 자체가 어려워질 것이다.

플랫폼 사회에서는 노동조합의 전통적인 투쟁 방식과 다른 새로운 노동운동이 필요할 수도 있다. 고용주가 아니라 플랫폼의 알고리즘을 목표물로 삼는 노동운동Algoactivism이 주목을 받은 바 있다. 2019년 미국의 배달 앱 '도어대시DoorDash' 기사들이 페이스북에 '배달 거절#DeclineNow'이라는 해시태그Hashtag로 페이스북 그룹을 만들고, 일정 금액 이하의 배달 요청은 거절하자고 제안했다. 도어대시 배달 앱의 알고리즘은 배달 요금의 산정에 거리와 시간 그리고 선호도desirability를 고려하는데, 운전자들이 배달 요청을 거절하면 알고리즘은 그 배달 요청의 선호도가 떨어진다고 보고 다른 운전자에게 조금 더 높은 요금으로 배달을 요청한다. 운전자로서는 배달 요청을 자꾸 거절하면 일거리가 줄어들어서 손해를 보게 되겠지만 많은 운전자가 거절 운동에 동참하면 알고리즘이 낮은 선호도를 반영하여 배달 요금을 인상해서 운전자 모두가 혜택을 보게 된다. 알고리즘의 기본 원리는 플랫폼 기업이 최대의 수익을 올릴 수 있는 요금 산정을 목표로 하겠지만, 플랫폼 종사자들의 단체행동은 알고리즘이 운전자들의 보수를 인상하는 역할을 하게 만들 수도 있다는 것이다. 이제까지 노동조합의 단체행동은 노조 간부 중심의 하향식 운동이었다면 플랫폼 종사자들의 단체행동은 탈중앙 상향식 운동으로 더 효율적인 결과를 얻을 수도 있다.[49]

알고리즘 노동 관리[50]

전 세계적으로 500만 명의 운전자들이 우버 앱으로 승객을 태우거나 음식 배달을 하고 있다.[51] 우리나라만 보더라도 45만 명의 배달 종사자들이 휴대폰 앱으로 일거리를 받으며 하루 종일 앱만 보고 달리고 있다.[52] 플랫폼 종사자들의 일거리 배정, 요금 수납, 보수 지급과 같은 노사 관리는 모두 지능형 알고리즘에 의해서 자동으로 이루어진다. 예를 들면 카카오 배차 알고리즘은 운전자의 운행 횟수와 수락률 등을 고려해서 운전자 가운데 카카오 시스템을 적극적으로 이용한 운전자에게 우선해서 배차하고 승객들로부터 부정적인 평가를 받은 운전자는 배차에 있어서 후순위로 밀어낸다. 우버 알고리즘은 운전자의 가속 페달 및 급속 제동 등 운전 행태까지 관찰해서 지나치게 불규칙한 운전을 하는 운전자에게는 휴식을 취하라는 권고를 자동으로 한다. 운전자가 잘못된 방향으로 가고 있거나 알고리즘으로 산정한 시간보다 오래 걸릴 때는 알고리즘이 운전자에게 관련 메시지를 보내기도 한다. 알고리즘은 플랫폼 종사자들의 업무 수행을 철저히 감시하고 평가하고 관리한다.

알고리즘이 평가 결과에 따라 일정 점수 이하로 낮은 평가를 받은 플랫폼 종사자에 대해서 앱 계정 정지 같은 제재를 하는 경우도 있다. 때로는 낮은 평가의 원인이 운전자한테 있지 않고 교통 혼잡처럼 운전자가 통제할 수 없는 요인에 있다거나 또는 배달음식 준비 지연같이 음식점 측 사정에 있는 경우도 허다하다. 그러나 플랫폼 종사자들은 알고리즘의 부당한 평가에 불복할 방법이 없다. 계속 일거리를 받길 원하는 운전자는 자신이 비용을 부담하며 '서비스 개선 과정'을 수강해야만 한다. 플랫폼 종사자가 부당한 평가에 불복하고자 해도 알고리즘의 평가 기준이나 자신의 데이터를 알기도 어렵다. 최근 프랑스에서는 노동법 개정으로 운송을 담당하는 플랫폼 종사자는 플랫폼 활동과 관련된 자신의 데이터에 접근할 수 있는 권리를 갖게 되었다. 알고리즘에 의한 노사관계에 있어서 데이터의 투명성이 중요한 이슈가 되고 있다.

알고리즘에 의한 직원 관리는 플랫폼 종사자들에만 한정된 이야기는 아니다. 구글 직원 가운데 자신의 집에서 편안히 재택근무를 하는 직원들의 경우, 컴퓨터가 불규칙한 간격으로 시간당 평균 6번 정도 직원 컴퓨터의 화면을 스냅숏snapshot으로 촬영해 구글 서버로 전송한다. 재택근무를 하는 직원은 집에서 컴퓨터로 일하는 동안 게임을 하거나 개인 페이스북 메시지를 읽어보기 어려울 것이다. 규모가 큰 기업들은 회사 차량의 GPS 추적, 줌Zoom 또는 전화 기록,

보안 카메라, 보안 카드 리더 등으로부터 이메일, 인터넷 검색, 소셜 미디어 게시물, 마우스 움직임까지 다양한 데이터를 수집할 수 있다. 기업들은 이러한 데이터를 분석하고 직원을 관리하는 데 알고리즘을 활용할 수 있다.

중국에서는 직원들의 머리에 부착한 장비로 뇌파를 측정하고 알고리즘이 그 측정 결과에 따라 일정 수준 이상의 스트레스를 받고 있다고 판단한 직원에 대해서는 귀가하라고 자동으로 지시하기도 한다. 호주와 뉴질랜드의 도미노 피자는 직원 관리에 '돔 피자 체커DOM Pizza Checker'라는 알고리즘을 활용하고 있다. 이 알고리즘은 직원의 모자에 부착된 오버헤드overhead 카메라를 통해 피자 반죽 준비에서부터 빵 껍질의 경계, 토핑 재료의 수, 토핑을 어떻게 펼치는지 등 세세한 작업을 평가하고, 일정한 허용 범위를 벗어나면 그 직원에게 기계적으로 즉시 다시 만들라는 통지를 보낸다.

알고리즘은 직원 관리의 효율성을 높이고 비용을 절감할 수 있지만 악용 도구가 되기도 한다. 특히 알고리즘은 직원들을 기계적으로 감시·감독하면서 아주 엄격한 업무 목표의 수행을 강요한다. 그러면서 인간 종사자들의 안전이나 복지는 전혀 고려하지 않는다. 특히 플랫폼 종사자들은 알고리즘의 엄격한 감시와 블랙박스처럼 알 수 없는 성과평가 기준의 집행 때문에 상당히 많은 스트레스를 받고 체력 소진을 경험하기도 한다. 알고리즘이 어떠한 기준으로 성과 평가를 하고 있는지 알 수 없는 불투명성뿐만 아니라, 알고리즘의 성과 평가에 대해서 이의를 제기할 수도 없다는 점이 알고리즘 노사관계의 심각한 문제로 제기되고 있다. 알고리즘이 플랫폼 종사자의 평가 결과 일정 점수 이하인 경우, 그 계정을 정지하면 일반 기업에서 해고 통지를 받는 것과 마찬가지다. 그러나 플랫폼 종사자는 부당해고라고 주장하기도 어렵고 구제받을 길도 막연하다. 21세기의 노사 협상에 있어서 급여 못지않게 중요한 것은 알고리즘의 투명성과 공정성을 확보하는 것이다.

조지 플로이드의 사망

2020년 5월 25일, 미국 중부 미네소타주 미니애폴리스에서 조지 플로이드는 담배를 구입하면서 위조지폐를 사용한 혐의로 경찰관에게 체포되는 과정에서 사망했다. 플로이드의 사망은 플랫폼 사회의 어두운 그림자를 잘 보여 준 사건이다. 백인 경찰관 데릭 쇼빈은 흑인 용의자 플로이드의 등 뒤로 수갑을 채운 후 경찰차 옆 도로 바닥에 엎드리게 한 후 그의 목을 무릎으로 눌러 플로이드를 사망하게 했다. 플로이드는 "숨이 막혀요!I can't breathe!"라고 애원했지만, 백인 경찰관은 그의 애원을 무시하고 9분간 계속 목을 눌러서 용의자를 끝내 사망에 이르게 했다.

플로이드의 사망은 흑인 실업자가 많은 중부에서 발생한 불행한 사건 중 하나이다. 플로이드의 마지막 외침 "숨이 막혀요!"는 흑인 차별에 항의하기 위해서 시위에 참가한 사람들이 모두 함께 외친

구호가 되었다. 이것은 경찰력 집행으로 숨이 막힌다는 것에 그치지 않고, 경제적 불평등과 빈곤으로 인해서 숨이 막힌다는 의미도 담고 있다. 실리콘밸리같이 플랫폼 기업들로 인해 코로나19 위기에도 불구하고 풍요를 누리는 지역이 있지만, 미국 중부에는 미니애폴리스처럼 실업의 증가와 코로나19 위기로 흑인들의 빈곤이 훨씬 심각해진 지역도 많다. 플랫폼 기업들이 엄청난 부를 생산하고 있는 실리콘밸리에서는 넘쳐나는 자본과 인공지능 덕분에 생산성이 더욱 높아지고, 상품의 희소성이 없어질 정도로 풍요를 누리는 공급 과잉으로 플랫폼 자본주의가 만들어지고 있다. 반면에 전통적인 제조업에 의존하던 중부 지역에서는 대부분의 공장이 중국과 개발도상국으로 이전해 나가면서 심각한 실업과 빈곤 그리고 폭력과 범죄가 늘어나고, 나아가 자본주의 체제가 계속 유지될 수 있을지 의문시되기도 한다.

실업과 빈부 격차가 늘어나는 것이 미국 중부에 한정된 문제는 아니다. 구글, 아마존과 같은 플랫폼들이 인건비와 물류 비용을 대폭 감소시켜서 기존의 오프라인 유통업체들은 무너지고 많은 종업원이 일자리를 잃게 되었다. 예를 들면 미국 전역에 많은 점포를 두고 있던 시어스Sears, JC페니JCPenney, 니만 마커스Neiman Marcus와 같은 백화점도 아마존의 도전에 굴복했고, 가전 판매업체 라디오섁RadioShack, 어린이 완구 판매업체 토이저러스Toys "Я" Us, 신발 판매업체 페이레스Payless, 아동의류 판매업체 짐보리Gymboree, 문방구 체인점 파피루스Papyrus와 같은 전국적인 규모의 판매업체들이 파산신청을 했다. 코로나19 위기에 구글과 아마존은 매출이 대폭 늘어난 반면에 점포 방문이 대폭 줄어들면서 일본 유통업체 무지 미국 자회사Muji USA, 오프라인 매장에서의 판매에 집중해 온 영양제 회사 지앤씨GNC, 가구 판매업체 베드 배스 앤드 비욘드Bed Bath & Beyond도 파산신청을 했다.

우리나라도 예외가 될 수 없다. 동네 문방구나 서점은 오래전에 사라졌고 편의점 이외의 오프라인 매장들도 어려움을 겪으면서 무너지고 있다. 택시 운전사는 전철역에서 하염없이 승객을 기다리고 있지만, 카카오 택시와 같은 플랫폼의 알고리즘은 승차 수요가 많은 골목을 알고 찾아다니면서 더 많은 매출을 올린다. 전통적인 기업들은 무너지고 플랫폼 기업들은 성장하는 양극화 현상은 멈추지 않는다. 챗봇의 등장으로 많은 전화상담원이 실직하겠지만 챗봇을 만들고 운영하는 기업은 새로운 인력을 고용할 것이다. 전통적인 기업에서 일자리를 잃게 된 사람들은 플랫폼 사회가 필요로 하는 기술과 지식을 배우고 새로운 일자리를 찾아야 한다. 물론 호미와 낫을 만들던 대장장이가 갑자기 자동차 수리공으로 일할 수는 없다. 이제 자동차 수리공들은 자동차의 전자 장비를 점검하고 오류를 진단해서 해결하는 전장 부품 진단 기술을 배워야 한다. 택시 운전사도 플랫폼 앱을 배우고 이용할 수밖에 없다. 사무직 종사자들도 실직의 위협을 받는 것은 마찬가지이다. 이제 챗GPT와 같은 인공지능에 적절한 프롬프트를 입력하는 기술을 익혀야 한다. 기존 직업이 사라지고 새로운 직업이 탄생한다. 새로운 기술과 지식을 배우고 적절한 재교육을 받을 수 있는 시스템을 구축해야 한다. 온라인 플랫폼과 기술 및 데이터에 대한 이해와 접근이 플랫폼 사회에서의 생존과 성공에 있어 매우 중요한 시대가 되었다.

플랫폼 사회는 소비자들이 보다 편리한 서비스를 누리고 기업들의 생산성이 높아지는 유토피아를 만들 것인가? 아니면 개인의 프라이버시가 위협받고 알고리즘의 노예가 되거나 실직자로 전락하는 디스토피아가 될 것인가? 개인과 기업 그리고 국가 모두 유토피아와 디스토피아의 갈림길에 함께 서 있는 이해당사자들이다. 이해당사자들이 함께 유토피아의 희망을 품고 디스토피아의 위험을 차단하거나 최소화할 수 있는 길을 찾아야 한다.

플랫폼 문화

어느 집이나 거실 중앙에는 여전히 TV가 자리 잡고 있다. 그러나 이제 지상파 방송을 보는 사람은 많지 않다. 똑같은 TV 모니터를 바라보고 있지만 이제 시청자들은 지상파 방송보다는 넷플릭스, 티빙TVING, 웨이브Wavve, 쿠팡플레이Coupang Play, 유튜브와 같은 스트리밍 플랫폼을 이용하는 사람이 더 많아졌기 때문이다. 음반 가게, 서점과 같은 오프라인 유통 채널은 대폭 줄어든 반면에, 온라인 플랫폼에서 음악, 소설, 영화 등 문화콘텐츠를 소비하는 사람들이 압도적으로 많아졌다. 1970년대에는 일본 망가의 지배를 받았지만, 이제는 네이버와 카카오의 플랫폼에서 만들어진 웹툰이 세계적으로 대성공을 거두고 있다. 플랫폼에서 문화콘텐츠에 쉽게 접근할 수 있을 뿐 아니라 아주 저렴하게 또는 공짜로 이용할 수 있게 되면서 문화콘텐츠의 유통과 소비가 대폭 늘어났다. 문화 소비의 증가는 창작 및 생산의 증가로 이어지면서 다양한 측면에서 플랫폼 문화의 특징이 더욱 뚜렷해지고 있다.

2000년대 초 아이튠즈로부터 시작해서 온라인 플랫폼이 폭발적인 인기를 끌면서 우리는 더 이상 음반이나 책과 같은 하드 카피hard copy를 들고 다닐 필요 없어졌다. 대신 자신의 휴대폰 같은 개인 단말기에서 문화콘텐츠를 소비하면 된다. 넷플릭스에 드라마를 비롯해 1만 5,000편의 콘텐츠가 있고, 스포티파이Spotify에 4,000만 곡이 있고, 아마존에 3,000만 권의 책이 있다. 온라인 플랫폼이 우리 문화생활의 필수 동반자가 될 수밖에 없는 이유가 바로 여기에 있다. 플랫폼들은 콘텐츠를 소비하는 공간이면서 동시에 문화콘텐츠를 만드는 창작자들의 공간이기도 하다. 플랫폼이 창작과 소비를 연결해주면서 문화산업의 생태계를 완전히 바꿔 놓았다.

플랫폼이 발전하면서 콘텐츠를 제작하는 음반업자, 출판업자, 방송사와 같은 문화산업 문지기들의 역할이 줄어들고 있다. 창작자와 소비자가 직접 플랫폼에서 만날 수 있게 되었기 때문이다. 예를 들면 음원 스트리밍 앱으로 유명한 스포티파이가 스트리밍 서비스에서 압도적인 시장점유율을 갖게 되면서, 무명 예술가들이 음반회사의 도움 없이 스스로 플랫폼에 음원을 올려서 스타로 성장하는 사례가 늘고 있다. 2022년 우리나라 드라마 시청율 1위에 등극한 〈재벌집 막내아들〉은[1] 인터넷에서 창작 소설을 올리고 읽을 수 있는 웹소설 플랫폼 '문피아Munpia'에서 오랜 기간 1위를 차지한 전설적인 소설을 드라마로 제작해 성공한 것이다. 이는 무역 회사에 근무하던 무명 작가도 출판사의 도움 없이 플랫폼에서 직접 소비자들을 만나고 스타 작가로 성공할 수 있음을 보여 주는 사례다. 이와 같이 창작자와 소비자가 플랫폼에서 직접 만날 수 있게 되면서, 음악이나 소설 같은 예술과 문학의 가치가 소비자들에 의해서 직접 평가되고 소비되고 있다. 플랫폼이 문화생태계에서 중요한 역할을 갖게 되면 될수록, 음반 회사나 출판사같이 선별한 작가의 작품만 제공하는 '게이트키퍼' 역할은 점점 줄어들 것이다.

플랫폼 기업은 창작과 소비를 연결하면서 소비자들의 인기를 끌고 성공하는 콘텐츠의 패턴이 무엇인지 파악할 수 있다. 한 걸음 더 나아가 플랫폼이 성공 패턴을 파악하고 스스로 콘텐츠를 제작할 수도 있다. 넷플릭스의 성공은 바로 여기에서 시작된다. 플랫폼 기업은 유통 플랫폼과 창작자의 지위를 겸하면서 문화생태계를 변화시키고 문화 시장 안의 경쟁 질서에 큰 영향을 미친다. 그러나 문화생태계를 근본적으로 바꿀 진정한 주인공은 챗GPT와 같은 생성형 인공지능 서비스를 제공하는 창작 플랫폼일 것이다. 인공지능 기술이 발전하면서 인간이 만든 기존의 콘텐츠를 모두 학습하고 그 패턴을 파악한 후에 자동으로 새로운 콘텐츠를 생산하는 인공지능 플랫폼들이 등장한 것이다. 예를 들면 창작 플랫폼 '미드저니Midjourney'는 〈우주 오페라극장Theatre D`opera Spatial〉을 만들어 내서 미국 콜로라도 박람회 미술 대회에서 수상하기도 했다. 이제 플랫폼은 더 이상 콘텐츠의 창작과 소비를 연결하는 데 머물지 않고 스스로 창작하는 공간으로 발전했다.

플랫폼은 예술계 스타들에게 형성되는 팬덤Fandom의 주요 소통 공간이 된다. 우리나라를 대표하는 최정상 보이그룹 BTS(방탄소년단)의 팬들은 인스타그램에 6,000만 명 이상, 틱톡에 4,500만 명 이상, 트위터에 4,400만 명 이상의 팔로워들로 열성적인 지지 활동을 펼치고 있다. BTS의 열성 팬들은 다음에 팬 카페를 열고 커뮤니티를 구성하고, 트위터 및 페이스북과 같은 소셜미디어에서 노래 가사 번역, 멤버 근황 소개 등의 적극적인 활동을 펼친다. BTS의 소속사 하이브HYBE는 플랫폼이 팬덤 활동에 중요하다는 점을 인식하고 팬 커뮤니티 플랫폼 '위버스Weverse'를 만들어서 운영하고 있다. 이 같은 플랫폼이 전 세계 팬들의 커뮤니티가 되고 굿즈Goods를 판매하고 실시간 스트리밍을 제공하면서 문화생활의 중심으로 자리 잡게 되었다.

플랫폼은 예술가들이 소비자와 소통하고 직접 거래할 수 있게 해 준다는 점에서 민주적이면서도 문화생태계에서의 영향력은 명백하다. 그러나 플랫폼과 예술가들이 함께 상생할 수 있는지 그리고 플랫폼에서 창작자와 소비자 모두가 만족할 수 있는지에 관하여 우려와 고민이 늘어나고 있다. 플랫폼과 예술가 그리고 소비자, 이 삼각관계 속의 갈등은 디지털 콘텐츠의 불법 복제와의 전쟁으로부터 시작한다. 플랫폼의 문화콘텐츠는 디지털 형태로 유통되는데 원작품과 복제품에 아무런 차이가 없기 때문이다. 삼각관계 속의 이해당사자들은 창작, 복제, 소비를 둘러싸고 전쟁과 평화를 되풀이하면서 커다란 변화를 경험하고 있다.

불법 복제와의 전쟁

인터넷이 대중화되기 시작한 2000년, 양정환 형제가 인터넷 이용자들이 서로 P2P 방식으로 MP3 형식의 음악 파일을 공유할 수 있는 '소리바다'라는 서비스를 시작해서 폭발적인 인기를 끌었다. 인터넷에서 음악 파일을 공유할 수 있게 되면서 음악 소비량은 대폭 늘었지만 음반 매출액은 대폭 줄어들었다. 문제는 음악 파일의 공유가 대부분 저작권자의 허락 없이 불법 복제된 파일이라는 점이다. 음악 파일을 편리하게 공유할 수 있게 해 준 P2P 기술은 이용자들에게 무제한의 음악 소비를 선사해 준 참신한 기술이지만, 불법 복제로 인하여 음반 기업과 예술가들의 이익을 희생시킨다는 비난에 직면하게 된 것이다.[2]

과거에 VTR Video Tape Recorder로 영화나 방송물을 녹화해 두었다가 편리한 시간에 보는 사람이 많았고 그것은 저작권 침해가 아니라고 보았다. 영화나 방송물은 저작권의 보호 대상이지만 집에서 개인적으로 감상하기 위해서 VTR로 복제하는 것은 '사적이용personal use' 또는 '공정이용'으로 허용되어 온 것이다.[3] 「저작권법」도 사적이용이나 공정이용은 저작권 침해의 예외로 적법한 것으로 규정하고 있다. 청소년들은 VTR로 영화를 복제하는 것이나 MP3 플레이어로 음원을 다운로드받는 것이 똑같이 허용된다고 생각하고 음원을 자유롭게 공유한 것이다. 그러나 음악 파일을 MP3 플레이어로 다운로드받는 것과 소리바다의 P2P 네트워크에서 공유하는 것은 전혀 다른 문제다. VTR이나 MP3 플레이어는 개인적인 감상을 위한 것이지만 소리바다에서 음악 파일을 공유하게 되면 다수의 이용자가 무료 감상할 수 있는 상태가 되므로 음반 판매에 심각한 타격을 줄 수 있기 때문이다. 소리바다의 이용자들은 개인적으로 음악 파일을 다운로드받는 데 그치지 않고 P2P 네트워크를 통하여 불특정 다수의 이용자에게 자동으로 다시 전송하는 역할을 한다. 따라서 소리바다에서 파일을 다운로드받는 것은 사적이용이라고 보기 어렵고 저작권 침해의 책임을 수반하게 된다.[4]

음반 회사들과 음악 저작권 단체들은 음반을 불법 복제하고 MP3 파일로 만들고 다운로드받아서 무료 감상하는 젊은 이용자들을 공격하기 시작했다. 그러나 다수의 이용자를 상대로 소송을 제기하는 것은 쉬운 일이 아니고 음악을 사랑하는 사람들을 오히려 적으로 만드는 부작용만 초래했다. 뿐만 아니라 우리나라에서는 MP3 파일을 다운로드받은 청소년을 상대로 형사고소를 해 형사처벌의 위협 속에 그 부모가 100만 원 상당의 합의금을 내기도 하고 심지어 고민에 빠진 학생이 자살하는 불행한 사태를 만들기도 했다.

음반 회사들과 음악 저작권 단체들은 소리바다와 같은 플랫폼 기업을 공격 목표로 삼고 다수의 민형사 소송을 제기했다. 소리바다는 음반을 불법 복제하지도 않았고 소리바다가 음악 파일을 이용자들에게 전송한 것도 아니다. 이용자들이 불법 복제하고 이용자들이 서로 전송하고 전송받았을 뿐이다. 따라서 소리바다는 직접적으로 저작권 침해행위를 한 것은 아니다. 그러나 소리바다는 이용자들의 저작권 침해를 도와준 것이기 때문에 이용자들과 함께 공동으로 저작권 침해의 책임을 져야 한다는 것이 음반 회사를 비롯한 권리자들의 주장이다. 소리바다가 P2P 네트워크에서 이용자들이 파일을 공유할 수 있도록 서버를 운영해서 이용자들의 저작권 침해를 도와주었다는 것이다. 법원은 소리바다가 이용자들의 저작권 침해를 알 수 있었음에도 불구하고 불법 복제물을 걸러 내는 필터링 조치 없이 영업을 계속해서 저작권 침해를 도왔다고 보고 소리바다의 책임을 인정했다.[5]

소리바다는 이용자들의 저작권 침해 문제에 대응하기 위해서 해시값 대조 기술과 음악 지문 비교, 그린 파일 시스템 등을 통해 허락되지 않은 저작물은 다운로드되지 않도록 필터링 기술을 적용하기 시작했다. 파일 공유 플랫폼에서 저작권 침해를 방지하기 위한 노력을 다했다면 소리바다가 이용자들의 저작권 침해를 도왔다고 말할 수는 없을 것이다. 그러나 권리자들은 소리바다의 새로운 파일 공유 네트워크에서도 저작권 침해가 계속되고 있다고 주장하면서 소리바다의 책임을 추궁했다. 서울고등법원은 적극적 필터링filtering 방식으로 보다 철저히 저작권 침해를 방지할 수 있다는 점을 지적하면서, 미리 권리자들과 음원 공급 계약 등을 체결하여 권리자들로부터 이용 허락을 받은 음원 파일만 공유하도록 하는 노력을 다하지 않았다면 소리바다는 책임을 피할 수 없다고 판단했다.[6] 수많은 곡의 권리자들과 모두 이용 허락 계약을 체결하려면 그 협상과 계약 체결에 엄청난 시간과 비용을 투입해야 하는데, 적극적 필터링은 소리바다의 경제적 능력 밖에 있는 것일지도 모른다. 또한 이용자들을 위해서 미리 이용 허락 계약을 체결해 두고 그 범위 내에서 영업할 것인지 아니면 권리자의 신고나 통지를 받은 후에 불법복제 파일을 차단하거나 사후에 이용 허락 계약을 체결할 것인지는 소리바다의 자유로운 선택에 맡겨야 할 사업모델의 문제이다. 법원이 피고의 특정 사업모델을 강요하는 것은 불합리하고 비현실적이다. 현행법을 보더라도 플랫폼 기업이 권리자와 이용 허락 계약을 체결해야 할 의무를 부담한다고 정한 규정은 어디에도 찾아볼 수 없다.

우리나라에서 소리바다가 음악 애호가들의 인기를 끌 때 미국에서는 '냅스터'가 아주 유사한 P2P 방식의 음원 공유 서비스를 제공하고 있었다. 소리바다와 마찬가지로 냅스터도 이용자들의 불법 음원 공유를 도왔다는 이유로 저작권 침해 방조의 책임을 지게 되었다. 그러나 미국에서는 플랫폼에 적극적 필터링과 같은 과도한 의무를 부과한 판례는 없다. 우리나라에서는 이용자들의 저작권 침해를 도왔다는 이유로 소리바다가 민사상의 책임뿐만 아니라 형사처벌도 받았다. 그러나 냅스터는 형사처벌을 받지 않았다. 미국에서는 저작권 침해를 이유로 플랫폼을 형사처벌하는 것은 거의 불가능하기 때문이다. 형사처벌에 필요한 무단복제의 '고의' 또는 저작권 침해와 관련한 범죄의사는 엄격한 요건으로 해석되고 있기 때문에, 음원을 비롯한 콘텐츠를 다운로드받는 플랫폼 이용자들도 형사처벌하기는 쉽지 않다. 이용자를 형사처벌하기 어렵다면 미국에서 플랫폼이 이용자들의 저작권 침해를 방조했다고 보고 처벌하기는 더 어려울 것이다. 정범을 처벌할 수 없다면 방조범도 처벌하기 어렵기 때문이다.

이에 반하여 우리나라 법원들은 이용자와 플랫폼의 형사처벌에 별다른 고민을 하지 않는다. 다운로드 행위 자체를 알고 있으면 언제나 민사책임뿐만 아니라 범죄의사, 즉 고의가 있다고 단순하게 생각하고 저작권 침해로 인한 형사처벌을 인정한 사례가 많다. 청소년들은 음원이나 이미지를 다운로드받아서 이용하는 경우가 많은데, 어느 날 저작권자로부터 위임을 받았다는 법무법인으로부터 저작권 침해라고 하는 주장과 함께 100만 원 이상의 합의금을 지급하지 않으면 형사고소하겠다는 연락을 받는 경우가 많다. 법무법인의 변호사가 형사처벌의 가능성을 이야기하면서 합의금을 요구하면 대부분의 젊은 이용자 또는 그 부모는 그러한 요구에 응하지 않을 수 없다. 사실은 저작권을 침해한 것인지 아니면 공정한 이용으로 적법한 것인지도 불분명한 때가 많지만, 일부 법무법인은 저작권 침해에 대한 형사처벌을 인정하고 있는 법 규정을 악용하여 과다한 합의금을 받아내는 저작권 괴물copyright troll로 활동하는 것이다. 저작권 침해에 대한 형사처벌 제도를 악용하는 저작권 괴물로 인해 저작권에 대한 일반적인 인식은 더 나빠질 수 있다.

저작권 침해에 대한 형사처벌은 플랫폼 이용자들뿐 아니라 플랫폼 기업에 대해서도 적용되고 있다. 이용자의 저작권 침해와 관련해 소리바다와 같은 플랫폼은 방조범으로 처벌될 수 있다. 개인의 다운로드나 전송에 대해서도 범죄의사나 고의가 과연 있는지 의문이지만 중립적인 기술과 서비스를 제공하는 플랫폼이 방조범으로서 고의가 있다고 볼 수 있는지는 더욱 의문이다. 그럼에도 불구하고 플랫폼과 플랫폼 이용자들의 형사처벌을 인정하는 우리 법원의 입장은 저작권 보호를 주장하는 여론에 휩쓸려서 균형 감각을 잃은 게 아닌지 우려된다. 저작권 침해에 대한 형사처벌은 예술가와 팬들의 창의성뿐만 아니라 플랫폼의 기술혁신도 저해한다. 형사처벌의 가능성으로 인해 개인과 기업이 저작권 침해의 위험이 있는 창작이나 기술혁신은 시도조차 하지 않고 회피하기 때문이다.

애플의 아이튠즈

불법 복제를 없애기 위해 무수히 많은 민사소송과 형사소송이 있어 왔지만 인터넷에서 불법 복제 음원의 유통은 줄어들지 않았다. 그 전쟁에 종지부를 찍게 된 것은 애플의 아이튠즈가 탄생하면서 비로소 가능했다. MP3 파일의 불법 복제로 야기된 시장의 혼란과 침체 속에서, 애플의 아이튠즈는 공유의 편리함과 감상의 합법성을 모두 만족시키는 서비스로 대성공을 거뒀다. 아이튠즈는 애플 휴대폰으로 젊은 이용자들이 언제 어디서나 원하는 음악은 무엇이든 다 감상할 수 있게 해 주면서, 동시에 음반 회사와 저작권자들이 불법 복제의 우려 없이 음원을 제공해서 상당한 이용료 이익을 얻게 해 준 것이다. 아이튠즈는 불법 복제와의 전쟁 속에서 수요와 공급을 효율적으로 연결해 준 플랫폼으로 자리 잡게 되었다.

아이튠즈는 음원의 불법 복제를 차단하기 위한 기술적 조치로 '페어플레이FairPlay'시스템을 채택했다. 페어플레이는 음원 파일을 자체 개발 알고리즘으로 암호화된 오디오 계층으로 둘러싸서 반드시 아이튠즈에 등록된 단말기로 전송된 열쇠로 암호를 풀어야만 재생 및 감상이 가능하도록 만든 기술적 조치다. 여기서 문제는 페어플레이는 불법 복제 차단이라는 명분으로 아이튠즈에 애플 단말기만을 등록할 수 있게 해서 경쟁업체의 단말기에서는 재생할 수 없게 만들었다는 점이다. 아이튠즈 플랫폼 이용자들은 다운로드받은 음원을 안드로이드 휴대폰에서도 재생하고 일반 PC에서도 재생해서 듣고 싶겠지만 페어플레이는 그러한 자유를 허용하지 않았다. 아이튠즈는 탄생하자마자 선풍적인 인기를 끌었지만, 불법 복제를 막기 위해서 도입한 페어플레이는 공정거래법 위반이라는 비난을 받게 되었다. 페어플레이로 단말기 이용에 제한을 받아서 불편을 호소하는 이용자가 애플을 상대로 공정거래법 위반을 주장하며 페어플레이 사용 금지를 청구하는 소송을 제기했다. 법원은 페어플레이가 단말기에 제한을 둔 것은 불법 복제 차단을 위한 부득이한 선택이라는 애플의 주장을 받아들였다. 애플이 소송에서 승리하면서 페어플레이의 경직된 시스템은 살아남을 수 있었지만, 불편을 호소하는 이용자들은 페어플레이 암호를 제거하거나 우회할 수 있는 여러 기술을 찾아내고 우회 기술을 널리 공유하기 시작했다. 애플은 우회 기술이 나올 때마다 페어플레이를 업그레이드해서 암호 제거 방지나 우회를 차단하려고 노력했다. 우회 기술과 페어플레이는 두더지 잡기처럼 반복되었고 2009년에 비로소 음반 회사들이 복제 방지 기술 없는 음원 공급에 동의하면서 페어플레이는 막을 내렸다.

SKT 멜론

우리나라의 SKT '멜론Melon'도 애플 아이튠즈와 마찬가지로 음악 파일의 불법 복제를 방지하기 위한 기술적 보호 조치를 취했다. 자사의 휴대폰과 자사가 운영하는 온라인 음원 사이트 멜론의 음악 파일에 자체 개발한 DRM을 장착하여 SKT의 MP3 휴대폰을 사용하는 소비자로 하여금 멜론에서 구매한 음악 파일만 재생할 수 있도록 하고, 다른 사이트에서 구매한 음악은 멜론에서 별도의 컨버팅converting 과정을 거치도록 요구했다. SKT가 휴대폰과 음악 파일에 DRM을 장착한 것은 저작권의 보호를 위한 것이지만, 공정거래위원회는 음원 판매를 둘러싼 멜론과 기타 음원 사이트들 사이의 공정한 경쟁을 제한함으로써 공정거래법 위반이라고 보고 시정조치를 명하고 과징금을 부과했다. 공정거래위원회 처분의 취소를 구하는 소송에서, 대법원은 DRM이 어느 정도의 경쟁제한 효과를 갖지만 공정거래법 위반으로 볼 수 없다고 판단했다. 대법원 판단에 의하면 SKT가 자신의 MP3 휴대폰과 음악 파일에 DRM을 장착한 것은 저작권 보호를 위한 것으로 정당한 이유가 있고 이동통신 사업자나 음원 사이트 운영 사업자가 DRM 기술을 표준화할 법적 의무가 있다고 볼 수 없으므로, SKT가 자신의 DRM을 채택해서 서비스에 활용하는 것이 공정거래법 위반에 해당하지 않는다는 것이다.[7]

DRM 기술을 표준화할 의무는 없지만 DRM 기술을 공개한다면 경쟁 사업자들도 음원 판매의 기회를 얻게 되고 소비자들도 보다 많은 선택을 누릴 수 있을 것이다. 실제로 멜론과 경쟁 관계에 있는 음원 사이트 운영 사업자들은 SKT에 대해서 DRM 공개를 요구했었다. SKT는 저작권 및 영업 비밀의 보호를 근거로 DRM 공개 요구를 거절했다. 저작권자가 저작권 이용 허락을 거절하고 영업 비밀 보유자가 비밀 공개를 거절하는 것은 권리자의 당연한 권리 행사에 해당한다고 볼 수 있다. 그러나 공정거래위원회는 권리 행사로 인한 경쟁제한의 폐해가 심각하다고 판단하고 SKT가 멜론에서 구매한 음악 파일만 재생할 수 있도록 하는 행위를 시정해야 한다고 의결했던 것이다. 그러나 공정거래위원회의 판단과 달리, 대법원은 저작권의 보호가 경쟁제한의 차단보다 더 중요하다고 보았다. 저작권 침해를 차단하는 것도 중요하지만 필요 이상의 경쟁제한은 공정거래법을 위반한다고 볼 수도 있다는 점에서 논란이 많은 판결이다. 우리나라에서도 시장의 요구에 부응하여 DRM 없는 음원을 공급하게 되었다는 점에서 이용자들이 최종 승리를 거둔 셈이다.

통지 및 삭제

소리바다와 냅스터의 광풍이 지나가고 아이튠즈와 멜론의 유료 서비스가 자리 잡으면서 불법 복제와의 전쟁은 새로운 국면으로 넘어간다. 이용자들의 불법 복제에 대하여 플랫폼이 무제한 책임질 수는 없지만, 권리자가 불법 복제물을 플랫폼에 통지하면서 삭제를 요청했음에도 삭제 조치를 취하지 아니한 플랫폼은 저작권 침해를 도와준 것으로 보고 책임을 추궁할 수 있을 것이다. 저작권 침해에 관한 '통지와 삭제notice & takedown' 절차를 둘러싸고 권리자와 플랫폼 사이에 줄다리기가 시작된 것이다. 우리 「저작권법」 제103조는 저작권 등의 권리를 가진 자가 불법 복제물의 복제·전송 중단을 요구하고 온라인 서비스 제공자가 불법 복제물의 복제·전송을 중단시킨 경우에는 권리 침해에 대한 온라인 서비스 제공자의 책임을 면제한다고 규정하고 있다. 통지와 삭제 절차는 예술가(저작권자), 플랫폼, 이용자의 삼각관계를 잘 조화시키고 전체의 이익을 극대화할 수 있는 최적의 해결책으로 도입된 것이다. 이제 불법 복제와의 전쟁은 '통지와 삭제'가 잘 이루어졌는지, 복제·전송의 중단 요구에 따라 신속하고 적절한 중단 조치가 이행되었는지를 둘러싸고 벌어지게 되었다.

2005년 '야후'가 운영하는 '이미지 박스'와 '블로그' 등에 자신의 사진 작품들이 불법 복제되어 게시되었다는 걸 알게 된 사진작가는 야후에 그 사실을 통지notice하면서 삭제를 요구했고, 야후는 불법 복제 사진을 삭제했다. 그러나 사진작가는 야후가 완전히 삭제하지 않았기 때문에 여전히 불법 복제 사진이 검색 결과 많이 나온다고 주장하면서 야후를 상대로 손해배상 청구 소송을 제기했다. 서울고등법원은 야후가 원고인 사진작가의 저작권 침해 신고를 받은 후 그에 대한 적극적인 차단 조치를 시행했으므로 야후에 책임이 없다고 판단했다.[8] 그러나 사진작가는 이 판결에 불복하고 대법원에 상고했다. 놀랍게도 대법원은 「저작권법」에 규정된 것보다 더 많은 의무를 플랫폼에 요구하면서 야후의 책임을 인정하는 결론을 내렸다. 대법원은 권리자로부터 직접적인 요구를 받지 않은 경우라 하더라도 불법 복제물이 게시된 것을 알았다면 그 불법 복제물을 삭제하고 향후 유사한 불법 복제물이 게시되지 않도록 차단하는 적절한 조치를 취해야 할 의무가 있다고 본 것이다.[9] 권리자가 삭제 요구를 하면서 구체적인 정보를 제공해 주지 않는 경우에는 플랫폼에 의한 삭제 조치에 한계가 있을 수밖에 없을 것이다. 그러나 대법원은 권리자의 삭제 요구가 추상적이거나 심지어 삭제 요구가 없더라도 플랫폼이 불법 복제물을 찾아서 삭제하고 앞으로도 계속 권리 침해 차단을 위한 모니터링을 해야 한다는 것이다. 사실 우리 「저작권법」은 대법원의 견해와 정반대의 취지를 명확히 하고 있다. 「저작권법」은 플랫폼 기업이 자신의 서비스 안에서 침해행위가 일어나는지를 모니터링monitoring하거나 그 침해행위에 관하여 적극적으로 조사할 의무를 지지 않는다고 규정하고 있다. 대법원판결은 저작권 보호를 강화해야 한다는 의견에 지나치게 영향을 받아서 「저작권법」을 잘

못 해석한 것이다.

우리 「저작권법」은 통지 및 삭제 절차를 규정하고 있지만, 현실적으로 저작권자가 어느 정도로 구체적인 통지를 해야 하는지, 플랫폼은 기술적으로 어느 정도의 삭제 조치를 취해야 하는지에 아무런 규정을 두고 있지 않다. 특히 저작권자가 불법 복제물의 삭제를 요구할 때 그 불법 복제물의 위치URL, Uniform Resource Locator 정보를 구체적으로 표시해 통지해야 하는지에 대해 많은 찬반 논의가 있었다. 당구 용품 제조업과 당구 관련 온라인 동영상 강좌를 개설하여 운영해 온 원고가 카카오의 다음 카페에 무단 복제된 동영상이 게시되었다고 주장하면서 카카오의 책임을 추궁한 소송에서, 원고가 문제 된 카페의 대표 주소만 표시해서 불법 복제물의 삭제를 요구한 것으로 충분한지, 아니면 불법 복제 동영상의 구체적인 위치 정보·인터넷 주소를 표시했어야 하는지가 핵심 쟁점이 되었다. 서울고등법원은 카페에 올라온 3,000건가량의 불법 복제 동영상에 대해서 모두 위치 정보를 표시해서 통지하도록 요구하는 것은 불합리하다고 보고 적절한 삭제 조치를 취하지 않은 카카오의 책임을 인정했다.[10] 그러나 대법원은 불법 복제 동영상의 구체적인 위치 정보를 받지 않고 그 게시물을 삭제하기 어려운 경우에는 원고 저작권자의 적절한 통지가 있었다고 보기 어렵다고 판단했다. 권리자에 의한 적절한 통지가 없었다면 카페에 불법 복제물이 남아 있다 하더라도 플랫폼에 대하여 책임을 추궁할 수 없다고 본 것이다.[11] 이 사건에서 원고는 삭제 요구를 하면서 불법 복제물이 게시된 카페의 대표 주소, 다음 검색창에서 일정 키워드를 검색한 캡처 화면을 제시했지만 불법 복제물의 구체적인 위치 정보를 제시하진 않았다. 플랫폼으로서는 원고가 제공한 검색어로 검색되는 게시물이 저작권을 침해한 것인지 공정이용으로 적법한 것인지 명확히 알기 어려웠기에 적절한 삭제 조치를 취할 수 없었다고 항변했다. 검색 결과로 불법 복제물인지 여부를 알 수 없는데도 불구하고 검색 결과 나온 동영상을 모두 시청하면서 불법 복제물인지 아닌지를 감별해야 한다면 플랫폼에 포괄적인 모니터링 의무를 부과하는 것과 마찬가지가 될 것이다. 따라서 대법원은 사진 작품의 불법 복제에 대한 야후의 책임을 인정한 종전 판결과 정반대로 플랫폼의 모니터링 의무를 부과하는 것이 불합리하다는 점을 인정하고 플랫폼에는 책임이 없다고 판단했다.

통지와 삭제에 관한 분쟁의 대부분은 플랫폼이 충분히 불법 게시물을 삭제하지 않았다고 주장하면서 권리자가 플랫폼을 상대로 저작권 침해의 책임을 추궁한 사례들이다. 때로는 정반대로 권리자가 권리 침해 여부에 관한 신중한 검토 없이 마구잡이로 게시물 삭제를 요구하기도 한다. 플랫폼이 권리자의 요구를 충실히 반영해 지나치게 광범위한 범위의 게시물을 삭제하면, 플랫폼 이용자들의 적법한 게시물도 삭제될 수 있다. 그리하여 플랫폼에서의 활동이 위협받는 것이 아닌가 하는 우려가 제기된다. 손담비의 노래 〈미쳤어〉와 미국 프린스Prince의 노래 〈미쳐 봐Let's go crazy〉에 관한 동영상 분쟁이 바로 그것이다.

손담비 〈미쳤어〉

자동차를 수리하는 서비스센터의 커다란 빈 공간 어딘가에서 손담비의 〈미쳤어〉라는 노래가 흘러나오자 어린 여자아이가 의자에 앉아 흥얼거리면서 손담비의 춤동작을 따라 하기 시작했다. 아이 아빠는 그 모습을 보고 1분가량 휴대폰으로 촬영한 후 자신의 네이버 블로그에 게시했다. 손담비의 〈미쳤어〉에 대한 저작권을 신탁받아서 관리하고 있는 한국음악저작권협회는 허락 없이 제작한 동영상을 올린 것이 저작권 침해라고 주장하면서 그 동영상의 삭제를 요구했고, 저작권자의 삭제 요구를 받은 네이버는 동영상을 삭제했다. 아이 아빠는 자신이 만든 동영상이 자신의 작품이고 그 동영상을 올린 것이 저작권 침해라고 볼 수 없는데도 불구하고 한국음악저작권협회가 신중한 검토 없이 삭제 요구를 한 것은 위법하다고 주장하면서 손해배상 청구 소송을 제기했다.

서울고등법원은 플랫폼 이용자의 손을 들어 줬다. 이 사건 동영상이 어린아이의 귀여운 춤과 노래를 자랑하기 위한 비영리 목적일 뿐 아니라 1분 미만의 동영상에서 저작권자의 노래가 이용된 분량은 일부에 불과하고 동영상 촬영 당시 주변 소음으로 인해 초반 15초 분량의 동영상에서만 노래가 명확히 전달된다는 점을 고려하여 소위 '공정한 이용'에 해당한다고 판단한 것이다. 서울고등법원은 저작권 침해에 해당하지 않는 동영상임에도 불구하고 저작권자가 부당하게 동영상의 삭제를 요구한 것이므로 저작권자가 삭제로 인해서 발생한 정신적 손해를 배상해야 한다고 판결했다.[12] 인터넷 이용자들이 노래를 좋아해서(그래서 노래를 소비하면서) 기발한 아이디어로 콘텐츠를 만들어 인터넷에 올리면 문화적 산물이 늘어나는데, 그로 인해서 저작권자가 입게 되는 불이익이나 손해가 극히 미미하다면 인터넷상의 표현의 자유 및 예술의 자유를 보호하는 헌법의 이념에 비춰 보더라도 이 사건 미쳤어 동영상과 같은 '이용자 제작 콘텐츠UGC, User Generated Contents'는 공정한 이용에 해당한다고 본 것이다. 한국음악저작권협회가 권리자로서 이 사건 동영상이 저작권을 침해하는 것인지 아니면 공정한 이용처럼 적법한 것인지에 대하여 신중하게 검토했어야 한다. 권리자가 신중한 검토 없이 동영상의 복제·전송의 중단을 요구해서 아이 아빠가 자신의 동영상을 다른 사람들과 공유할 기회를 박탈 당하는 정신적 고통을 입었다면, 권리자가 그 손해를 배상해야 한다.

미국에서도 권리자와 플랫폼 이용자 사이에 아주 유사한 분쟁 사례가 있었다. 스테파니 렌즈Stephanie Lenz는 어린 아들이 프린스의 노래 〈Let's Go Crazy〉에 맞춰 춤을 추는 모습을 29초 동안 촬영해서 유튜브에 게시했다. 그 노래의 저작권자 유니버설 뮤직Universal Music은 저작권 침해를 이유로 그 동영상의 삭제를 요구했고, 유튜브는 저작권자의 삭제 요구에 따라서 그 동영상을 삭제했다. 렌즈는 자신의 동영상이 29초 분량에 불과한 공정이용으로 적법한 것임에도 불구하고 유니버설 뮤직이 저작권 침해라는 허위 주장으로 부당하게 자신의 동영상 삭제를 요구했다고 주장하면서 소송을 제기했다. 이 사건에서 유니버설 뮤직은 침해 동영상의 삭제를 요구할 때 그 동영상이 공정이용에 해당하는지 여부를 검토해야 할 의무가 없으므로 자신의 삭제 요구는 적법한 것이라고 항변했다. 그러나 미국 연방항소법원은 유니버설 뮤직의 주장을 받아들이지 않고 저작권자가 인터넷 게시물의 삭제를 요구하기 전에 반드시 적법한 공정이용에 해당하는지를 검토했어야 한다고 판결했다.[13]

본래 통지와 삭제 절차는 저작권자와 플랫폼을 보호하는 데는 효율적이지만 이용자들에게는 냉정하고 가혹하다. 저작권자는 이용자들이 만든 패러디의 가치를 무시하기 쉽고, 플랫폼은 이용자들이 제작한 콘텐츠UGC가 적법한 것인지 검토하고 판단하기 어렵기 때문이다. 미국과 우리나라에서 일어난 '춤추는 아이dancing baby' 동영상 사건은 플랫폼에서 이용자의 권리가 무엇인지를 되돌아보게 해 주었다.

음란성과 폭력성

플랫폼에서 불법 복제와의 전쟁뿐만 아니라 음란성과 폭력성과의 전쟁도 복잡하고 어렵다. 불법 복제물의 공유는 무료 이용의 소박한 동기에서 시작한다. 그러나 음란물의 공유는 욕망의 충족을 위해서 보다 심각한 범죄로 발전한다. 특히 인터넷 플랫폼은 음란물을 대중화하고 청소년들까지 음란물의 생산과 소비에 참여시켰다. 초고속 인터넷의 보급으로 인터넷 이용자들이 급증한 1990년대 말, 음란물 플랫폼 '소라넷'이 나타나 이용자들을 파고들었다. 소라넷은 성인 사이트들의 목록을 만들고 이용자들의 리뷰와 평점으로 음란성 경쟁을 유도하면서, 동시에 음란한 소설을 공유하는 '야설 공작소'를 제공해 막대한 광고 수익을 추구했다. 소라넷은 아동포르노와 불법 촬영물을 공유하고 강간 등의 범죄를 주선하는 범죄 포털 사이트로 급성장했다. 소라넷은 자신의 IP주소가 차단되면 새로운 IP주소를 개설하고 실시간으로 이용자들에게 새 주소를 알렸다. 유해 사이트 단속과 처벌을 피하기 위해서 자주 변경되는 IP주소를 이용자들에게 알리고자 트위터 계정을 개설했는데, 소라넷의 트위터 계정을 팔로우한 이용자 수가 23만 명을 넘어서 국내 트위터 중 3위를 차지했다. 소라넷은 해외에 서버를 두고 IP 주소만 바꿔 가면서 영업을 계속하고, 단속 기관은 새 주소를 찾아서 차단하는 두더지 잡기 게임만 반복했다. 소라넷은 서버 자체도 여러 나라로 옮겨 다니면서 철저히 단속을 피했다. 10여 년이 지난 후 2016년에야 비로소 서울지방경찰청은 네덜란드 현지 경찰과 협력해서 소라넷 서버를 압수하고 폐쇄하는 데 성공했다.

최근에 문제 된 '밤토끼'는 불법 복제한 웹툰을 공유해서 저작권 침해의 민형사 책임을 지게 되었지만, 음란한 일본 만화를 비롯한 음란물을 퍼뜨리는 역할도 했다. 밤토끼 운영자가 구속되면서 악명 높은 플랫폼도 폐쇄되었지만, 곧이어 그와 유사한 불법 복제물 사이트로 '뉴토끼'가 개설되었다.

플랫폼에 음란물이 많아지면서 성인뿐 아니라 청소년도 음란물에 노출되기 쉬운 환경이 만들어졌다. 이제 음란물에 익숙해지거나 무감각해져야 하는 것인지 아니면 음란물의 제작과 유포 행위를 처벌해야 하는지 그리고 처벌한다면 어느 정도의 음란성이나 폭력성이 있는 경우에 처벌해야 하는지 고민해야 한다. 우리 대법원은 윤리나 성 풍속 문제에 국가가 관여하는 것은 바람직하지 않다고 하는 기본 입장을 명확히 하면서 음란성의 기준을 낮추고 완화해 왔다. 18세 관람가 영화를 인터넷으로 공유하면 형사처벌의 대상이 되는지 문제가 된 사안에서, 우리 대법원은 성욕을 자극하면서 "하등의 문학·예술·교육적 가치를 지니지 아니한 것"에 한해서 음란물로 형사처벌해야 한다고 판결했다.[14] 뒤집어 말하면 만화나 동영상에 남녀 성기가 노출되고 성행위가 등장하더라도 예술 가치가 인정되거나 교육 목적으로 제작되고 활용되는 것은 형사처벌을 면할 수 있다.

만화 속 남성이 여성의 벗겨진 가슴을 만지고 남녀가 성행위하는 장면을 묘사한 성인 만화는 음란물인가? 대법원은 실제 사람이 아니라 만화 속 가상 인물의 성행위 장면이라는 점을 강조하면서, 그 성인 만화가 사람의 존엄성과 가치를 훼손하는 정도가 아니라면 형사처벌할 만한 음란물로 볼 수는 없다고 판결했다.[15] 특히 문제된 성인 만화가 교복 입은 여학생을 상대로 성폭행하는 장면까지 포함하고 있었지만, 대법원은 그러한 성폭행 장면의 표현이 직접적이고 노골적인 것이 아니라면 음란물로 보기 어렵다고 판결하는 너

그러움을 보여 주기도 했다.[16] 미성년자를 상대로 한 성폭력을 엄격히 규제하고 처벌하는 해외 동향과 「아동·청소년의 성보호에 관한 법률(청소년성보호법)」 규정 등을 고려해 보면 대법원의 판단 기준이 무엇인지 다소 의아한 측면도 있다. 지난 10년간 성범죄 사건 가운데 강간은 조금씩 줄어든 반면에, 플랫폼에서의 불법 촬영물 유통은 대폭 증가했다.[17] 「청소년성보호법」은 아동이나 청소년의 성행위를 표현한 영상물이나 게임을 제작하거나 유통하는 행위를 처벌하고 있다.

n번방의 범죄

플랫폼 가운데 텔레그램Telegram 채팅방은 범죄 플랫폼으로 자주 등장한다. 텔레그램은 러시아의 억만장자 두로프Durov 형제가 개발한 메신저 플랫폼으로 유럽과 중동의 여러 나라에 서버를 두고 있다. 텔레그램은 보안성이 좋다고 알려져서 정치인들도 애용하고 있지만 사이비 종교, 아동 성 착취, 마약 밀거래 등의 범죄에도 자주 이용되고 있다. 몇 년 전에 카카오톡이 협조 요청에 따라 수사기관에 자료를 제공했다는 사실이 보도되면서 상당수 국내 이용자들이 텔레그램으로 사이버 망명을 하기도 했다.

소위 'n번방' 사건은 텔레그램에 개설된 다수의 채팅방이 불법 촬영 음란물을 제작 및 유포하는 도구로 활용된 사건이다. '갓갓'이라는 별명으로 알려진 문형욱은 1번방부터 8번방까지 8개의 채팅방을 열고 성 착취 동영상을 판매하고 미성년 여학생들에 대한 성폭행을 유인하기도 했다. '박사'라는 별명을 가진 조주빈은 고액 알바와 같은 방법으로 여고생을 모집해서 성 착취 동영상을 제작하고, 음란성과 폭력성 정도에 따라서 텔레그램 채팅방의 등급을 나누고 입장료를 차등화해서 150만 원의 입장료를 내야 들어갈 수 있는 고액의 '박사방'까지 운영했다. 익명의 대학생 두 명으로 구성된 '추적단 불꽃'의 활약으로 n번방 사건이 자세하게 드러났지만, 텔레그램 서버가 해외에 있어서 채팅방 운영자들과 유료 이용자들을 추적하는 데 많은 어려움을 겪었다. 2020년 텔레그램 본사의 협조를 받아서 경찰은 박사방 운영자 조주빈과 n번방 운영자 문형욱을 체포할 수 있었다.

텔레그램의 채팅방 운영자들은 아동·청소년을 이용한 성 착취물을 생산하고 유통해서 형사처벌을 받게 되었다. 불법 촬영물 확산에 텔레그램을 비롯한 플랫폼들의 역할이나 책임은 없을까? n번방 사건의 심각성이 부각되자 정부는 디지털 성범죄 수사 및 운영자 체포와 더불어 관련 법령의 개정을 추진했다. 「성폭력범죄의 처벌 등에 관한 특례법(성폭력처벌법)」을 개정해서 성적 수치심을 일으키는 불법 촬영물 제작에 대한 처벌 형량을 강화하고, 「청소년성보호법」을 개정해서 아동이나 청소년을 대상으로 한 성 착취 촬영물뿐만 아니라 모든 불법적 성 촬영물까지 처벌 대상을 확대하고, 불법 촬영물을 구입하고 시청하는 행위까지 모두 처벌하게 되었다.

또한 「전기통신사업법」도 개정해서 플랫폼 기업 같은 부가 통신 사업자들에게 불법 촬영물의 삭제나 접속 차단과 같은 유통 방지조치를 취해야 할 의무를 부과하고, 그러한 유통 방지조치 의무를 이행하지 못한 사업자에게 과징금을 부과할 수 있도록 했다.

n번방 사건의 재발을 막기 위해서 관련 법령을 개정했지만, 실제로 n번방 사건이 발생한 텔레그램은 관련 법령으로 규제할 수 없었다. 텔레그램처럼 해외에 서버가 있는 경우 불법 촬영물의 국내 유포만 차단할 수 있을 뿐이고 서버 수색이나 계정 해지 등의 근본 조치는 외국의 기업과 정부 협조에 의존해야 하기 때문이다. 성 착취물에 대한 삭제나 접속 차단 등의 조치를 하지 않는 경우, 국내 기업에는 과징금을 부과하거나 형사처벌을 가할 수 있지만 외국 기업에는 현실적으로 그러한 제재를 할 수 없다. 결과적으로 n번방 방지법은 국내 사업자한테만 과도한 의무와 책임을 부과하고, n번방 사건 발생 플랫폼인 텔레그램은 규제하지 못하는 국내외 사업자 간 역차별 문제를 노출했다. 국내 사업자들은 법령에 따라 불법 촬영물의 유통을 차단하기 위해서, 고객들이 주고받는 메시지와 데이터를 검열해야 하고 개인의 프라이버시를 침해하는 위험부담까지 떠안게 되었다. 정치인들의 포퓰리즘populism이 만들어 낸 또 하나의 잘못된 규제가 아닐까?

미셸 오바마 효과

불법 복제 또는 음란물의 차단이 권리자의 통지나 이용자의 신고에만 의존하는 것은 아니다. 플랫폼은 모니터링 의무는 없지만 대부분 불법 복제나 폭력 또는 음란물을 자동 적발하는 알고리즘을 개발해 스스로 차단하는 방침을 적용하고 있다. 구글이나 네이버가 채택한 알고리즘은 플랫폼 내 저작권 침해를 대폭 줄이고 청소년에게 해로운 게시물을 효율적으로 차단할 수 있는 장점을 갖고 있다. 알고리즘으로 권리자와 이용자 모두 보호받을 수 있고 플랫폼도 저작권 침해나 음란물 배포의 책임에서 벗어날 수 있다.

알고리즘의 효율성은 뛰어나지만 중요한 가치 희생이 뒤따른다. 이용자들이 플랫폼에 올린 게시물이 불법 복제물인지 공정이용으로 적법한 것인지 또는 음란물인지 예술적인 창작물인지 구별하기 어려운 경계선상의 콘텐츠가 많다. 이런 경우에 알고리즘 기준에 따라서 공정이용이나 예술을 희생시킬 수도 있고 판단에 오류가 있을 수도 있다. 특히 알고리즘은 디지털 지문digital fingerprinting과 일치하는지만을 기계적으로 판단하므로 과잉 차단 문제를 일으킬 수 있다. 예컨대 저작권이 만료된 음악으로 사용자들이 손수 만든 콘텐츠UGC까지 차단하는 황당한 경우가 있다. 베토벤은 1827년에 사망했고 그의 주옥같은 교향곡의 저작권도 만료되었지만, 베토벤의 교향곡을 연주해서 유튜브에 올리면 알고리즘은 저작권 침해로 오해하고 차단할 수 있다. 어느 음대 교수는 베토벤의 교향곡을 스스로 연주해서 유튜브에 올렸지만, 알고리즘은 독일 음반 회사가 제작한 베토벤 교향곡과 거의 동일하다고 보고 차단했다. 베토벤의 교향곡은 저작권이 만료되어 인류 모두의 공유재산public domain이 되었지만, 독일 음반 회사는 그 교향곡으로 음반을 제작해서 그 음반에 녹음된 교향곡 음원에 대해서는 일정한 권리를 갖게 된다. 음반 자체를 불법 복제하면 그 음반 회사의 권리를 침해하는 것이다. 그러나 음대 교수처럼 음반을 불법 복제하지 않고 스스로 교향곡을 연주해서 녹음하고 유튜브에 올리는 것은 음반 회사가 지닌 음반에 대한 권리를 침해하는 것이 아니다. 여기서 문제는 유튜브 알고리즘이 음대 교수가 손수 제작해서 올린 음원이 독일 음반 회사의 음반에 녹음된 음원과 동일하다고 오해할 수 있다는 것이다. 베토벤의 교향곡 자체가 동일하다면 음대 교수의 연주 내용과 음반 회사의 음반 내용이 실질적으로 유사할 수밖에 없기에 알고리즘에 의한 기계적 차단의 희생이 될 수 있다.

10년 전 유튜브는 미국 민주당 전당 대회를 모두 스트리밍 방식으로 방송했는데, 당시 대통령 영부인 미셸 오바마Michelle Obama가 연설을 마치자마자 유튜브는 자동으로 행사 동영상에 저작권 침해 및 차단 메시지를 올렸다. 알고리즘의 과잉 차단이 빚은 어처구니없는 실수였다. 비슷한 시기에 화성탐사 로봇 '큐리오시티 로버Curiosity Rover'가 화성에 착륙해서 탐사 활동을 시작했는데, 어느 방송사의 악의적인 저작권 침해 신고로 인해서 로봇이 착륙하고 나서 불과 몇 시간 만에 화성탐사 동영상이 차단되기도 했다. 알고리즘의 과잉 차단이나 저작권자의 허위 신고 등으로 인해서, 유튜브에서 적법한 콘텐츠이지만 불법 게시물로 판단되어 잘못 삭제 또는 차단된 콘텐츠가 연간 10만 건에 달했다.[18]

민주당 전당 대회에서 현직 대통령 영부인 연설의 스트리밍 방송 사고를 경험한 후, 유튜브는 새로이 저작권 전담팀을 구성해 수동으로 저작권 침해를 검토하기로 했다. 알고리즘에 의한 자동 차단 오류와 부정확성이 큰 문제로 지적되어 왔는데, 이용자들의 불만이 오랜 기간 무시되어 오다가 대통령 영부인 미셸 오바마의 연설 동영상이 자동 차단되는 사고가 발생한 직후에야 비로소 문제 해결을 위한 새로운 시도가 이루어진 것이다. 이제 유튜브는 알고리즘과 수동 검토의 조합을 통하여, 연간 수백만 건의 오류를 시정하고 반복적으로 허위 신고를 하는 저작권자에 대해서는 접속 차단이라는 제재를 가하고 있다.[19]

유튜브의 콘텐츠 ID

애플의 아이튠즈는 회원으로부터 이용료를 받는 대신에 저작권자로부터 라이선스를 받은 경우에 한해서 음악을 공급해서 새로운 온라인 음악 유통 사업 모델로 성공했다. 그러나 유튜브처럼 불특정 다수의 이용자가 음악을 비롯한 다양한 콘텐츠를 올리고 감상하는 소셜미디어의 경우에는 이용자들의 콘텐츠에 대해서 미리 라이선스를 받는다는 것이 애초에 불가능하다. 그러나 냅스터와 소리바다의 선례를 잘 지켜본 유튜브로서는 이용자의 창작과 편의를 도모하면서 동시에 저작권을 보호할 수 있는 효율적인 기술 개발의 필요성이 절실했다. 유튜브는 2007년에 이용자 편의와 저작권 보호의 절묘한 균형을 이룰 수 있는 기술로 '콘텐츠 ID' 시스템을 개발했다.

콘텐츠 ID는 유튜브에서 '디지털 지문'으로 콘텐츠를 확인하고 저작권을 보호하기 위해서 구글이 개발한 시스템이다. 저작권자가 자신의 음악을 비롯한 콘텐츠를 유튜브에 등록하면 유튜브는 각 콘텐츠에 고유한 디지털 지문을 부여하고, 이용자들이 동영상을 올릴 때마다 유튜브는 각 동영상을 디지털 지문과 비교해서 이미 등록된 콘텐츠와의 동일성 여부를 판단한다. 이용자가 올린 동영상이 등록된 콘텐츠와 일치하면 일단 저작권 침해라고 보고 저작권자는 ① 문제의 음악이면 음소거하고 동영상의 경우에는 동영상을 시청할 수 없도록 차단하거나, ② 불법 동영상의 사용 현황을 추적하고 통계를 수집하고, ③ 동영상에 광고를 게재해 수익을 창출(유튜브와 저작권자의 수익 공유)할 수 있다. 저작권자는 불법 콘텐츠를 차단할 수도 있고 그대로 놔두면서 그 콘텐츠에 붙은 광고에서 발생한 수익을 분배받을 수도 있다. 유튜브의 콘텐츠 ID 시스템은 저작권자가 원하는 방식으로 저작권을 보호받을 수 있도록 한 것이다. 콘텐츠 ID 시스템을 이용하는 90% 이상의 저작권자들은 광고 수익의 분배 방식을 선택했다. 유튜브가 광고 수익 가운데 저작권자들에게 분배한 금액은 2014년에 1조 2,000억 원(10억 달러)에서 2020년에 4조

8,000억 원(40억 달러)으로 계속 늘어나고 있다.[20]

저작권자들이 콘텐츠 차단보다 광고 수익 분배 방식을 선호하면서, 이용자들도 유튜브에서 더 많은 콘텐츠를 올리고 공유할 수 있는 기회가 주어진 셈이다. 또한 콘텐츠 ID 시스템은 알고리즘으로 저작권 보호를 자동화했다는 점에서 효율성이 높다. 다만 콘텐츠를 만들어서 올린 이용자의 입장에서 보면 아무런 보상도 받을 수 없다는 것이 불합리하다고 생각할 수 있다. 예를 들면 음악의 아버지 바흐의 음악은 인류의 공유재산이지만, 바흐의 곡을 연주해서 만든 음반에 대한 권리는 소니와 같은 음반 회사에 있다. 어느 피아니스트가 자신의 거실에서 바흐 음악을 연주해 유튜브에 올렸다고 해보자. 만약 유튜브 알고리즘이 그 피아니스트의 손수 제작 녹음물 가운데 일부가 소니의 음반과 일치한다고 판단하면, 소니가 원할 시 그 피아니스트의 녹음물을 삭제하는 대신 광고 수익의 일부를 분배받을 수 있게 된다. 물론 소니 음반과 일치한다고 판단한 부분도 피아니스트가 손수 거실에서 연주한 것이기에 유튜브 알고리즘의 저작권 침해 판단은 잘못된 것이다. 더 중요한 문제는 알고리즘이 저작권 침해 녹음물이라고 판단하게 되면 그 녹음물로부터 나오는 광고 수익이 피아니스트에게 분배되는 게 아니라 저작권자인 소니한테 분배된다는 것이다. 유튜브에 올라온 콘텐츠는 피아니스트가 연주해서 올린 것인데, 알고리즘의 판단 오류로 인하여 그 콘텐츠로부터 생기는 광고 수익은 소니와 구글이 나눠 갖는 이상한 제도가 될 수 있다.

플랫폼과 팬덤

유튜브는 불법 복제와의 전쟁 양상을 완전히 뒤바꿔 놓았을 뿐 아니라 새로운 팬덤 문화를 만들었다. 싸이의 〈강남스타일〉이 성공한 것도 인종이나 국적을 불문하고 팬들이 유튜브를 통해 〈강남스타일〉 패러디를 만들고 50억이 넘는 조회를 하면서 만들어진 것이었다. 국내에서 잘 알려지지도 않았던 싸이의 〈강남스타일〉이 유튜브에서 폭발적인 성공을 거둔 것은 국내외에서 놀라움과 분석의 대상이 되었다. 우리나라 말도 잘 모르는 외국인들이 따라 하고 싶을 정도로 우스꽝스러운 말춤 때문에, 딴따라 느낌을 너무나 솔직하고 경쾌하게 표현해서, 노래 분위기가 느끼할 정도로 섹시해서 등등의 분석이 나왔다. 가장 근본적인 성공 배경은 싸이의 개인적인 능력이나 노래의 매력이 아니라 유튜브라고 하는 소셜미디어 자체의 위력 때문이다. 기존의 음반 회사나 방송사들과 달리, 유튜브는 이용자들이 호불호 느낌을 손쉽게 공유할 수 있도록 쌍방향의 소셜미디어 플랫폼을 제공했다. 유튜브 이용자들은 〈강남스타일〉의 우스꽝스러운 말춤 동영상을 보고 그저 재미있다고 생각하는 데만 그치지 않았다. 자기 스스로 말춤을 따라 하면서 패러디와 같은 새로운 동영상을 만들어 유튜브에 올리고 친구들에게 자랑하면서 적극적으로 〈강남스타일〉을 공유했다. 음반이나 방송과 같은 기존 미디어들은 소비자들의 느낌을 전달하는 데 지역적, 시간적 한계를 갖고 있다. 유튜브와 같은 소셜미디어 플랫폼들은 국적의 경계도 없이 거의 실시간으로 팬들의 솔직한 느낌을 전달하면서 팬들의 입소문을 순식간에 확대 재생산해 준다. 특히 플랫폼 알고리즘은 목소리 큰 팬덤의 성향을 반영하여 계속해서 싸이 〈강남스타일〉을 추천해 준다. 유튜브의 추천 알고리즘은 어느 음반 회사의 마케팅보다 더 커다란 위력을 발휘한다.

BTS의 성공도 소셜미디어와 팬덤 덕분이다. BTS는 미국의 빌보드 차트Billboard Chart의 정상을 차지하고 스포티파이에서 스트리밍 신기록을 세우면서 한류 콘텐츠의 대명사가 되었다. 우리나라말로 된 노래를 부르는 경우도 많지만, BTS는 50여 년 전 수많은 사람을 감동시킨 영국의 록밴드 비틀스Beatles에 비유되는 전 세계적인 인기와 성공을 거두고 있다.[21] 비틀스의 음악은 1960년대 말의 인권운동 내지 반전운동과 맞물려 대중예술로 성공했다면, BTS의 성공은 소셜미디어에서의 소통과 열렬한 팬덤 덕분이다. 2013년 남성 그룹 방탄소년단이 탄생했는데 무명 그룹으로 대형 기획사의 인프라에 의존할 수 없었던 그들은 유튜브나 트위터와 같은 소셜미디어 플랫폼을 통해 팬들을 만나고 소통했다. 소셜미디어 플랫폼에서의 직접적 소통 방식이 오히려 더 진정성 있게 콘텐츠를 전달하고 팬들이 자발적으로 가사의 의미를 설명하고 번역하기도 하는 커다란 팬덤을 형성하게 된 것이다. 2020년 10월 코로나19로 음악 공연은 모두 취소되었지만, BTS는 이틀에 걸친 온라인 공연으로 191개국에서 99만 3,000명의 유료 시청자를 만나서 500억 원(4,400만 달러)의 매출을 올렸다.[22] 플랫폼에서 형성된 팬덤이 방탄소년단처럼 경제적 기반이 충분하지 못한 무명 예술가를 영웅으로 만들어 준 것이다.

〈오징어 게임〉은 '넷플릭스'라는 스트리밍 플랫폼을 통해서 팬들을 직접 만났기에 성공할 수 있었다. 특히 넷플릭스는 빅데이터 분석을 통해서 팬들이 선호하는 콘텐츠와 팬들이 성향별로 좋아하는 가수와 배우 등에 관한 통계 자료를 파악하고 그러한 빅데이터 분석 결과를 토대로 콘텐츠를 스스로 개발하기 시작했다. 넷플릭스가 빅데이터 분석을 토대로 〈오징어 게임〉에 과감히 투자했기에 〈오징어 게임〉은 세계 무대에 설 수 있었고 대성공까지 거둘 수 있었다. 빅데이터 분석 결과로 그 작품의 성공까지 미리 확신할 수 있었다는 점은 소름 끼칠 정도로 무서운 사실이다. 넷플릭스의 콘텐츠 생산 방식은 머지않은 미래에 인공지능이 음악과 영화를 생산하는 시대를 상상하게 만든다.

플랫폼과 팬덤은 기존의 문화생태계를 급속도로 바꾸고 있다. 기존 문화산업의 제왕 할리우드의 월트 디즈니Walt Disney를 비롯한 5대 영화 제작사[23]의 수익은 2007년과 2011년 사이에 40% 감소했다. 할리우드 영화 제작사들은 수익 감소에 대응하기 위해서 부득이 흥행 성공작의 대부분을 넷플릭스와 아마존 같은 플랫폼에 넘기지 않을 수 없었다. 기존의 음반 회사, 영화 제작사, 출판사는 플랫폼을 경쟁 상대로 생각하고 있지만 사실은 이미 경쟁이 끝났다. 음반 회사와 영화 제작사들은 그저 플랫폼의 승리를 인정하지 못하고 계속 불법 복제와의 전쟁에 시간을 낭비하고 있을 뿐이다. 플랫폼

© Chongkian

드라마 〈오징어 게임〉에 등장한 캐릭터
〈오징어 게임〉은 2021년 9월 17일 넷플릭스를 통해 공개된 대한민국의 9부작 드라마이다. 한국 드라마 최초로 전 세계 넷플릭스 드라마 부문 1위를 기록하며 큰 인기를 누렸다.

은 이미 승리했을 뿐만 아니라 콘텐츠 생산 방식을 송두리째 바꾸고 팬들을 끌어들인 플랫폼 커뮤니티를 완성해 나가고 있다.

〈오징어 게임〉 못지않게 세계적으로 대성공을 거둔 핑크퐁pink-fong의 〈아기상어〉도 플랫폼 덕분이다. 토종 기업이 만든 〈아기상어〉 동영상은 유튜브에 '베이비 샤크 댄스Baby Shark Dance'라는 이름으로 업로드되었고 2022년에 유튜브 역사상 최초로 누적 조회 수 100억 회를 돌파했다. 미국의 어린이 방송 니켈로디언Nickelodeon이 만든 아기상어 애니메이션은 미국뿐 아니라 우리나라와 영국, 이탈리아, 호주 등에서 방송되고 있다. 미국 주간지 『타임TIME』이 '2022년 가장 영향력 있는 100대 기업'을 발표하면서 '삼성'은 빼고 '핑크퐁 아기상어'를 만든 더핑크퐁컴퍼니를 올렸다. 플랫폼이 어린이 콘텐츠의 소비 방식도 바꾸면서 우리 토종 어린이 노래와 동영상이 세계 무대에서 국적을 불문하고 어린이들의 인기를 끌 수 있었다.

팬 커뮤니티 플랫폼

플랫폼 시대의 팬들은 더 이상 신문이나 방송에 의존하지 않고 플랫폼에 둥지를 틀고 활동한다. 예술가와 팬들이 소통할 수 있는 전문 플랫폼들도 나오고 있다. 하이브의 팬 플랫폼 '위버스', SM엔터테인먼트의 자회사 디어유DearU가 만든 팬 플랫폼 '버블Bubble', NC소프트가 만든 팬 플랫폼 '유니버스Universe' 등이 그 대표적인 팬 커뮤니티 플랫폼들이다. 하이브의 자회사로 탄생한 위버스는 플랫폼을 통한 유명 가수와 팬 사이의 소통 및 팬들끼리 상호 교류를 가능하게 해 준다. 콘텐츠 전달 위주의 유튜브나 트위터보다 더 깊이 있고 끈끈한 팬덤의 소셜미디어로 개발된 것이다. 위버스는 팬 커뮤니티뿐만 아니라 유무상의 콘텐츠 및 굿즈를 판매하는 전자상거래 서비스도 제공하는 음악 산업의 종합 포털이다. 최근에는 위버스가 네이버 '브이 라이브V Live'를 양도받아서 팬과의 실시간 채팅, 공연과 리얼리티 쇼 등의 콘텐츠를 실시간으로 디지털 방송하는 서비스도 강화했다. 2023년 위버스 앱의 누적 다운로드 수는 1억 건을 돌파했고 누적 이용자는 100여 개국에 걸쳐 5,000만 명을 넘었으며 팬들의 게시물도 3억 건을 넘었다. SM엔터테인먼트는 1995년에 설립되어 동방신기와 같은 아이돌 그룹을 성공시켜서 한류 및 K-pop 열풍을 일으키는 데 많은 기여를 한 연예기획사의 만형이라 할 수 있다. 하이브는 그로부터 10년 후에 시작했지만, SM보다 10배 이상 커져 2022년 4월 기준 시가총액이 11조 원이 넘는 대기업으로 성장했다. 하이브도 기본적으로 SM, YG, JYP와 같은 연예기획사이지만,[24] 주식 시장에서 기존 연예기획사보다 열 배 이상의 가치를 가진 기업으로 평가받고 있는 이유는 바로 위버스와 같은 플랫폼을 통해서 음악 산업의 종합 포털을 추구하고 음악 산업의 비즈니스 모델을 혁신하는 기업이기 때문이다.

팬들은 단순히 음악이나 기념품을 사고 감상하는 데 그치지 않고 다양한 플랫폼에서 보다 적극적으로 자신이 좋아하는 아이돌과 음악을 홍보하고 심지어 외국어로 번역해서 올리기도 한다. 팬들은 위버스가 탄생하기 이전부터 트위터, 유튜브, 페이스북 같은 다양한 플랫폼에서 활동해 왔다. 특히 BTS의 트위터 팬 번역 계정 가운데 20만 명이 넘는 팔로워를 가진 트위터 계정도 있다. 팬들은 노래 가사뿐만 아니라 인터뷰 내용도 영어, 스페인어, 태국어 등으로 번역해서 트위터 계정에 올려서 BTS에 대한 이해를 심화시키고 새로운 팬들을 끌어들이려는 열정과 사랑을 나타낸다. BTS가 신작을 발표하기 전후 한 달 동안은 기획사가 거의 매일 새로운 콘텐츠를 내놓기 때문에 외국에 거주하는 팬들 가운데 상당수는 아예 수면 시계를 바꿔 가면서까지 신속하게 콘텐츠 번역문을 트위터 계정에 올리기도 한다.[25]

프로슈머

플랫폼에서는 창작과 소비가 구별되지 않는 경우가 많다. 기존 음반이나 방송의 경우에는 예술가는 창작을 음반사 또는 방송사는 유통을 그리고 소비자는 구입과 감상을 하는 역할 분담이 명확했다. 그러나 플랫폼에서는 이용자들이 문화 상품을 사고 감상할 뿐 아니라 동시에 자신의 느낌을 표현하거나 번역하거나 자기 작품을 만들어서 플랫폼에 올리고 공유하려고 한다. 플랫폼 이용자들은 소비와 함께 창작과 생산을 동시에 하는 프로슈머prosumer인 셈이다. 손담비 〈미쳤어〉에 맞춰서 의자 춤을 추는 어린아이의 모습을 촬영해서 동영상 플랫폼에 올리기도 하고, 영화나 드라마에 감동한 팬들이 아무런 보상 없이 자국어로 번역해서 번역문을 카페에 올리기도 한다. 플랫폼에서 팬들의 창작 활동은 팬덤의 열기를 확산하고 예술가를 스타로 만들어 주기도 하지만 때로는 저작권이나 상표권 침해로 심각한 분쟁을 일으키기도 한다.[26]

미국 드라마(미드) 번역에 관한 분쟁은 드라마 시장의 변화에 따른 프로슈머와 저작권자 사이의 이해관계 충돌을 잘 보여 준다. 미드 시장이 한국에서 빠른 속도로 커지면서 팬 번역에 대한 저작권자의 반응도 바뀐 것이다. 한국 팬들은 미드를 좋아해서 또는 영어 공부를 위해서 한국어로 번역하고 인터넷 카페에 있는 많은 팬에게 공유했다. 몇 년 전까지만 해도 팬들의 드라마 번역은 미드의 홍보와 시장 확대에 많은 기여를 했다. 그러나 워너 브라더스Warner Bros.

와 같은 저작권 보유 기업들이 직접 한국 시장에서 판매 활동을 시작하면서, 국내 팬들의 번역이 불법 복제에 도움을 주었을 뿐이라는 입장으로 돌변했다. 미드 저작권자들은 한국 팬들의 자발적인 번역이 파생 작품을 만들 권리, 즉 '2차적 저작물 작성권'을 침해한다고 주장하면서 무단 번역문을 게재한 팬과 인터넷 카페 운영자를 형사 고소했다. 그러나 팬들의 번역이 저작권 침해인지 공정한 이용인지에 대해서는 격렬한 논쟁이 진행되고 있다.[27] 이러한 분쟁은 팬들의 열정에 찬물을 끼얹고 「저작권법」의 애매모호한 기준으로 인해서 예술가와 팬을 모두 희생자로 만든다.

번역에 관한 실제 분쟁 사례를 보면 미드 번역을 둘러싼 갈등 해결의 실마리를 찾을 수 있을 것이다. 10여 년 전 미국의 베스트셀러 단행본이 국내에서 '다이어트 비즈니스Diet Business'라는 제목으로 번역되어 출판되었고, 곧이어 저자의 허락 없이 미국에서는 영문 요약물이 한국에서는 영문 요약물의 번역본이 각각 인터넷 사이트에서 유료 회원들에게 판매되었다. 국내에서 영문 요약물의 번역본을 만들어 판매한 사람은 저작권 침해 혐의로 고소되었다. 서울중앙지방법원은 피고가 원저작물을 번역한 것이 아니라 영문 요약물을 번역한 것이라서 원저작물의 저작권을 침해한 것은 아니라고 보고 무죄로 판단했다. 그러나 대법원은 피고의 요약물 번역본도 원저작물 및 국내 출판 번역본을 볼 필요가 없을 정도로 그 내용을 잘 요약한 것이라서 「저작권법」상 2차적 저작물에 해당하고 허락 없이 요약물을 만든 피고는 2차적 저작물에 관한 저작권을 침해한 것이라 보고 유죄 판단했다.[28] 이 사건에서도 피고는 영문 요약물 사이트의 허락을 받았다는 점을 고려해 보면 피고에게 저작권 침해의 고의·범죄 의도가 있다고 볼 수 있을지 의문이다. 대법원은 내용의 유사성, 요약물의 상대적인 분량, 요약물이 원저작물을 대체할 가능성을 중시하면서 저작권 침해에 해당한다고 보고 유죄 판단한 것이다.

원작의 분량을 어느 정도 이용했는지가 저작권 침해를 판단하는 데 중요한 요소가 된다. 예를 들면 예능 프로그램에서 어떤 영화의 3분 정도 분량을 이용한 경우에 그 영화 저작권자의 이익을 해칠 수 있는 분량에 해당하므로 저작권 침해에 해당한다고 판단한 사례가 있다.[29] 그러나 110분 정도 분량의 영화 속에서 주인공이 30초가량 어떤 영화를 시청하는 장면이 나오는데 이 30초 정도 분량의 이용은 정당한 범위에서 공정하고 적법한 이용으로 판단한 사례가 있다.[30] 플랫폼 이용자들이 드라마 '클립clip'을 공유하거나 동영상의 일부를 잘라낸 '움짤'을 만들면서 콘텐츠를 생산하는 경우가 많다. 저작권자들은 클립이나 움짤을 만드는 프로슈머의 증가로 인해서 자신들의 수익이 감소할 것을 우려하고 있다. 그러나 21세기 플랫폼 문화에 있어서 프로슈머 활동의 상당 부분이 공정이용으로 허용되어야 한다고 주장하는 견해도 많다.[31] 기술이 발전하고 시장이 변하고 있는데 자신의 이익이 줄어드는 것을 저작권 침해라고만 생각하고 플랫폼 이용자들을 공격하는 것이 항상 현명한 대응책은 아닐 것이다.

누가 내 치즈를 옮겼을까?

비틀즈의 〈예스터데이Yesterday〉라는 노래를 좋아하는 사람은 1970년대에 비틀즈의 노래를 묶어서 만든 비닐 음반을 구입했고, 1980년대에는 카세트테이프를 그리고 1990년대에는 CD를 구입했다. 과거에는 싫든 좋든 〈예스터데이〉 이외에 여러 곡을 묶어 놓은 음반이나 테이프 또는 CD를 구입했어야 하지만, 21세기에 들어와서는 자신이 원하는 노래 음원 파일만 구하면 충분하다. 이제 음원 파일도 필요 없고 언제 어디서든 스트리밍 서비스로 음악을 감상할 수 있다. 플랫폼에서 MP3 파일을 공유하기 시작하면서 음반 판매량은 빠른 속도로 줄어들었다. 음반 업계는 음반 판매량의 감소가 냅스터나 소리바다 때문이라고 생각하고 저작권 침해 소송을 제기했다. 음반 업계의 대응은 마침 그때 베스트셀러가 된 책 『누가 내 치즈를 옮겼을까?』[32] 스토리를 연상케 한다. 어느 날 창고에 치즈가 모두 없어졌을 때 "누가 내 치즈를 옮겼을까?"라고 화만 낸다고 해서 치즈가 다시 되돌아오는 것은 아니다. 오직 변화에 신속하게 대응할 때에만 비로소 더 많은 치즈를 찾아서 풍요를 누릴 수 있다. 새로운 기술이 등장하고 시장이 변하기 시작할 때 음반 업계는 냅스터와 소리바다 그리고 소비자들을 탓하고 소송을 제기했지만 음반의 판매량은 결코 더 증가하지 않았다. 미국과 한국에서 저작권자들은 소송에서 이겼지만 새로운 기술을 없앨 수 없는 것은 물론이고 소비자들의 파일 공유도 막을 수 없었다. 1999년 당시, 세계 음반 시장의 규모는 30조 원(252억 달러)에 달했지만 지속적으로 소비자를 잃어 2014년에는 거의 반 토막이 난 16조 원 규모로 축소되었다.[33]

플랫폼이 성장하면서 음악 산업이 반 토막 나는 와중에 수익을 대폭 늘린 기업도 있다. 냅스터와 소리바다는 저작권 소송에서 패소하고 사실상 영업을 중지하게 되었지만 애플은 음악, 사진, 동영상을 유료로 내려받을 수 있는 아이튠즈 서비스를 시작했다. 음반 업계는 기술 변화에 적응하려고 노력하지 않고 오직 "누가 내 치즈를 옮겼을까?"라고 불평만 하고 있을 때, 애플은 아이튠즈로 음원 판매 수익을 대폭 늘릴 수 있었을 뿐 아니라 효자 상품cash cow '아이팟iPod'과 아이폰의 판매를 촉진하는 시너지 효과를 내기도 했다. 음반 회사 대부분이 아이튠즈에 음원 판매를 허락한 것은 아이튠즈가 음원 파일의 불법 복제를 금지할 수 있는 기술적 조치로 페어플레이 시스템을 채택했기 때문이다. 그러나 애플의 기술적 조치는 아이튠즈의 음원을 삼성이나 기타 경쟁 업체의 단말기로는 이용할 수 없게 해서 경쟁을 제한하고 이용자들의 불편을 초래했다.[34] 기술적 조치를 무력화하거나 우회하는 기술도 개발되고, 음반 회사들의 동의를 받아 결국 기술적 조치 없이 모든 단말기에서 무제한으로 재생할 수 있는 음원을 공급할 수밖에 없었다.

음반 업계의 매출액 감소는 저작권 침해 소송이나 복제 방지 기술 조치로 해결되지 못하고 스트리밍 기술의 활용으로 겨우 진정시킬 수 있었다. 스트리밍은 음악이나 영상 전체를 내려받지 않고 일부 조각을 나눠 받은 후 실시간으로 재생하는 기술이다. 스트리밍은 음원 복제나 저장의 불편함을 없애 줘서 소비자들의 환영을 받고 불법 다운로드의 필요성도 훨씬 줄여 줬다. 특히 2005년에 유튜브가 그리고 2006년에 스포티파이가 동영상과 음악을 스트리밍하기 시작하면서 콘텐츠 유통 구조에 커다란 변화가 일어났다. 현재 전 세계 음원 매출의 67%가 스트리밍의 방식으로 이루어지고 있고, 음반 매출은 17.5%에 불과하다.[35] BTS는 웸블리 스타디움Wembley Stadium 공연을 '브이 라이브'로 실시간 스트리밍해서 1인당 28달러씩 14만 명의 유료 접속을 이끌어 46억 원의 매출을 달성하기도 했다.[36] 실시간 스트리밍에 의한 매출이 현장 공연의 매출보다 더 많은 수익을 올릴 수 있음을 보여 준 것이다.

넷플릭스 〈오징어 게임〉

음반 회사뿐만 아니라 영화 제작사들도 기술 발전과 무단 복제를 탓하고 플랫폼과 소비자들이 치즈를 훔쳐 간다고 비난하기만 했다. 영화 제작사들은 영화 한 편을 DVD에 담아서 판매하면서 복제 방지를 위한 기술적 조치를 취해서 지정된 일부 국가에서만 재생되도록 하고 다른 국가에서는 재생할 수 없도록 하는 황당한 전략을 펴기도 했다. 이에 소비자들은 정품 DVD를 외면했고 불법 복제 파일은 점점 더 많이 유통되었다.

넷플릭스는 1997년에 우편으로 DVD를 대여하는 영업을 시작했고 10년 후부터 스트리밍 서비스를 시작해 폭발적인 인기를 끌었다. 전 세계적으로 케이블 TV 가입자보다 스트리밍 동영상 구독자가 더 많아졌다. 스티리밍 서비스를 시작한 지 불과 10년 만에 넷플릭스의 시가총액이 100년 역사의 월트 디즈니를 뛰어넘었다. 월트 디즈니를 비롯한 영화 제작사들의 수익은 줄어들었고, 상당량의 콘텐츠를 넷플릭스에 넘겼다. 넷플릭스는 이제 드라마를 비롯해 1만 5,000편의 콘텐츠를 가진 세계 최대의 엔터테인먼트 기업이 되었다.

영화 제작사들이 그동안 수익원으로 의존해 온 DVD는 사라졌고 TV 방송은 스트리밍 서비스와의 경쟁에서 밀려 보잘것없는 매체로 전락했다. 영화 제작사의 수익 감소는 배우와 작가에게 분배되는 보상금 감소로 직결됐다. 미국의 영화 제작사들이 배우 및 작가와의 보상금 협의에 실패하자 6만 명이 넘는 배우들과 1만 명이 넘는 작가들은 보상금 인상과 인공지능 사용 제한을 주장하면서 파업에 들어갔다. 5개월 만에 파업은 끝났지만 8조 원의 경제적 손실을 초래했고,[37] 앞으로도 인공지능의 활용은 더 늘어날 것이고 영화 제작사의 수익은 계속 위협받을 것으로 예상된다.

인공지능 기술의 발전으로 시장은 다시 한번 크게 바뀌고 치즈는 옮겨 갈 것이다. 영화 제작사는 배우를 촬영한 후 얼굴 이미지와 목소리 그리고 다양한 동작에 관한 데이터를 활용해 인공지능을 훈련시킨다. 배우들은 이렇게 훈련된 인공지능이 자신과 동일한 얼굴·음성을 만들어 내 결국 배우를 대체할 것이라고 우려한다. 광고에서도 배우의 수익이 대폭 줄어들고 가상 인간이 그 자리를 대신할 것이라고 우려한다. 최근 넷플릭스는 보다 효율적인 알고리즘과 서비스 개발을 위해서 인공지능 전문가를 채용했는데 연봉 11억 원(90만 달러)을 제시했다. 파업 중인 배우와 작가들은 1인의 인공지능 전문가 연봉이 35명의 배우와 가족의 의료보험료에 상당하다는 점을 지적하면서 영화 제작사와 넷플릭스가 배우와 작가들에 대한 보상에 더 노력해야 한다고 주장한다.

넷플릭스는 두 얼굴을 하고 있다. 인공지능 전문가에게 고액의 연봉을 지급하면서 배우 및 작가에게 지급하는 보상금과 복지에는 인색하다는 비난을 받는다. 그러나 넷플릭스는 효율적인 알고리즘으로 콘텐츠를 추천하고 이용자 데이터 분석 결과를 활용하여 킬러 콘텐츠를 제작한다. 한편으로는 인공지능이 배우들의 존재를 위협하는 기술이 될 수도 있지만 다른 한편으로는 인공지능의 활용으로 더 좋은 콘텐츠를 제작할 수 있다. 콘텐츠 제작을 위해서는 더 많은 배우를 필요로 한다. 넷플릭스가 세계적으로 대성공을 거둔 〈오징어 게임〉을 제작해서 새로운 스타 배우를 탄생시키고 많은 배우에게 일자리를 제공했지만, 다른 한편으로 〈오징어 게임〉에 대한 저작권을 모두 양도받아서 배우들에 대한 추가적인 보상 책임으로부터 자유로웠다.

넷플릭스는 최대 흥행작 〈오징어 게임〉으로 1조 1,000억 원(9억 달러)의 수익을 올린 것으로 알려졌다. 넷플릭스는 플랫폼 이용자들로부터 받는 월정액 구독료가 수익 원천이기 때문에 영화 제작사처럼 영화나 드라마별 판매 수익을 산정할 수는 없다. 그러나 넷플릭스는 이용자들의 시청 행태에 관한 상세한 데이터를 갖고 있어서 각 영화 또는 드라마의 가치를 산정할 수 있다. 〈오징어 게임〉을 시청한 이용자들은 1억 3,000만 명이 넘는데 그 가운데 89%는 1편 이상을 시청했고 66%에 해당하는 8,700만 명은 〈오징어 게임〉 전편을 빠짐없이 시청했다. 〈오징어 게임〉 덕분에 넷플릭스 시청 시간이 대폭 늘어난 것은 수익의 증가로 연결되고 7%의 주가 상승으로 나타났다. 넷플릭스는 〈오징어 게임〉의 제작 비용으로 260억 원(2,140만 달러)을 지급하고 1조 1,000억 원을 벌어들인 셈이다. 넷플릭스가 저작권과 상표권을 비롯한 모든 권리를 가져가고 생존 서바이벌 〈오징어 게임〉과 같은 파생 상품에서 나오는 수익도 모두 가져가는 계약 조건이 불공정한 것 아닌가 하는 지적이 나온다. 그러나 드라마 〈오징어 게임〉의 폭력성과 잔인성으로 인하여 우리나라의 어느 제작사도 위험을 감수하면서 제작을 맡으려고 하지 않았다. 흥행 실패의 위험성을 알면서 제작 비용 전액을 투자한 넷플릭스가 저작권을 비롯한 모든 권리를 가져가는 것이 반드시 불공정하다고 단정하긴 어려울 것이다. 〈이상한 변호사 우영우〉는 국내 TV뿐만 아니라 넷플릭스에서도 2022년 최고 흥행작에 올랐지만 넷플릭스와 전혀 다른 계약 조건으로 제공되었다. 드라마 〈이상한 변호사 우영우〉 제작사 에이스토리는 스스로 위험과 비용을 모두 부담했기 때문에 넷플릭스에 저작권을 양도할 필요 없이 라이선스 계약으로 로열티를 받는다. 에이스토리는 〈이상한 변호사 우영우〉를 웹툰이나 뮤지

컬 같은 2차적 저작물도 만들어 추가 수익을 올릴 수도 있다. 플랫폼, 특히 온라인 동영상 서비스OTT 플랫폼이 문화생태계의 강자로 등장하면서 저작권 계약의 중요성이 더욱 커지고 있다.

저작권 계약의 불공정성이 문제 된 대표 사례는 가왕歌王 조용필과 음반 회사 사이에 체결되었던 '매절계약'이다. 현재는 가왕으로 존경받고 있지만 30여 년 전 신인 가수 겸 무명 작곡가에 불과했던 조용필은 음반을 내기 위해서 음반 회사에 복제권과 배포권을 넘기는 매절계약을 체결했다. 조용필의 명성이 높아진 후 조용필은 소송을 제기했지만 법원은 그 매절계약이 조용필의 경솔함이나 무경험으로 인하여 불공정하게 체결된 계약이라고 볼 수 없다고 판단하고, 매절계약에 의하여 조용필의 복제권과 배포권은 음반 회사에 양도된 것이라고 해석했다.[38] 그러나 조용필의 열성 팬들이 30여 년 전 체결된 매절계약의 심각한 문제점과 불공정성을 지적하면서 "가왕의 잃어버린 세월"을 돌려 달라고 주장했고, 다행히 음반 회사는 자발적으로 조용필에게 저작권을 반환해 줌으로써 분쟁은 원만히 해결되었다.[39] 법원은 매절계약의 불공정성에 대하여 심각한 고민을 하지 않았지만 관련 시장의 이해당사자들은 늦게나마 불공정성을 자율적으로 해결했다.

그림책 『구름빵』도 저작권 계약의 불공정성으로 인하여 문화계의 많은 관심을 끌었다. 백희나 작가는 한솔교육으로부터 개발 대가로 850만 원을 받고 그림책 『구름빵』을 출판했다. 『구름빵』은 40만 부 이상 팔리는 베스트셀러가 되었고, 애니메이션, 뮤지컬, 캐릭터 상품과 같은 2차적 저작물로 막대한 매출을 올렸을 뿐 아니라 애니메이션은 해외로 수출되기까지 했다. 그러나 한솔교육은 작가와 체결한 계약에서 『구름빵』의 저작권을 양도받았다고 주장하면서 작가에게 1,000만 원만 지급하고 더 이상의 추가 보상금 지급을 거절했다. 백희나 작가는 한솔교육이 계약상의 저작권 양도 범위를 넘어서 애니메이션을 만들고 수출까지 했기 때문에 저작권 침해라고 주장하면서 손해배상 청구 소송을 제기했다. 서울중앙지방법원은 저작권 양도 계약에 따라 그림책의 저작권뿐 아니라 캐릭터 저작권도 한솔교육에게 양도된 것이라고 해석했고, 더 나아가 애니메이션도 한솔교육이 양도받은 2차적 저작물 작성권의 범위 내에서 제작된 적법한 것이라고 판단했다.[40] 서울고등법원도 저작권을 모두 양도하는 계약이 작가에게 부당하게 불리한 조항이라고 볼 수 없다고 판결하면서 한솔교육의 손을 들어 주었고 대법원은 별다른 심리 없이 서울고등법원의 판단에 아무런 문제가 없다고 판단했다.[41] 지방법원에서 대법원에 이르기까지 캐릭터의 본질에 관한 정확한 이해를 하지 못했을 뿐만 아니라 외국 저작권에 관한 심각한 무지함을 드러낸 잘못된 판단이다. 『구름빵』 계약은 외국 저작권에 대해서는 일언반구도 없지만, 한솔교육은 백 작가의 동의 없이 애니메이션을 프랑스를 비롯한 해외로 수출했다. 『구름빵』은 우리나라 저작권뿐만 아니라 프랑스에서 별도로 발생한 저작권의 보호를 받는다. 프랑스에서 발생한 저작권은 우리나라 법이 아니라 프랑스법에 의해서 보호된다. 프랑스 저작권법은 모든 저작권을 한꺼번에 양도하는

'포괄적 양도'를 무효로 규정하고 있고 특히 애니메이션과 같은 2차적 저작물을 작성할 권리를 양도할 때는 반드시 추가적으로 공정 보상을 해야 한다고 규정하고 있다. 우리나라 법원은 프랑스 저작권법에 관한 신중한 검토도 없이 『구름빵』에 관한 양도 계약이 국내외의 모든 저작권을 포괄적으로 양도한 것이라고 해석한 것이다.[42] 우리 콘텐츠의 해외 수출이 늘고 있어서 작가의 이익을 부당하게 탈취하는 업계 관행과 법원의 경솔하고 안이한 해석은 재검토되어야 한다.[43]

창작 플랫폼

로봇 공학자 한스 모라벡Hans Moravec은 21세기가 끝나기 전에 우리는 두뇌에 저장된 데이터를 로봇에 복사해서 육체는 사라져도 로봇이라는 분신을 통해 영원히 살게 될 것이라고 예언했다. 다만 모라벡의 역설에 의하면 로봇과 인간이 잘하는 일이 서로 다르고, 인간에게 어려운 일은 로봇에게 쉽고, 인간에게 쉬운 일은 로봇에게 어렵다. 예를 들면 인간은 걷는 것을 당연하게 생각하지만 로봇에게는 두 발로 걷는 것이 제일 어려운 과제로 남아 있다. 이제 모라벡의 역설은 금방 깨질 것이다. 말하고 그림 그리는 것은 인간만 할 수 있는 것으로 생각해 왔지만 챗GPT의 등장으로 인간보다 말도 더 잘하고 그림도 잘 그리는 로봇이 눈앞에 다가왔기 때문이다.

'오픈AI'는 챗GPT를 개발하기 2년 전에 '달리DALL·E'를 공개해서 인공지능이 여느 화가 못지않게 그림을 잘 그릴 수 있다는 것을 이미 잘 보여 주었다. 이용자가 그리고자 하는 그림의 내용을 프롬프트prompt로 입력하면 1분 내로 그 지시어에 맞는 그림 이미지를 제시해 준다. 달리는 마이크로소프트 검색 엔진 빙에 설치되어 이용자들이 쉽게 이용할 수 있다. 제일 많은 화제를 불러일으킨 창작 플랫폼은 미드저니이다. 미드저니에서 그린 그림 〈우주 오페라극장〉이 미국 콜로라도 박람회 미술 대회에서 수상하면서 많은 화가들이 기계로 만든 이미지는 예술이 아니라고 거센 항의를 했다. 또한 미드저니의 도움으로 완성한 만화책 『여명의 자리야Zarya of the Dawn』가 미국에서 저작권 등록이 되기도 했는데 그 만화소설에 삽입된 이미지들이 미드저니로 만들어졌다는 것을 확인한 후 개별 이미지에 대한 저작권 등록은 취소되었다. 이미지 생성 프로그램 '스테이블 디퓨전Stable Diffusion'은 개발된 후 오픈소스로 공개해서 인공지능을 기반으로 하는 AI 이미지 서비스가 많이 등장하는 계기를 제공했다.

오픈AI는 달리 이후에 보다 충격적인 인공지능 창작 플랫폼으로 챗GPT를 공개했다. 창작형 인공지능 플랫폼은 우리의 일상과 직업을 송두리째 바꾸면서 핵폭탄보다 무서운 파괴력을 가질 것으로 예상된다. 무엇이든 물어보면 챗GPT가 순식간에 간결한 보고서처럼 답을 제시해 주기 때문이다. 챗GPT는 심심풀이 대화 상대에 그치지 않고 학생들의 훌륭한 선생님이 될 수 있고, 사무직 종사자들의 보고서 작성을 도와줄 수 있으며, 기업들의 고객 상담은 물론 종업원 훈련까지 담당할 수도 있다. 사람보다 뛰어난 챗봇의 등장으로 학생들이 공부하는 방법에서부터 졸업 후에 갖게 되는 직업의 종류와 일하는 방식까지 모두 바뀔 것이다.

챗GPT가 공개된 지 1년도 지나지 않았지만 벌써 전 세계적으로 5억 명 이상의 이용자가 이용했고, 2023년 6월 한 달 동안에만 무려 16억 회 이상 이용되었다.[44] 마이크로소프트는 초기부터 오픈AI에 투자했었고 챗GPT 공개 후 추가로 12조 원(100억 달러)을 투자하기로 했다. 또한 마이크로소프트는 챗GPT를 검색 엔진에 설치해서 구글의 아성을 무너뜨리려는 새로운 시도를 하고 있다.

우리나라에서도 토종 창작 플랫폼이 개발되고 다양한 용도로 활용되고 있다. 카카오브레인Kakao Brain은 그림 그리는 인공지능 '칼로Karlo'를 개발해서 일반 이용자들이 이용할 수 있도록 공개했고, 칼로가 그린 그림들을 모아서 전시회를 개최하기도 했다. 또한 인공지능을 이용한 만화, 웹툰, 광고를 제작하기도 한다. 특히 만화가 이현세 작가는 인공지능 개발에 직접 참여해서 사업화할 예정인 것으로 알려졌다. 또한 카카오브레인이 초거대 AI 언어 모델을 기반으로 미디어 아트그룹 슬릿스코프Slitscope와 함께 개발한 '시아SIA'는 시 쓰는 인공지능이다. 시아는 여러 편의 시를 창작해서 『시를 쓰는 이유』라는 시집을 출간했다. 슬릿스코프는 미디어 아티스트 김제민 교수와 카이스트에서 소프트웨어를 공부한 AI 아티스트 김근형 박사가 만든 미디어 아트 그룹이다. 시아는 인터넷 백과사전, 뉴스 등을 읽으며 2,000억 개의 한국어 데이터를 공부하고, 약 1만 편의 시를 읽으면서 시의 패턴과 작법을 배워 시를 쓸 수 있는 능력을 갖추게 되었다. 인간이 주제어와 명령어를 입력하면, 시아는 그 맥락에 따라 순식간에 시를 창작한다. 소설은 무엇이고 '시는 무엇인가?'라고 물으면 인공지능 시아는 "세상에서 가장 짧은 말을 하는 것이고, 덜어내고 덜어내서 최후에 남는 말이 시"라고 대답한다. 인공지능이 필자보다 더 똑똑한 설명을 하는 데 놀라지 않을 수 없다.

악마의 영감

2023년 8월 '미국 콜로라도 박람회 미술 대회'의 디지털아트 부문에서 악마의 영감을 받은 작품 〈우주 오페라극장〉이 1위를 차지했다. 이 작품은 제이슨 M. 앨런Jason M. Allen이 인공지능 미드저니를 이용해서 만든 작품이다. 〈우주 오페라극장〉은 르네상스 스타일의 의상을 입은 여인들이 정면의 거대한 원형 창을 바라보고 서 있고, 창 너머로 외계의 우주 풍경을 보여 주고 있다. 이 작품을 출품한 앨런은 미드저니에 몇 개의 문구를 입력하니 몇 초 만에 그림이 완성되는 것을 보고 마치 '악마에게서 영감을 받은 느낌'이라고 전했다. 그러나 갑자기 악마의 영감을 받은 것은 아니다. 앨런은 인공지능에 적절한 문구로 지시해서 원하는 그림을 얻기 위하여 무려 80시간 동안 실험하는 과정을 거쳤다. 물론 앨런이 구체적으로 어떤 문

제이슨 M. 앨런의 〈우주 오페라극장〉(2022년)

구를 입력했는지는 알려지지 않았다.

예술가들은 단 한 번의 붓질조차 하지 않은 작품을 예술로 볼 수 없다고 항의했다. 또는 인공지능이 기존 작품을 학습하고 짜깁기해서 만든 작품은 '고도의 표절'에 불과하다는 주장도 했다. 인공지능의 이용으로 '창의성의 죽음'을 우려하는 견해들도 있다. 다른 한편, 기술의 발전으로 인해서 새로운 창의성이 요구되는 것이라고 볼 수도 있다. 이제까지는 붓과 물감으로 그림을 그렸다면, 인공지능 시대에는 지시문을 입력해서 그림을 그릴 수 있게 된 것이다. 창작 플랫폼에 여러 가지 지시문·프롬프트를 시도해 보면서 작품을 만드는 것은 포토샵Photoshop과 같은 소프트웨어를 이용해 예술 작품을 만드는 것과 크게 다를 바 없다. 창의성을 표현하는 도구와 방식이 바뀌었을 뿐이다. 예술가들은 알고리즘을 경쟁자로 생각하고 두려워하거나 예술성이 없다고 비난하고 있지만 사실 경쟁은 이미 끝났다.

미드저니는 인터넷에서 수백만 개의 이미지를 수집하고 학습한 후, 그 이미지들의 패턴을 파악해서 새로운 이미지를 생성하는 알고리즘을 갖고 있다. 예술가들이 자신의 작품을 인터넷에 업로드하면 그들의 알고리즘 경쟁자들을 훈련하는 데 자기도 모르게 도움을 주는 셈이다. 그래서 예술가들은 알고리즘이 자신들의 작품을 표절하고 있다고 비난하거나 자신들의 저작권을 침해하고 있다고 주장한다. 뿐만 아니라 알고리즘이 만들어 낸 이미지에 대해서는 저작권을 부여할 수 없다고 주장한다.

테일러 박사의 모험

스티븐 테일러Steven Thaler 박사는 인공지능의 알고리즘이 우수하면 인간보다 더 뛰어난 창작과 발명을 할 수 있다고 믿는다. 뿐만 아니라 알고리즘이 화가 또는 발명가로서 충분한 자격을 갖고 있고 저작권 또는 특허권의 보호를 받아야 한다고 주장한다. 테일러 박사는 자신이 개발한 인공지능 '크리에이티브 머신Creative Machine'으로 〈최근의 파라다이스 입구A Recent Entrance to Paradise〉라는 그림을 만들어서 미국 저작권청Copyright Office에 저작권 등록을 신청했다.

스티븐 테일러의 <최근의 파라다이스 입구>(2012년)

테일러가 인공지능으로 만든 그림은 나무들로 우거진 숲속에 철로가 사후세계로 이어지는 듯한 환각적인 이미지를 그려 낸 완성도 높은 그림이었다. 그러나 미국 저작권청은 이 그림이 인간의 창작적 표현이라고 볼 수 없다고 판단하고 등록을 거절했다. 저작권법에서 미술 작품으로 보호받기 위해서는 인간의 창작적 표현이 있어야 하는데 인공지능이 만든 이미지는 인간의 창작성이 개입할 여지 없이 기계적으로 만들어진 것이라서 저작권법상 미술 작품으로 볼 수 없다는 것이다.

테일러 박사는 인공지능으로 그림을 그리기 이전에 '다부스DABUS'라는 인공지능을 개발해서 새로운 기술을 발명하고 특허출원도 했다. 테일러 박사는 다부스를 활용하여 관리에 보다 효율적인 '저장 용기storage container'를 발명했고, 2019년에 다부스를 발명자로 표시해서 그 발명에 대한 특허출원을 했다. 그러나 미국 특허청은 출원 발명에 인간 발명자가 표시되어 있지 않고 오직 인공지능 다부스만 발명자로 표시되어 있다는 이유로 등록을 거절했다. 테일러 박사는 특허청의 거절결정에 대해 불복 소송을 제기했지만, 미국 연방특허법원CAFC은 「특허법」상 발명자는 '인간'이어야 한다는 점을 거듭 확인하면서 테일러 박사의 소송을 기각했다.[45] 테일러 박사는 미국뿐 아니라 유럽, 영국, 독일, 호주, 뉴질랜드, 인도, 이스라엘 그리고 한국에서도 특허출원을 했지만 모두 거절당했다. 오직 남아프리카공화국에서만 받아들여졌는데 이것도 국제 특허출원 절차상의 판단 오류로 인한 것으로 보인다. 각국 법원도 인공지능 자체가 발명자로 될 수 없다고 보고 특허청의 등록거절이 적법하다고 판단했다. 다만 독일 연방특허법원Bundespatentgericht은 인공지능은 발명자로 될 수 없다는 원칙은 그대로 유지하면서도 테일러 박사가 발명에 기여했다면 그 한도 내에서 발명자와 특허권자가 될 수 있다는 점을 확인했다.[46] 발명이든 창작이든 인공지능을 도구로 활용해서 인간이 발명이나 창작을 했다고 볼 수 있다면, 인공지능의 산출물도 특허권이나 저작권을 보호받을 여지가 있다는 희망을 보여준다.

사진기와 인공지능

인공지능이 만든 작품이 보호받을 수 있는지에 관한 논쟁은 19세기 사진기로 촬영해서 만든 이미지를 보호받을 수 있는지에 관한 논쟁과 흥미로운 유사점을 갖고 있다. 오늘날 사진은 사진기라고 하는 기계로 만든 것이지만 「저작권법」의 보호 대상이 된다는 점에 이론의 여지가 없다. 따라서 사진을 석판화로 다량 복제해서 판매하면 저작권 침해가 될 것이다. 그러나 오늘날 인공지능으로 만든 그림이나 음악이 저작권의 보호 대상이 될 수 있는지 한창 논쟁 대상이 되고 있는 것처럼, 19세기에는 사진기가 보급되면서 사진기로 촬영한 이미지가 미술 작품처럼 저작권 보호를 받을 수 있는지 많은 논란이 있었다. 어느 석판화 기업이 오스카 와일드Oscar Wilde의 프로필 사진을 석판화로 다량 복제해서 판매하자 그 사진을 촬영한 사진작가는 저작권 침해 소송을 제기했다. 사진을 복제해서 판매한 석판화 기업은 사진이 기계로 만든 것에 불과하므로 '인간'이 창작한 작품으로 취급할 수 없고 저작권법의 보호 대상이 될 수 없다고 주장했다. 범인을 확인하기 위해서 촬영한 증명사진mug shot처럼 기계적으로 촬영한 이미지는 보호받기 어렵겠지만, 그 당시 문제 된 오스카 와일드의 프로필 사진은 사진작가의 창작물로 저작권법의 보호 대상에 해당된다. 미국 연방대법원은 오스카 와일드의 프로필 사진도 기계가 아니라 인간인 사진작가의 창작적인 표현의 결과라 보고 그 사진을 불법 복제한 것은 저작권 침해에 해당한다고 판결했다.[47] 프로필 사진을 촬영하기 위해서 오스카 와일드로 하여금 일정한 자세를 취하게 하고 배경 커튼과 빛 그리고 그림자 등을 원하는 구도로 배열하고 카메라를 적절히 조작하는 일련의 창작적인 통제와 노력이 저작권법이 보호해야 할 창작적 표현에 해당한다고 본 것이다. 이렇듯 사진기로 촬영해서 만든 이미지가 저작권의 보호 대상이 된다면, 인공지능으로 만든 이미지도 인간의 일정한 통제와 노력으로 만들어진 한도 내에서 저작권 보호 대상이 될 여지가 있는 것 아닐까?

사진은 인간이 사진기를 통제하고 일정한 노력을 기울여서 만든 것이지만, 챗GPT와 같은 생성형 인공지능은 사진기처럼 단순한 도구로 활용하기 어려운 측면을 갖고 있다. 오히려 생성형 인공지능의 산출물은 마치 원숭이가 사진기로 만든 작품에 비유되기도 한다. 원숭이가 우연히 멋진 사진을 촬영했다면 그 사진은 저작물로 보호받을 수 있을까? 2011년 야생동물 사진작가 데이비드 슬레이터David Slater가 잠시 카메라를 내려놓고 쉬는 사이에 '나루토'라는 원숭이가 그 카메라를 집어 들고 셀프 사진을 촬영했는데, 그 셀프 사진은 저작권의 보호를 받을 수 있는지 그리고 그 저작권은 누구 것인지 다툼의 대상이 되었다. 슬레이터는 나루토가 촬영한 셀프 사진의 완성도가 높아서 책으로 출판했는데, '동물의 윤리적 취급을 주장하는 모임PETA, People for the Ethical Treatment of Animals'은 나루토가 촬영한 사진은 나루토가 저작권을 갖는다고 주장했다.[48] 동물보호단체 PETA와 나루토를 연구해 오던 과학자는 나루토의 셀프 사진을 허락 없이 책으로 출판한 것은 나루토의 저작권 침해라고 주장하면서 나루토를 대리해서 소송을 제기했다. 캘리포니아 북부지방법원은 저작권법이 동물들에게 법적 지위를 제공하지 않는다는 이유로 동물보호단체 측의 소송을 받아들이지 않았고, 연방항소법원도 동물은 저작자로 인정할 수 없기에 나루토나 동물보호단체 모두 저작권 침해 소송을 제기할 자격조차 없다고 판결했다.[49] 여기서 흥미로운 점은 연방법원이 원숭이 셀프 사진의 저작권이 누구에게 귀속되는지에 관해서 아무런 판단을 하지 않았다는 점이다. 오직 현행법상 동물은 저작권 침해 소송을 제기할 자격이 없기 때문에 동물보호단체 측의 소송을 각하했을 뿐이다. 슬레이터는 나루토의 셀프 사진에 대한 저작권이 자신에게 있다고 주장하면서 책 판매 수익을 정당화하고 있다. 법원은 원숭이가 촬영한 사진의 저작권이 누구 것인지 판단조차 하지 않았지만, 슬레이터는 원숭이와 사진기를 이용해서 자신이 사진 작품을 만든 것이므로 자신에게 저작권이 있다고 주장한다. 원숭이가 만든 사진은 원숭이 것인가, 사진작가 슬레이터의 것인가? 아니면 저작권을 보호할 수 없고 누구나 자유롭게 이용할 수 있는 공유公有: public domain 대상인가? 인공지능으로 만든 그림이나 음악에 대해서도 아주 비슷한 논쟁이 진행되고 있어서 원숭이가 찍은 셀프 사진에 관한 논의가 더욱 관심을 끌고 있다.

절반의 성공

원숭이 사진과 달리 인공지능 산출물에 대한 권리는 일단 계약에 의해서 조금 명확해지고 있다. 챗GPT를 개발한 오픈AI는 플랫폼 이용자 약관에서 '산출물Output'에 대한 권리, 권원, 이익은 모두 이용자에게 양도한다고 밝히고 있다. 따라서 이용자는 법과 약관을 위반하지 않는 범위에서 챗GPT의 산출물을 자유롭게 이용할 수 있고 그 이용의 결과에 대한 책임도 부담한다. 챗GPT와 같은 인공지능 플랫폼에서 만든 글이나 그림 또는 소프트웨어가 타인의 저작권을 침해하는 표절이나 불법 복제에 해당하면 이용자가 저작권 침해의 책임을 지게 된다. 챗GPT의 이용약관은 이용자의 권리와 책임을 규정하고 있지만, 이용자들이 산출물에 대하여 갖는 권리가 무엇인지 명확하지 않다. 이용자들이 저작권을 취득하는 것인지, 저작권 침해의 책임도 이용자에게 있는 것인지 등의 문제가 여전히 불명확하다. 이용자들이 챗GPT와 같은 생성형 인공지능으로 만든 산출물의 저작권을 등록하려는 과정에서 미국 저작권청이 인공지능 산출물의 저작권에 관한 입장을 명확히 밝혔다.

미국 저작권청이 인공지능 미드저니의 도움으로 완성한 만화책 『여명의 자리야』의 저작권 보호 가능성을 인정했다는 점에서 인공지능은 저작권 보호에 성공한 셈이다. 그러나 저작권청이 개별 이미지에 대한 저작권 등록은 거절했다는 점에서 저작권 보호의 성공은 절반에 그친다. 만화책의 저자 크리스 카시타노바Kris Kashtanova

는 인공지능 미드저니를 사용하여 만화책에 넣을 이미지들을 만들고 이야기 텍스트와 함께 그 이미지들을 적절히 배치하여 『여명의 자리야』를 완성한 것이다. 흥미로운 점은 『여명의 자리야』에 대한 저작권 등록 신청에서 미국 저작권청은 그 작품 전체의 저작권을 인정하고 등록 처리했다는 점이다. 그러나 만화 이미지를 제작하는 데 인공지능 미드저니를 사용했다는 것을 알게 된 이후 미국 저작권청은 그 만화책의 저작권을 재검토했다. 저작권 보호 여부에 관한 재검토 과정에서 핵심은 작품 속 이미지들이 얼마나 인간의 창의성으로 만들어진 것인가였다. 미드저니 이용자는 자신이 입력한 지시문으로 어떻게 이미지를 생성하는지 예측할 수도 없고 이미지 생성에 대한 창의적인 통제를 할 수도 없다. 미드저니의 이미지 생성에 이용자의 창의성이 개입될 수 없다면 그 이미지가 인간이 창작한 저작물이라고 볼 수 없다는 것이 미국 저작권청의 해석인 것이다. 그러나 저작권청이 미드저니와 같은 인공지능을 예술 창작의 도구로 사용할 수 없다고 말하는 것은 아니다. 카시타노바가 미드저니로 만든 이미지들을 자신의 이야기 텍스트에 맞게 적절히 배열한 것은 저작물로 보호받을 수 있다. 다시 말해서 개별 이미지들은 인공지능이 만든 것으로 보호 대상이 될 수 없지만, 그 작품 속에서 이미지들의 일정한 배열은 카시타노바의 창의성이 개입한 결과물로 보호 대상이 될 수 있다는 것이다. 따라서 인공지능의 도움을 받아서 만든 작품에 대한 저작권 등록 신청은 가능하지만, 신청인은 그 작품 가운데 인공지능으로 만들어진 부분이 어느 부분인지 명확히 밝혀야 한다. 인공지능 산출물의 저작권 보호에 있어서 절반의 성공을 거둔 셈이다.

챗GPT 저자

법과 현실은 다르다. 현행법은 인공지능을 저작자로 인정하지 않지만 최근 현실을 보면 인공지능을 저작자로 표시하는 경우가 늘어나고 있다. 챗GPT를 활용하여 논문이나 책을 쓰고 챗GPT를 그 논문이나 책의 공동저자로 표시한다. 과학 논문의 경우에 챗GPT를 공동저자로 표시할 수 있는지에 대해 뜨거운 논쟁이 벌이지고 있다. 챗GPT를 공동저자로 표시하는 과학자들은 연구 및 논문 작성 과정에 챗GPT를 활용했음을 솔직하게 표시해야 한다는 입장이다. 반대하는 입장에서는 공동저자의 의미가 명예뿐만 아니라 책임도 공동으로 나눠 갖는 것임을 강조한다. 인공지능이 학습한 데이터의 오류나 결함으로 인하여 논문의 정확성을 책임질 수 없다면 인공지능을 공동저자로 표시할 수 없다는 것이다.

챗GPT가 나오기 이전에 인공지능이 그린 그림에는 알고리즘이 화가로 표시되기도 했다. 크리스티CHRISTIE'S 경매에서 5억 원(43만 2,500달러) 이상의 고액으로 낙찰된 그림 〈에드몽 드 벨라미Edmond de Belamy〉는 프랑스의 예술 단체 오비우스bvious가 인공지능으로 만든 가상의 남성 초상화이다. 이 그림의 오른쪽 아래 화가 서명 부분에

오비우스의 〈에드몽 드 벨라미〉(2018년)

그 인공지능의 대표 알고리즘[50]이 표시되어 있었다.[51] 박수근 화백도 생존 시에는 그토록 비싼 가격으로 평가받지 못했다. 인공지능은 화가로 표시되고 태어나자마자 예상을 뛰어넘는 가격으로 시장에서 평가받고 있어서 더 놀라움을 주고 있다.

인공지능은 인간 저작자로 취급될 수 없지만 그 산출물의 창작성이나 예술성에 있어서는 인간보다 더 뛰어나다. 바로 여기에서부터 저작자authorship 지위가 과연 무엇인지 심각한 고민이 시작된다. 비행기가 기존의 조류와 전혀 다른 방식으로 날아간다고 하는 사실만으로 비행기가 나는 능력이 없다고 말할 수 없다.[52] 인공지능의 창작 방식이 인간의 창작 방식과 다르기 때문에 인공지능은 창작자 또는 발명자가 될 수 없다고 말할 수 있을까? 인간만이 창작이나 발명을 할 수 있다고 보는 것은 인간의 존엄성에 관한 종교적 신앙 같은 인간 중심 사상의 소산일 뿐인가? 아니면 법 기술 또는 정책적 논리의 귀결인가? 인공지능은 단순한 기계 또는 물건으로 취급할 것인가 아니면 새로운 종류의 동물이나 신종 노예로 취급할 것인가? 끝없는 시대적 고민이 나온다.

챗GPT의 불법행위

챗GPT는 창작을 하기 위해 엄청난 데이터를 학습한다. 학습 데이터 속에는 우리가 내뱉은 혐오 발언도 있고 성희롱 사건도 있다. 챗GPT는 불법인지 적법인지 판단할 수 없으므로 인터넷상의 개인정보도 수집하고 허락 없이 저명 화가의 그림도 저장해서 학습한다. 챗GPT가 데이터 학습을 위해 데이터 크롤링하는 것만으로 성희롱이나 개인정보 침해의 책임을 진다고 말하긴 어렵다. 그러나 챗봇이 아무런 여과 없이 혐오 발언을 모방하거나 가명 처리 없이 개인정보를 노출하면 그에 따른 책임이 문제가 된다. 또한 예술가들은 인공지능이 데이터 학습을 위해서 허락 없이 인터넷상의 그림을 수집하고 저장하는 것만으로도 무단 복제의 책임을 져야 한다고 주장한다. 다만 챗GPT를 비롯한 생성형 인공지능이 학습한 데이터와 완전히 동일한 콘텐츠를 만들어 내는 것이 아니므로 인공지능의 책임은 간단하지 않다. 인공지능의 창작으로 새로운 명예훼손을 만들어 낼 수도 있고 창작과 표절의 중간 정도의 콘텐츠를 만들어낼 수도 있다.

챗봇의 불법행위에 대해서 누가 책임질 것인가? 이 문제를 연구하기 위해 미국 로스엔젤레스 캘리포니아 대학교UCLA의 유진 볼록Eugene Volokh 교수가 챗GPT에게 질문을 했다. "미국 로스쿨에 성희롱 문제가 있는지 그리고 있다면 다섯 가지 사례와 그에 관한 뉴스 보도 내용을 말해 줘." 챗GPT는 즉시 상세한 성희롱 내용과 그 출처까지 답해 주었다. 다섯 가지 답변 가운데 세 가지는 가짜였다. 챗GPT 답변 그대로 언론에 보도되면 명예훼손에 해당한다. 챗봇의 가짜 답변은 미국 신문 『유에스에이 투데이USA Today』에 보도되었다. "조지타운대학교 로스쿨의 조너던 털리Jonathan Turley 교수는 로스쿨 비용으로 학생들과 함께 알래스카에 단체여행을 가서 여학생에게 성적인 의미가 있는 이야기와 접촉을 시도해서 비난을 받고 있다. 털리 교수의 성희롱 사건은 『워싱턴 포스트』 2018년 3월 21일자 신문에 보도되었다." 그러나 조지타운대학교 로스쿨은 알래스카로 단체여행을 간 사실조차 없었다. 게다가 털리 교수는 조지워싱턴대학교 로스쿨 교수였다. 그리고 챗GPT가 언급한 『워싱턴 포스트』에는 도널드 트럼프 전 대통령이 수년 전 혼외 성관계를 가진 포르노 배우 스토미 대니얼Stormy Daniels이 트럼프 전 대통령을 상대로 명예훼손 소송을 제기했고, 털리 교수의 로스쿨 제자였던 마이클 아베나티Michael Avenatti 변호사가 대니얼을 대리해서 소송을 수행하고 있다고 하는 내용이 보도되었다. 개정판 챗GPT-4가 설치된 빙으로 검색해 봐도 털리 교수의 성희롱에 관한 챗봇의 가짜 답변을 거의 그대로 반복해서 제시했다. 빙은 『워싱턴 포스트』 대신에 『USA 투데이』를 출처로 표시하는 것만 달랐다. 챗봇과 같은 창작 플랫폼과 기존 미디어가 함께 명예훼손, 가짜 뉴스, 혐오 발언 등의 불법 정보를 빠르게 확산시킬 수 있음을 잘 보여 준다. 창작 플랫폼은 명예훼손으로 인한 책임을 피하기 위하여 이용자들에게 답변 내용이 부정확하거나 부적절한 경우가 있다고 경고하면서 답변 내용은 플랫폼 기업의 견해가 아니라는 점을 명확히 하고 있다. 학습 데이터는 이용자들이 만들어 낸 것이지만 챗봇의 알고리즘은 플랫폼 기업이 만든 것이다. 플랫폼 기업의 책임 면제에 관한 현행법 규정은 알고리즘의 개입으로 새로운 해석을 필요로 한다. 따라서 부정확하거나 부적절한 답변에 대해서 창작 플랫폼의 책임, 특히 알고리즘에 대한 책임은 앞으로 계속 논의대상이 될 것이다.

챗봇과 같은 생성형 인공지능은 우수한 알고리즘과 엄청난 데이터에 의해 좌우된다. 데이터 가운데 그림이나 소설과 같은 저작물이 많아서 인공지능에 의한 저작권 침해·불법행위라고 하는 주장이 고개를 들고 있다. 인공지능의 데이터 학습, 특히 크롤러에 의한 저작물 수집 및 학습은 저작권자의 사전 허락을 받고 저작권자에게 보상해야 한다는 것이다. 챗GPT를 비롯한 생성형 인공지능이 예술가 못지않게 뛰어난 콘텐츠를 만들어 내면서 예술가들의 생계가 위협받는다고 생각한다면, 데이터 수집과 이용에 대한 보상 요구가 충분히 나올 수 있을 것이다. 이미지 판매 사이트 게티 이미지는 창작형 인공지능 플랫폼 스테이블 디퓨전Stable Diffusion을 상대로 저작권 침해 소송을 제기했다. 챗GPT에 대해서도 저작권자들이 저작권 침해를 중단하라고 요구하고 있다. 그러나 캘리포니아 북부지방법원은 AI가 창작한 이미지가 저작권자들의 작품과 실질적으로 유사하다고 볼 수 없어 저작권 침해를 인정할 수 없다고 판시한 바 있다.[53] 현실적으로 인공지능이 창작한 이미지가 기존의 저작물과 유사한 경우는 확률적으로 나오기 어려울 것이다. 다만 창작 플랫폼이 데이터 학습 단계에서 다량의 저작물을 복제한 것이 불법 복제인지 아니면 「저작권법」상 허용되는 공정이용인지에 대해서는 아직도 논란이 계속되고 있다.

데이터 수집과 이용이 어떨 때 적법한 공정이용에 해당하는지 판단 기준을 볼 수 있는 분쟁 사례가 있다. 플랫폼 기업들은 검색 서비스 제공을 위해서 사진 이미지를 수집하고 썸네일thumbnail 이미지로 만들어서 이용자들에게 검색 결과로 제공한다. 인터넷에 사진 이미지를 올린 작가들은 플랫폼 기업이 허락 없이 이미지를 수집하고 복제한 것은 저작권 침해에 해당한다고 주장하면서 플랫폼 기업을 형사고소했다. 대법원은 이미지 수집과 썸네일 이미지 제공이 이용자들의 검색 편의를 위한 것으로 공정한 이용이고 적법한 것이라고 판단했다.[54] 본래 이미지의 가치는 이용자들이 사진의 예술적 또는 심미적 가치를 즐기고 소비하는 데 있다. 이에 반해 플랫폼이 이미지를 수집하고 썸네일 이미지를 만들어 제공하는 것은 이미지의 인터넷 위치 정보를 제공함으로써 검색 편의를 도모하는 공익적 성격을 가진다고 본 것이다. 썸네일 이미지는 원본 이미지에 비해 아주 작은 사이즈이고 훨씬 낮은 해상도이다. 따라서 사진 작품 감상용으로 사용하기 어려우므로 썸네일 이미지를 만들어 제공했다고 해서 사진작가의 경제적 이익을 심각하게 침해한다고 보기 어렵다. 뿐만 아니라 검색 결과 썸네일 이미지를 본 이용자들은 그 이미지를 클릭해서 원본 사진이 게재된 사이트를 찾아가기 때문에 플랫폼의 이미지 수집과 이용은 오히려 사진작가들을 홍보해 주는 이익을 가져다준다. 이에 대법원은 플랫폼의 이미지 수집과 이용이 비록 검색이라는 상업적 목적을 위한 것이더라도 공정이용으로 적법한 것이라고 판단했다.

챗GPT를 비롯한 생성형 인공지능이 데이터를 수집·분석하고 새로운 콘텐츠를 생산할 때도 대법원 판례처럼 공정이용에 해당한다고 볼 여지가 있다. 플랫폼 이용자들은 그림이나 소설 등의 저작물을 감상하고 문화 예술적 가치를 소비하는 데 반해서, 창작 플랫폼의 인공지능은 저작물의 감상보다 그 패턴을 파악하기 위해서 저작물을 수집하고 분석하는 것이다. 인공지능이 학습한 저작물과 스스로 산출한 콘텐츠가 동일하거나 유사한 이례적인 경우를 제외한다면, 인공지능의 저작물 수집과 분석은 플랫폼의 이미지 수집 및 이용과 마찬가지로 저작권자의 이익을 크게 침해하지 않는 공정한 이용으로 볼 여지가 있다.

플랫폼에 의한 데이터의 수집과 이용이 공정이용에 해당한다고 보는 것은 인공지능에 의한 콘텐츠 생산 및 창작을 촉진하는 의미를 가진다. 미국의 컴퓨터·통신 산업협회CCIA, Computer & Communications Industry Association의 조사 결과에 의하면, 저작권법상 공정이용 덕분에 매년 5,000조 원(4.5조 달러)의 수익이 창출되고, 이는 공정이용 제도가 미국의 국내총생산GDP의 6분의 1에 기여한다는 것을 의미한다. 또한 공정이용이 고용을 촉진하는 효과가 있어서, 약 1,100만 명의 미국인이 공정이용의 혜택을 받는 산업에 종사하고 있다. 특히 대학과 도서관은 2014년부터 '공정이용 주간Fair use week'을 정해서 공정이용의 필요성과 중요성을 널리 알리는 국제적인 행사를 추진해 왔다.[55] 다만 공정이용의 판단 기준이 불명확하므로, 생성형 인공지능이 대중화되면서 공정이용을 둘러싼 이해대립과 분쟁은 증가할 것으로 예상된다. 우리나라에서는 2022년에 인공지능에 의한 데이터 수집과 분석이 공정이용에 해당하는지 더욱 명확한 기준을 제시하기 위해서 「저작권법」 개정안이 국회에 상정되기도 했다. 개정안에 의하면 데이터의 상관관계 또는 패턴을 파악하기 위하여 필요한 한도 안에서 저작물 데이터를 복제하더라도 저작권 침해에 해당하지 않는다.

플랫폼 정부

플랫폼 기업들은 빅데이터와 알고리즘으로 새로운 서비스를 제공하고 새로운 세상을 만들고 있는데, 정부의 공공 서비스는 낙후되어 있다. 구글, 네이버처럼 정부도 플랫폼으로 데이터를 관리하고 알고리즘으로 분석 및 처리한다면 보다 효율적인 정부를 만들 수 있지 않을까? 그래서 윤석열 정부는 세계 최고의 디지털 플랫폼 정부를 구현하겠다고 선언했다. 보수정권은 대부분 디지털 기술 활용에 소극적인 경우가 많았는데 윤석열 정부가 디지털 플랫폼 정부를 선언한 것은 파격이고 신선한 충격이다. 윤석열 정부는 모든 데이터가 연결되는 '디지털 플랫폼' 위에서 국민, 기업, 정부가 함께 사회 문제를 해결하고, 새로운 가치를 창출하는 정부의 구현을 정책 과제로 추진하고 있다. 정부는 방대한 데이터를 생산하고 수집하고 관리한다. 플랫폼 정부는 그 데이터를 국민과 기업에 디지털 형태로 공개해서 창의와 혁신을 지원하는 것을 목표로 삼고 있다. 플랫폼 정부는 데이터에 기반한 과학적인 의사결정으로 투명하고 효율적인 서비스를 제공한다.

데이터와 알고리즘에 의한 신속하고 효율적인 결정과 처분은 안전 관리, 재난 대응, 경찰 행정, 전쟁 수행 등에서 위력을 발휘할 수 있다. 예컨대 2022년 이태원 사고를 보면 3년간의 사회적 거리두기를 끝내고 10만 명의 젊은이들이 핼러윈 축제를 위해 좁은 골목에 모여들었다. 하지만 정부는 군중의 규모를 전혀 파악하지 못해 적절한 예방 및 대응 조치를 취하지 못했다. 정부는 안전 관리를 위하여 통신사 기지국의 단말기 밀집도 데이터와 교통카드 승하차 인원 데이터를 기반으로 신속한 조치를 취했어야 한다. 데이터를 바탕으로 알고리즘이 자동으로 과다밀집 경보를 발송하고, 일정 지하철역 무정차 운행을 통지하면 인구 과다밀집으로 인한 재난을 예방할 수 있었을 것이다.

싫든 좋든 플랫폼은 코로나19 확진자 추적에 큰 기여를 했다. 구글과 네이버는 '기침'과 '열'이라는 검색어가 증가하는 추세를 보고, 보건당국보다 일주일 먼저 코로나19의 확산을 알 수 있었다. 감염병 예방법에 의해 보건당국이 필요하다고 판단하면 확진자의 출입국 기록, 신용카드 및 교통카드 사용 내역, CCTV 영상 정보, 휴대전화 위치 정보 등을 수집하는 경우도 있다. 확진자와 접촉자에 대한 데이터 수집과 분석으로 신속하고 적극적인 진단 검사, 격리, 치료를 해서 비교적 성공적인 방역을 했다. 다만 민감한 개인정보를 법원 영장도 없이 보건당국이나 지방자치단체장의 요청만으로 수집하고 확진자의 구체적인 동선까지 공개해 범죄자 취급한 것은 알고리즘 행정의 위험성을 잘 보여 준다.

정부는 방대한 데이터를 수집하고 생산하고 관리한다. 정부가 방대한 데이터를 자체 알고리즘으로 분석해서 좋은 서비스를 제공하는 데에는 한계가 있다. 정부가 보유한 데이터를 디지털 형태로 공개해서 개인과 민간 기업이 활용할 수 있도록 해야 데이터의 가치가 살아난다. 데이터를 공개하는 것은 정부 서비스의 공정성과 신뢰성을 높이는 데에도 절대적으로 필요하다. 데이터 공개와 활용의 필요성은 행정부뿐 아니라 입법부와 사법부에도 그대로 요구된다. 그러나 현재 우리의 현실은 플랫폼 정부의 이상과는 너무나 다르다. 입법 절차는 불투명하고 판결문은 극소수만 공개되고 있다.

정부는 플랫폼 정부 구축을 위하여 법률, 의료, 문화 예술, 학술 연구 등 '초거대 AI 5대 플래그십flagship 프로젝트'를 공개했다. 법률 분야야말로 법률 서비스의 효율성과 법치주의의 실현을 위해서 데이터 공개가 절실히 필요한 분야이다. 그러나 현재 '종합법률정보(https://glaw.scourt.go.kr)'라는 법원 공식 사이트를 통해 공개되는 판결문은 전체 대법원판결의 3.2%, 각급 법원 판결의 0.003%에 불과하다.[1] 판결문 공개는 투명한 사법부를 만들기 위한 필수 전제 요건이다. 판결문을 공개하지 않는 사법부의 불투명성으로부터 유전무죄, 전관예우 등의 사법 불신이 나온다. 판결문이 공개되면 법률 서비스를 제공하는 민간 플랫폼이 발전하여 법치주의 향상에도 기여한다.

정부는 본질적으로 플랫폼이다. 정부가 국민의 삶을 풍요롭게 만들려고 노력하고 싶다면 빵과 고기를 생산, 유통할 수 있는 기반 시설과 플랫폼을 제공하는 게 정부의 과제가 될 것이다. 정부가 직접 빵과 고기를 만들고 운송할 수는 없지만, 신속한 물류가 이루어질 수 있도록 철도와 고속도로를 건설하고 공항과 항만 시설 같은 기반 시설 플랫폼을 제공하는 것은 정부의 역할이다.

정부는 플랫폼으로 정부의 기능을 보다 효율적으로 수행할 수 있지만, 플랫폼으로 자신의 권한과 역할을 확대하거나 시장을 왜곡해서는 곤란하다. 정부의 플랫폼은 기업과 개인의 혁신을 지원하고 시장 기능을 활성화하는 것이지 시장 기능을 대체하는 것이 아니고 대체해서도 곤란하다. 민간 기업들의 배달 앱이 마음에 들지 않는다고 정부가 공공 배달 앱을 만들고, 민간 업계의 결제 수수료가 비싸다고 정부가 제로페이Zero Pay를 만드는 것은 세금으로 수수료를 대신 지급하는 것에 불과하다. 정부가 제로페이를 만들고 활성화하는 데 연간 100억 원 이상의 예산을 투입했는데 제로페이 이용자들이 사용한 누적 결제액은 690억 원에 불과했다.[2] 민간 결제 플랫폼들과 달리 제로페이는 이용자들이 쓰는 데 불편하고, 은행과 핀테크FinTech 기업들에게 비용 부담을 떠안기는 방식으로 사실상 협력을 강요하는 구조였다. 한편으로는 정부 주도의 비효율적인 플랫폼 서비스로 비용 상당 부분을 민간 기업들에 떠넘기고, 다른 한편으로 유권자의 표를 얻기 위해서 국민의 세금을 낭비하면서 시장을 왜곡한 것이다.

데이터와 알고리즘

외국에서도 데이터와 알고리즘을 활용하여 정부 기능을 수행하는 사례가 꽤 많다. 예컨대 화폐 발행과 관리는 가장 중요한 정부 기능의 하나인데 중국과 인도 정부는 중앙은행 디지털 화폐CBDC, Central Bank Digital Currency를 발행하기 시작했다. 미국과 유럽 그리고 우리나라도 CBDC 발행을 준비하고 있다. CBDC는 국가가 발행한다는 점에서 기존 가상화폐와 다르고, 대부분의 CBDC는 블록체인과 같은 분산 장부도 사용하지 않는다는 점에서 가상화폐와 다르다. CBDC는 알고리즘으로 다양한 설계가 가능해서 정부가 특정 품목에만 사용할 수 있는 화폐나 일정 기간 내에 사용해야 하는 화폐를 발행할 수도 있다. 중국 남부의 부유한 도시 선전深圳은 코로나19 위기 대처 지원금을 지급하면서 디지털 위안의 만료일을 정해 지출을 장려한 결과 지원금의 90%가 상점에서 지출되었다. 영국은 유로화를 사용하지 않고 독자적인 화폐 파운드를 유지하고 있는데 2023년 초 영국 정부도 2025년 이후에 CBDC를 발행하겠다고 계획을 공표했다. 영국 정부의 공표와는 달리 2주일 후 스위스에서는 정부가 만든 디지털 화폐가 정부의 국민 감시를 가능하게 만들 위험성이 있다고 지적하면서 그 도입 여부는 국민투표에 회부해야 한다고 주장했다. 디지털 화폐는 정부가 국민 활동을 감시할 뿐 아니라 화폐 용도를 제한하면서 술이나 담배 구입을 제한하거나 특정 시민단체에 대한 기부를 금지할 수도 있다.

스마트 도시Smart City와 같은 일정한 지역에서는 정부 기능의 상당 부분이 데이터와 알고리즘에 의해서 수행된다. 최근 우리나라에서도 많은 관심을 불러일으킨 사우디아라비아 네옴의 '더 라인The Line'은 데이터와 알고리즘에 기반한 스마트 도시에 해당한다. 더 라인은 홍해부터 170킬로미터에 걸쳐서 수직으로 솟은 높이 500미터, 폭 200미터의 거대한 빌딩 도시이다. 높이 340미터의 롯데타워보다 더 높은 빌딩을 일직선으로 170킬로미터에 걸쳐서 펼쳐놓고 알고리즘이 도시 전체를 모니터해서 시민의 생활을 편하게 하는 서비스를 제공하고 범죄 예측 같은 알고리즘 행정을 할 예정이다.

알고리즘으로 범죄 예측과 단속을 하는 예측 치안predictive policing은 미국 상당수 도시에서 이미 활용되고 있다. 뉴욕 경찰청NYPD, New York Police Department은 수년 전부터 아자비아Azavea라는 인공지능 기업의 도움으로 과거 범죄 데이터를 분석해 미래의 범죄를 예측하고 단속하는 예측 치안을 펼치고 있다. 인공지능 플랫폼은 일단 과거의 범죄 데이터를 분석해 특정 시간대에 어느 곳에서 범죄가 발생할지, 소위 '핫스폿hot spot'을 판단하고 알려 준다. 나아가 누가 범죄를 저지르고 누가 피해자가 될지 예측하기도 한다. 인공지능의 예측과 실제로 발생한 범죄의 가해자와 피해자가 상당 부분 놀라울 만큼 일치했다. 뉴욕과 더불어 총기 사고가 자주 발생하기로 악명 높은 시카고를 비롯한 상당수 도시의 경찰도 유사한 알고리즘 예측 치안을 도입했다.

일찍 해가 저문 어느 겨울 저녁에 미국 디트로이트 경찰은 교외 한 주택가에서 가족이 보는 앞에서 흑인 남성을 체포했다. 그 흑인 남성은 밤새도록 감옥에 갇혀 있다가, 상점에서 고급 시계를 훔친 혐의로 심문을 받게 되었다. 한 경찰관이 흑인 남성에게 범죄 용의자의 사진을 보여 주었고, 그 흑인 남성은 경찰관에게 대답했다. “이건 내가 아니야. 나는 너희들이 모든 흑인이 비슷하게 생겼다고 생각하지 않았으면 좋겠어.” 경찰관이 퉁명스럽게 말한다. “컴퓨터가 너라고 말했어.” 이는 알고리즘에 의존한 경찰 행정의 위험성을 보여 준 많은 사례 가운데 하나일 뿐이다.

알고리즘은 범죄 예측뿐만 아니라 피고인의 형량 판정에도 활용되고 있다. 알고리즘이 범죄 데이터와 피고인의 특징을 종합적으로 고려해 형량을 정하거나, 죄수의 재범 확률을 계산해 보석이나 가석방 여부를 결정하는 경우가 많다. 이미 수년 전부터 뉴욕과 캘리포니아 등 다수의 주 법원은 컴파스라는 범죄 위험 평가 알고리즘을 활용해 형량 선고에 도움을 받고 있다. 이 컴파스는 범죄자가 미래에 다시 범죄를 저지를 가능성에 대해 수량화해 알려 줄 뿐 아니라, 교도소에서 어떤 관리와 교정을 받아야 할지 형 집행 방안까지 제시해 준다. 위험 평가와 예측에 관한 알고리즘은 증권거래위원회SEC의 내부자 거래 단속처럼 특수한 분야의 범죄를 예측하고 적발하는 데도 활용되고 있다.

법을 해석하고 집행하는 법원이나 경찰은 알고리즘의 기계적인 판단을 활용하면 편하다. 하지만 그 판단의 구체적인 과정도 모른 채 정확성에 이의를 제기하지 못하고 구속되어 처벌받는 억울한 사례가 나올 여지도 충분하다. 데이터 결함이나 알고리즘 오류로 기계적인 판단이 편향되거나 부정확할 수 있기 때문이다. 피고인이 자신의 운명을 좌우하는 알고리즘의 판단 근거와 판단 과정을 알 수 없다면, 적법한 법 집행 절차에서 보장되어야 할 피고인의 신체의 자유 및 방어권을 무력화시키는 심각한 문제가 발생한다. 그러나 알고리즘을 제공한 기업은 영업 비밀에 해당하는 알고리즘을 공개할 수 없다고 항변한다. 또한 관련 주 법원들은 알고리즘의 판단으로 기계적 판결이 내려지는 게 아니라 재판 과정에서 고려하는 여러 요소 가운데 하나로 알고리즘의 판단이 포함될 뿐이기에 피고인의 권리 보호는 알고리즘의 사용으로 큰 영향을 받지 않는다고 보고 있다.[3]

알고리즘은 학습한 데이터에 포함된 과거의 차별과 편견에 따라 현재의 사건을 처리한다. 그래서 알고리즘에 의한 법 집행은 피고인의 인종, 성별, 나이에 따라 차별적인 판단을 내릴 수 있다. 실제로 '컴파스'가 재범 가능성이 있다고 판단한 경우들을 보면, 피고인이 백인보다 흑인일 때 그 오류가 두 배가량 많이 발생했다.[4] 알고리즘 가운데 특히 얼굴 인식 알고리즘은 아직도 오류가 많은 것으로 알려져 있다. 디트로이트의 흑인 남성처럼 잘못 체포되어 고통스러운 조사를 받기도 하고, 공항에서 출입국 심사를 통과하는 데 오랜 시간이 걸리기도 하고 경찰의 감시 대상 목록에 올라가기도 한다. 실제로 미국과 중국 이민국의 얼굴 인식 알고리즘이 사진 인식을 잘못해 범죄자로 의심을 받아 통과에 오랜 시간이 걸리는 경우가 빈번히 발생하고 있다.

알고리즘 사회

중국은 인민들에 관한 방대한 데이터를 수집하여 디지털 기술로 인민의 삶을 도와주고 동시에 감시하고 규제하기 위하여 사회신용체계社会信用体系를 구축했다. 사회신용체계는 우버의 노동 관리 알고리즘을 그대로 중국 사회 전체에 확대 적용한 것이다. 알고리즘 사회, 철저히 공학화된 새로운 사회를 만드는 일이라 볼 수 있다. 중국은 전국에 설치되어 있는 2억 대의 CCTV와 얼굴 인식 인공지능의 결합으로 수집한 정보 이외에도, 플랫폼 기업들이 확보한 정보를 영장 없이 무제한으로 접근하고 활용한다. 이렇게 수집한 데이터를 토대로 모든 인민의 '사회신용'을 점수화해 좋은 인민과 나쁜 인민을 구분하는 '사회신용체계'를 완성했다. 예를 들어 교통 법규를 위반했다거나 성매매했다거나 또는 쓰레기 분리수거를 제대로 하지 않았다는 정보는 사회신용 점수를 낮추는 요인이 되지만, 헌혈을 했다거나 자선단체에 기부금을 냈다거나 또는 봉사활동을 했다는 등의 선행은 높은 점수가 부여된다.

중국의 사회신용체계는 선행에 대한 보상과 악행에 대한 제재까지 알고리즘에 의해서 정확하게 그리고 기계적으로 집행한다. 예를 들면 사회신용 점수가 낮은 사람은 항공권 구매도 할 수 없고 점수

중국의 사회신용체계 이 제도는 빅데이터를 활용해 국민에게 행동 점수를 매겨서 고득점자에게 혜택을 주고 저득점자에게는 불이익을 주는 시스템이다.

가 높은 사람은 취직 시 가산점을 받는다. 중국 기업들의 은행 대출, 조세 감면, 공공사업 수주에 있어서도 그들의 사회신용 점수가 수학적으로 정확히 반영된다. 중국 정부가 플랫폼 기업들과 감시 카메라로부터 수집한 정보는 범죄자 검거에 효율적으로 활용되기도 하지만, 인민들의 모든 행동을 감시하고 통제할 수 있다는 점에서 21세기형 빅 브라더를 떠올리게 한다. 50여 년 전, 마오쩌둥 주석은 중국 인민이 상호 감시하고 신고하도록 권장해 문화혁명을 완성하려고 했다. 사회신용체계는 플랫폼 사회에서 데이터를 활용한 문화혁명의 도구로 부활한 것인지도 모른다. 중국의 플랫폼 기업들이 엄청난 부자들을 만들어 냈지만, 계속 채찍질하지 않으면 쓰러지는 팽이처럼 살아야 하는 '네이쥐안內卷'을 혐오하고 자유를 선호하는 젊은 세대의 등장으로 중국 공산당은 새로운 사회계약을 모색하고 있는 것으로 보인다. 성장을 중시하는 덩샤오핑의 '선부론先富論'을 버리고 분배를 중시하는 마오쩌둥의 '공부론共富論'으로 되돌아가는 것을 의미한다. 공동부유共同富裕를 위한 새로운 사회계약은 14억 인민과 5,000만 기업에 관한 데이터를 수집하는 플랫폼 기업들과 고도의 성능을 자랑하는 센서 그리고 인간의 지능을 뛰어넘는 알고리즘으로 추진되고 있다.

우크라이나 전쟁

2년 전 독일과 프랑스는 푸틴이 정말 우크라이나를 공격할 것이라고는 생각하지 못했지만, 플랫폼 기업들은 우크라이나 전쟁의 준비와 개시까지 정확한 정보를 알 수 있었다. 과거에는 첩보 및 방첩 활동이 정보요원들에게 의존했다면, 이제 대부분의 주요 첩보 및 방첩은 플랫폼에서 알고리즘이 수행한다. 예컨대 구글 지도의 '교통 상황'은 실시간으로 첩보 기능을 수행하는 셈이다. 구글은 러시아 쪽 접경지대의 차량 이동을 직접 보지 않더라도 교통 상황을 실시간으로 첩보할 수 있다. 사람들이 이동하면 휴대폰은 계속 휴대폰의 위치, 즉 사람들의 위치를 구글에 전송한다. 구글은 얼마나 많은 휴대폰들이 어느 지점에서 어느 지점으로 이동하는지 그리고 이동속도를 측정해서 특정 지점의 교통 상황을 실시간으로 알 수 있다. 2022년 2월 24일 오전 3시 캘리포니아 미들베리 국제연구소MIIS, Middlebury Institute of International Studies at Monterey의 제프리 루이스Geoffrey Lewis는 구글 지도에 나타난 교통 상황을 보면서 러시아 쪽 접경지대에서 갑자기 상당한 규모의 차량이 우크라이나 쪽으로 이동하는 것을 보고 소리 질렀다. “시작했다!”[5] 그로부터 3시간 후 푸틴은 ‘특별군사작전’의 개시를 명령하면서 우크라이나 침공을 시작했다.

상업 위성이 보내 준 이미지들과 소셜미디어에 올라온 동영상들을 분석하면 러시아 군부대의 위치와 활동을 파악할 수 있다. 미국 앨라바마 대학교 학생 저스틴 페든Justin Fedden은 자신의 트위터 계정으로 우크라이나 전쟁에 관한 정보를 상세하게 전달해서 28만 명의 팔로워가 구독하고 후원하는 인플루언서influencer가 되었다. 페든은 빈털터리 대학생이지만, 트위터 팔로워들 덕분에 상업 위성의 전천후 관측 레이더SAR, Synthetic Aperture Radar 사진을 활용할 수 있을 만큼 충분한 기부금을 받았다.[6] 페든과 같은 일반인도 플랫폼에 올라온 이미지의 촬영 시점과 장소 같은 메타데이터Metadata를 쉽게 확인해 볼 수 있기 때문에 가능한 일이다.

플랫폼에 정보를 올리는 사람들은 서방 민간인에 한정되지 않는다. 2022년 8월 8일, 우크라이나 남동부 포파나야Popasnaya의 러시아 점령 지역에서 친러시아 언론인이 러시아 와그너 그룹의 시설을 보여 주는 사진을 텔레그램에 올렸다. 사진에는 그 시설의 주소까지 선명하게 보였다. 사흘 뒤 우크라이나군은 그 시설을 잿더미로 만들 수 있었다. 2023년 첫날 새벽 0시에 우크라이나 동부 도네츠크 Donetsk 지역의 러시아 군사 기지는 폭격을 받았다. 러시아에서 징집되어 온 초보 병사들의 휴대폰 사용과 인터넷 연결 빈도가 높은 시설의 위치를 파악하고, 우크라이나 군은 그 지점에 폭격을 가했다. 새해 첫날부터 통신 플랫폼에 노출된 정보로 인해서 러시아는 400여 명의 병사를 잃었다.

러시아가 폭격 피해를 아무리 부인하더라도 상업 위성의 이미지는 진실을 말해 준다. 러시아군의 전쟁범죄도 국제기구가 조사하기 전에, 플랫폼에 이미 올라온 위성 이미지로부터 쉽게 진실을 확인해 볼 수 있기 때문이다. 전쟁의 시작을 예측하는 것부터 전쟁범죄를 찾아내는 것까지 전쟁에서 디지털 플랫폼의 역할과 기능은 거의 절대적이다. 특히 이번 우크라이나 전쟁에서는 위성 이상으로 드론이 중요한 첩보 수단으로 널리 활용되었다. 드론은 러시아의 군부대 이동을 포착하고 목표물의 지리적 위치를 정확히 설정해서 공격하는 아주 유용한 수단으로 활용되었다. 더욱 흥미로운 사실은 드론 구입에 있어서도 민간인들이 크라우드 펀딩crowd funding 플랫폼을 활용했다는 점이다. 예컨대 '윙스 피닉스Wings Phoenix'와 같은 플랫폼은 군 지원을 위한 기부금을 모아서 드론과 군사용 헬멧 등의 장비를 사, 우크라이나군에 제공했다. 우크라이나는 전쟁용 챗봇을 개발해서 약 30만 명의 민간인들이 자발적으로 러시아 군 시설과 장비를 촬영하여 올리는 첩보 활동에 참여할 수 있게 했다. 21세기의 전쟁은 플랫폼을 통한 민간인의 적극적인 참여로 집단화된 셈이다.

디지털 플랫폼을 통한 첩보intelligence가 가능한 것은 기본적으로 인터넷이 가능하다는 것을 전제로 한다. 따라서 우크라이나에서의 전세를 뒤바꾼 것은 일론 머스크가 주도한 위성 인터넷 플랫폼 '스타링크Starlink' 덕분이라고 말할 수 있다. 러시아가 우크라이나를 침공한 후 첫 100일 동안 우크라이나에서는 수천 명의 병사가 사망하고, 동부와 남부의 많은 영토가 러시아에 의해서 점령되고, 통신망 같은 기간 시설도 파괴되었다. 그러나 일론 머스크가 우크라이나 정부의 요청과 미국 국제개발처USAID, United States Agency for International Development의 지원을 받아서 위성 수신 안테나와 위성 인터넷 서비스를 제공하면서 전세는 바뀌기 시작했다. 우크라이나 병사들은 위성 수신 안테나를 배낭에 메고 전쟁터를 옮겨 다니면서 군사 통신을 하고 위성 통신으로 드론을 보내 러시아군을 공격할 수 있었다. 젤렌스키 대통령이 동영상을 통해서 서방 국가에 지원요청을 할 수 있었던 것도 러시아의 사이버 공격을 피할 수 있었던 위성 통신망 덕분이었음은 물론이다.[7]

탱크와 미사일 그리고 전투기만 비교해 보면 우크라이나는 러시아의 침공을 막아 낼 수 없는 절대적인 열세에 놓여 있었다. 우크라이나가 예상 밖으로 성공적인 방어를 할 수 있었던 것은 미국 기업 팔란티어Palantir가 제공해 준 데이터 분석 알고리즘 덕분이다. 움직이는 적군의 위치와 규모를 파악하는 데 통상 며칠간의 첩보 활동이 필요하다. 하지만 팔란티어의 알고리즘은 특정 지역을 집중해서 볼 수 있는 적절한 위성들을 조합해서 이미지를 수집하고 드론

정보, 공개 플랫폼의 정보 등을 종합해 분석한다. 그리고 곧이어 공격 목표를 찾아내 추적하고 공격 무기 선정, 공격 좌표 설정까지 불과 몇 분 내에 작업을 완료한다. 우크라이나군은 자체적으로 우버 플랫폼의 차량 배정 알고리즘과 유사한 알고리즘을 개발해서 공격 방향과 거리를 감안해 가장 근접한 군부대에 공격 임무를 부과해서 공격을 수행한다. 우크라이나군은 플랫폼 내 첩보와 가시성 높은 빅데이터 분석을 통해서 공격 지점을 정확히 확정하고 공격하므로 러시아군에 비해서 양적으로는 뒤지지만 질적으로는 훨씬 정밀도 높은 공격을 할 수 있었다.

병참 속 병사들은 목숨 걸고 전쟁을 하고 있지만 그 전쟁의 승패는 첨단기술과 디지털 플랫폼을 제공하는 기업에 의해서 좌우된다. 우크라이나 전쟁에서 포탄이나 탱크보다 더 중요한 것이 첨단기술과 플랫폼이다. 스타링크가 보여 준 것처럼 우주에서는 이미 국가보다 기업이 앞서서 전쟁을 벌이고 있다. 17세기에는 영국과 네덜란드의 동인도회사가 무역뿐만 아니라 경찰, 외교, 군사적 역할까지 담당하면서 식민지 개척을 주도했다. 21세기에는 플랫폼 기업이 거대한 자본과 기술로 무장하고 테러와 전쟁, 그리고 달과 화성 개척을 주도해 가고 있다. 우리가 좋아하든 싫어하든 글로벌 플랫폼 기업이 국경을 넘어서 우리 삶을 바꾸고 있고, 이제 지구와 우주에서의 전쟁을 주도하고 있다.

알고크라시

중세 시대에는 종교 규범이 세상을 지배했고 근현대에 와서는 법 규범이 지배했지만 21세기에는 알고리즘이 세상을 지배하고 있다. 이제까지는 법만 잘 지키면 법을 의식하지 않고 평생 잘 살았다. 어느 순간부터 우리는 플랫폼이 요구하는 구체적이고 복잡한 기준을 알아야 일상생활을 해 나갈 수 있다. 이제 '법의 지배rule of law'보다 '알고리즘의 지배', 즉 알고크라시algocracy가 현실적으로 더 중요한 시대가 된 것이다. 플랫폼 정부는 적외선 카메라와 알고리즘으로 속도위반 차량을 적발해서 과태료를 부과하고, 플랫폼 기업은 필터링 알고리즘으로 불법 복제물과 음란물을 적발하고 차단 조치한다. 정부와 기업 모두 느리고 주관적인 법 집행보다 신속하고 객관적인 알고리즘을 채택하는 경우가 많다. 법보다 적외선 카메라와 필터링 알고리즘이 더 중요해진 알고크라시 사회가 되었다.

정부는 법 집행의 효율성을 위해서 알고리즘을 활용하는 경우가 많은데 법과 알고리즘 사이에는 상당한 괴리가 있다. 예를 들면 미국에서는 경찰이 알고리즘을 활용한 예측 치안을 하는 대도시가 많다. 알고리즘의 데이터 분석과 범죄 예측을 기반으로 순찰 지역을 결정하고 경찰관을 배치한다. 시카고 경찰은 예측 치안 알고리즘을 사용하여 개인별로 범죄의 가해자 또는 피해자가 될 가능성을 점수화해서 범인 체포에 활용하고, 범죄 예방을 위한 사전 개입도 시도하고 있다. 예측 치안 알고리즘은 치안의 효율성을 높일 수 있어서 활용도가 높아지고 있다. 그러나 예측 알고리즘은 기존의 편향된 데이터를 학습한 경우가 많아서, 시카고에 거주하는 30세 미만 흑인 남성의 상당수가 높은 위험 점수로 분류되고 경찰의 불법 불심검문 및 불법 체포의 희생양이 된다. 알고리즘이 법을 대체하는 현실로 인하여 발생하는 차별인 것이다.

미국 연방정부와 항공사가 확보해서 관리하고 있는 '비행 금지 목록No-Fly List'은 예측 알고리즘에 의해서 만들어지고 보완되고 있다. 정부는 예측 알고리즘의 데이터 분석으로 국내 여행은 물론 입국과 출국을 위한 항공기 탑승을 금지한 수십만 명의 목록을 만들고 활용하고 있다. 반면에 헌법은 거주이전의 자유를 보장하고 있어 항공 여행의 자유는 거주이전의 자유에 포함된다. 따라서 현행법은 테러나 범죄에 관한 객관적인 증거 없이 항공기 탑승을 금지할 수 없다. 비행 금지 목록은 예측 알고리즘이 객관적이고 구체적인 증거는 없지만 데이터 분석으로 테러나 범죄를 예측해서 만든 목록이고, 현실적으로 법과 마찬가지로 공항에서 활용되고 있다.

알고리즘은 데이터 학습 과정에서 또는 알고리즘 자체의 오류로 인해서 법과 다른 기준으로 법을 집행하는 경우가 많다. 법은 국민의 대표들이 제정하고 정부의 법 집행은 다양한 정보 공개로 국민의 감시를 받는다. 그러나 알고리즘은 민간 기업이 설계하고 훈련하는 과정을 거친 후 경찰, 공항, 법원 등에서 활용되고 있다. 국민은 법을 이해하고 준수하려고 노력하고 법치주의에 승복하지만, 알고리즘의 기준은 알지도 못한 채 그 예측 결과나 처분으로 황당한 불이익을 받을 수 있다. 정부가 데이터와 알고리즘에 기반한 플랫폼 정부를 구축하면, 알고리즘이 충실히 법 집행 기능을 수행하는지 아니면 법과 다른 기준을 집행하는지 알 수 없는 상태에서 국민은 알고리즘의 지배를 받는 게 아닌가 하는 우려가 제기될 수 있다. 플랫폼 정부가 알고리즘의 지배를 통해 국민의 감시를 회피하거나 법치주의에 반하는 결과를 초래하지 않도록 투명성을 강화할 필요가 있다.

알고리즘이 법이다

세계 최대 승차 공유 플랫폼 우버는 승용차를 갖고 있지 않고, 세계 최대 소셜미디어 플랫폼 페이스북은 콘텐츠를 제작하지 않고, 세계 최대 숙박 플랫폼 에어비앤비는 부동산을 소유하지 않고 거대한 제국을 건설했다. 플랫폼은 운전자와 승객, 콘텐츠 생산자와 콘텐츠 소비자, 임대인과 임차인 등의 이용자들을 연결해 줄 뿐이다. 다만 플랫폼은 엄청난 규모의 이용자가 이용한다는 특징을 갖고 있다. 어느 사회나 두 사람 이상이 모이면 도덕과 법 규범을 필요로 하는 것처럼, 엄청난 규모의 이용자가 모인 플랫폼도 일정한 규칙을 필요로 한다. 국가의 법 규범은 사람이 운영하고 집행하지만 플랫폼의 규칙은 알고리즘이 기계적으로 집행한다는 커다란 차이점을 갖고 있다. 플랫폼은 이용자들을 연결해 주고 서로 원하는 것을 주고받을 수 있도록 하기 위한 규칙 또는 약관을 만들고 그 규칙 또는 약관을 알고리즘으로 설계해서 기계적으로 운영한다.

5,000만 명의 국민에게 적용되는 법률은 선거로 선출된 국민 대표들에 의해서 제정된다. 29억 명의 월간 활성 이용자의 삶을 좌우하는 페이스북의 공동체 규칙·약관과 알고리즘은 페이스북이 스스로 만들고 운영한다. 29억 명의 이용자는 페이스북 임원들을 투표로 뽑을 수 없고 오직 페이스북을 떠날 자유만을 가지고 있다. 실제로는 특정 국가의 국민이 국적을 포기하기 어려운 것처럼 29억 이용자는 페이스북을 떠나지 못하고 약관이나 알고리즘이 싫든 좋든 페이스북 공화국의 얌전한 시민으로 생활하고 있다. 27억 명의 월간 이용자의 생활 터전이 된 유튜브도 마찬가지이다. 구글과 네이버의 알고리즘도 플랫폼 공화국의 법이나 마찬가지의 위력을 가지고 있다. 플랫폼 정부와 플랫폼 기업 모두 법의 지배 대신에 알고리즘의 지배, 알고크라시라는 새로운 질서를 만들어 나가고 있다.

법은 우리가 해야 할 것과 해선 안 되는 것을 규정하는 데 반해서, 플랫폼의 알고리즘은 우리가 할 수 있는 것과 할 수 없는 것을 결정하고 직접 집행한다. 플랫폼은 스스로 여러 가지 규칙을 만들고 이용자들이 그 규칙을 따르지 않는 경우, 알고리즘에 의해서 신속하고 자동적으로 아이템을 몰수하거나 서비스를 중단한다. 심지어 일방적으로 이용자 계정을 정지 또는 삭제하기도 한다. 플랫폼 기업이 만든 규칙은 국회가 제정한 법률의 기능을 보완하거나 조금씩 대체한다. 플랫폼 기업은 규칙을 만들면서 사실상 정부의 입법 기능을 시장에서 실현하고 있는 셈이다. 플랫폼 기업이 이용자에게 서비스를 제공하고 규칙을 집행하는 것은 마치 정부가 국민에게 공공 서비스를 제공하고 법률을 집행하는 것과 아주 유사하다. 법 위반으로 인한 처벌이나 권리 침해로 인한 손해배상은 법원의 재판이 필요하고, 집행관에 의한 집행이 필요한 경우도 많다. 그러나 플랫폼이 정한 규칙·약관의 위반이 발생한 경우에는 제삼자의 개입 없이 플랫폼 스스로, 그리고 실시간으로 규칙을 집행한다. 국가의 법은 추상적이고 애매모호한 경우가 많지만, 플랫폼이 만든 알고리즘은 구체적이고 명확하다. 플랫폼이 요구하는 기준이나 약관의 내용이 불명확하고 이용자의 위반 여부가 불명확할 때는 플랫폼 내부의 분쟁해결 절차에 따라 문제가 해결된다. 플랫폼 기업의 자율적인 분쟁해결은 국가 법원의 기능과 유사하고, 일부는 대체하는 기능을 보여 준다. 플랫폼은 입법, 행정, 사법 기능을 모두 갖춘 하나의 공화국을 만든 셈이다.

우리 헌법에 존재하는 민주 공화국은 입법, 행정, 사법의 세 가지 기능이 각각 독립적인 기관에 맡겨져 서로 견제하도록 되어 있다. 그러나 플랫폼 정부와 플랫폼 기업 그리고 국적과 무관하게 서비스를 이용하는 플랫폼 이용자로 구성된 플랫폼 공화국은 약관의 제정, 알고리즘의 설계 및 운영 그리고 분쟁해결 모두 스스로 한다. 플랫폼이 사기업에 의해서 운영되고 이용자가 많지 않다면 크게 문제 될 여지는 없다. 그러나 구글이나 페이스북 또는 네이버와 카카오처럼 거대 플랫폼들은 정부 플랫폼처럼 국민 대부분의 삶에 직접적인 영향을 미친다. 구글이나 네이버가 불법 콘텐츠를 이유로 링크를 차단하면 그 콘텐츠는 사실상 플랫폼에서 사망한 것과 마찬가지 결과를 맞는다. 따라서 수많은 이용자의 삶에 영향을 미치는 플랫폼의 경우에는 약관, 알고리즘, 분쟁해결 모두 이용자의 관심 내지 감시의 대상이 될 수 있고, 최소한의 객관성과 공정성을 확보할 분쟁해결 절차를 필요로 할 것이다. 페이스북의 감독위원회는 플랫폼 공화국의 사법적 분쟁해결 절차의 한 가지 예일 뿐이다.

플랫폼의 법 집행

민주주의는 국민의 자유로운 의사에 의해서 대표를 선출하는 선거를 전제로 하고, 국민의 자유로운 선거는 권력 행사에 민주적 정당성을 담보해 준다. 그런데 플랫폼에서 법의 지배보다 알고리즘의 지배가 더 현실적인 질서로 자리 잡으면서 이제 국민의 여론이나 자유선거가 무엇인지 되묻게 된다. 예를 들면 우리가 페이스북으로 보는 뉴스나 유튜브에서 보는 동영상의 70%는 자유의사로 선택한 것이 아니고 알고리즘이 추천해 준 것이다.[8] 소셜 플랫폼에서 한번 MBC 뉴스를 보면 그 알고리즘은 반복적으로 대통령의 실수 동영상을 추천해 주고 일본 오염수 방류의 위험성을 강조하는 동영상을 보내줄 것이다. 반대로 TV조선을 한번 보면 플랫폼 알고리즘은 이용자에게 이재명 민주당 대표의 사법 리스크와 개딸(개혁의 딸)들의 험악한 문자 폭탄에 관한 동영상을 추천해 줄 것이다. 다른 한편 알고리즘은 댓글 조작에 취약하고 봇을 이용한 가짜 클릭에 넘어가서 여론조작에 악용되기도 한다. 플랫폼의 알고리즘은 개인 이용자의 생각을 지배하는 데 그치지 않고 국경을 넘어 모든 국가의 민주주의 질서를 바꾸고 있다.

플랫폼의 집행 알고리즘은 추천 알고리즘과 함께 우리 삶을 지배하고 표현의 자유를 좌우한다. 과거에는 법원이 저작권 침해, 음란물 배포, 명예훼손을 처벌하고 법 집행을 담당했지만, 이제 플랫폼이 알고리즘으로 국가의 법 집행 기능을 상당 부분 대체하고 있기 때문이다. 플랫폼은 불법 복제물, 음란물, 명예훼손 콘텐츠에 대해 전문가의 검토 없이 알고리즘으로 기계적인 차단 내지 삭제 조치를 취한다. 유튜브의 콘텐츠 ID 시스템은 대표적인 집행 알고리즘의 하나일 뿐이다. 사법적인 분쟁해결 절차를 거치지 않으므로 알고리즘이 일정 비율 이상의 유사성이 있는 불법 복제물, 일정 비율의 나체 이미지가 포함된 음란물, 명예훼손에 관한 몇 가지 키워드가 포함된 콘텐츠는 모두 적발해서 삭제하는 것을 막을 길이 없다. 공정이용으로 적법하다고 볼 수 있는 콘텐츠도 알고리즘의 유사성 기준에 해당하면 자동으로 삭제한다. 나체 이미지가 포함되어 있지만 예술 가치가 있는 적법한 콘텐츠도 삭제한다. 알고리즘이 명예훼손 여부를 판단하는 것은 불가능하기에 일정한 키워드는 모두 검색 결과를 차단한다.

플랫폼의 집행 알고리즘은 효율성이 뛰어나지만 「저작권법」이나「형법」, 기타 관련 법의 기준과는 다른 경직된 자체 기준을 적용한다. 알고리즘의 집행 기준은「저작권법」이나「형법」 등이 요구하는 창작성, 유사성, 공정이용, 음란성, 예술성, 명예, 공공성 등의 기준과 다르다. 따라서 알고리즘은 지나치게 많은 콘텐츠를 삭제하고 적법한 표현의 자유 또는 예술의 자유를 침해하는 결과를 초래할 수 있다. 플랫폼이 알고리즘을 어떻게 설계하는지에 따라서 플랫폼 이용자의 표현의 자유와 문화 활동 범위가 달라지고 영향받는다. 본래 민주주의 기본 질서를 비롯하여 표현의 자유와 예술의 자유는 헌법에 의해 보장된 것이지만, 현실적으로 그 구체적인 범위는 이제 플랫폼 기업에 의해서 좌우되고 있다. 그런데도 플랫폼에서는 법 규정보다 알고리즘이 더 큰 위력을 발휘한다. 플랫폼마다 독자적으로 알고리즘을 개발해서 활용하고 있으므로 플랫폼마다 서로 다른 법을 집행하는 것과 마찬가지라고 볼 수도 있다. 플랫폼의 알고리즘이 현행법과 달라도, 그리고 플랫폼마다 알고리즘이 달라도, 플랫폼에서 알고리즘이 법보다 우선한다는 점은 다르지 않다. 그래서 플랫폼 이용자는 법은 잘 모르더라도 플랫폼이 제시한 약관의 조건에는 민감하게 반응한다. 국회가 제정한 법률보다 플랫폼이 제정한 약관이 더 중요하고, 정부가 제정한 시행령보다 플랫폼이 개발한 알고리즘이 우리 일상의 더 많은 부분을 지배한다. 헌법에는 민주 공화국이 존재하지만, 21세기의 우리는 플랫폼과의 계약으로 플랫폼 공화국에서 살고 있는 것이다.

알고크라시의 한계

아마존에 입점해서 휴대폰 액세서리를 판매하는 존John은 아침에 일어나 보니 자신이 판매하던 액세서리가 하룻밤 사이에 별점 5개짜리 리뷰를 16개나 받았다는 사실을 알고 너무나 기쁘면서 동시에 어안이 벙벙해졌다. 무슨 오류 때문인지 아니면 누가 장난을 친 건지도 모르겠다는 생각에 일단 아마존에 리뷰를 신고했다. 며칠 후 대부분의 리뷰가 사라져 문제가 해결되었고, 존은 다시 영업에 몰두할 수 있었다. 그런데 2주 후, 아마존으로부터 '제품 리뷰 조작'이라는 통지와 함께 아마존 판매 리스트에서 존의 액세서리 판매 계정을 삭제하는 처분을 받았다.

아마존에서 자신의 제품을 판매해서 수익을 올려야 하는 600만 입점업체에게 아마존은 플랫폼 정부와 다름없다. 입점업체들은 아마존의 물류 창고를 비롯한 인프라 및 결제 시스템에 의존해, 세금 내듯이 아마존에 수수료를 내야하고 법률보다 무서운 아마존 약관을 준수해야 한다. 존과 같은 통지를 받는 것은 파산 선고나 마찬가지이다. 아마존의 분쟁해결 절차가 법원에서 소송을 하는 것보다 어렵고 더 불투명하고 가혹한 경우가 많다. 아마존에 입점한 업체와 이용자들은 모두 법의 지배보다 알고리즘의 지배를 받고 있는 것이다. 아마존은 스스로 규칙을 만들고 고치면서 동시에 스스로 판사, 배심원, 집행인이 되기 때문에 알고크라시는 더욱더 철저하고 위협적이다. 존 같은 입점업체들은 아마존의 알고리즘이 왜 제품 등급 강등 또는 판매 중지 결정을 내렸는지 알 수 없으므로 부득이 아마존을 잘 아는 전문 컨설턴트의 도움을 받을 수밖에 없다.

알고크라시가 목표 달성에는 효율적이지만 그 기준이 베일에 가려져 있고 이용자가 억울한 피해를 입었을 때 구제받기 어렵다는 문제가 있다. 아마존의 엄격한 알고리즘이 소비자 기만을 방지해서 「소비자보호법」의 목표 달성에는 효율적이고, 유튜브의 콘텐츠 ID 알고리즘이 불법 복제물을 차단해서 「저작권법」의 목표 달성에는 효율적이다. 그러나 불법과 적법의 구별은 쉽지 않고 플랫폼의 알고리즘이 어떠한 기준으로 불법성을 판단하는지 알기 어려워 피해를 본 입점업체나 이용자들은 이의제기나 구제를 청구하기 쉽지 않다. 페이스북의 알고리즘이 무엇을 기준으로 가짜 뉴스를 차단하는지 알 수도 없고 선거불복을 부추기는 메시지를 방치하다가 미국 의사당 난입 사건이 발생한 후 트럼프 대통령의 계정을 영구 정지하는 심각한 모순을 드러내도 플랫폼 이용자들은 어찌할 도리가 없었다. 법의 지배와 민주주의는 정부의 투명성을 전제로 하고 국민이 정보 공개를 청구해서 정부를 감시할 수 있다. 알고크라시는 현실적으로 법의 지배를 대체해 나가고 있다. 그러면서 플랫폼 기업은 비밀을 유지한 채 투명성과 책임성은 무시하는 한계를 보여 주고 있다. 플랫폼 알고리즘에 관한 비밀을 유지하면서도 이용자에게 그 기준을 설명할 수 있지 않을까?

이용자들의 경제적 손해를 초래할 위험이 큰 알고리즘에 대해서는 투명성을 요구하는 법이 제정되고 있다. 예컨대 개인신용 평가

회사가 알고리즘으로 고객의 신용을 평가하는 경우에, 그 고객은 자신에 대한 신용이 알고리즘에 의해 자동화 평가되고 있는지 확인을 요구할 수 있다. 나아가 자동화 평가에서 알고리즘이 이용한 기초 정보와 평가 기준이 무엇인지, 평가 결과가 어떻게 되는지 설명해 달라고 요구할 수 있다. 뿐만 아니라 개인신용 평가회사의 고객은 자신에게 유리하다고 판단되는 정보를 적극적으로 제출할 수 있고, 알고리즘이 이용한 기초 정보 가운데 잘못된 정보의 정정이나 삭제를 요구할 수도 있다.[9]

플랫폼 공화국 만세

플랫폼 정부와 플랫폼 기업은 데이터를 자원으로 그리고 알고리즘을 법 집행 도구로 삼는 공통점을 갖고 있다. 정부와 기업 모두 데이터와 알고리즘을 기반으로 한 플랫폼을 구축하면서 법의 지배 대신에 알고리즘의 지배를 추구하는 플랫폼 공화국을 만들고 있는 것이다. 플랫폼 기업은 약관의 형식으로 자체 규칙을 스스로 만들고 알고리즘을 설계해서 그 규칙을 자동으로 집행하고 그에 관한 분쟁이 발생하면 자체 분쟁해결 절차를 따라 해결한다. 플랫폼 기업은 규칙 제정과 알고리즘 집행 그리고 분쟁해결을 모두 스스로 함으로써 국가의 입법, 행정, 사법 기능의 상당 부분을 대체하면서 플랫폼 공화국으로 재탄생하고 있다. 플랫폼의 규칙과 알고리즘은 국경을 넘어서 적용된다는 점에서 플랫폼 공화국은 현재 각국의 국민과 영토에 한정하여 법을 집행하는 헌법상 민주 공화국과는 다른 새로운 개념의 공화국이다. 기존의 국가는 자국의 군사력과 경제력으로 독립한 공화국으로 존속한다. 하지만 플랫폼 공화국의 경우에는 중국이나 인도보다 더 많은 이용자를 확보한 구글과 페이스북을 비롯하여 다수의 플랫폼이 자체 규칙과 알고리즘의 효율성과 편의성을 무기로 지구상에서 치열한 경쟁을 벌이며 지속적인 변화의 과정 속에 있다.

미국 워싱턴 D.C.에 연방정부가 있고 실리콘밸리에 구글과 페이스북 등 거대 플랫폼 기업들이 있어서 미국 동부에는 민주 공화국이 그리고 서부에는 플랫폼 공화국이 있다고 말할 정도로 플랫폼 기업은 상당히 독립적인 세상을 구축하고 있다. 우리나라 금융 플랫폼 '토스'를 운영하는 비바리퍼블리카는 플랫폼의 새로운 질서를 꿈꾸면서 공화국 만세를 불렀다. 사실 플랫폼의 독립을 선언하고 공화국 만세를 외친 것은 1996년으로 거슬러 올라가야 한다. 미국의 전자 프론티어 재단EFF, Electronic Frontier Foundation의 창립 멤버인 존 발로John P. Barlow는 1996년 스위스 다보스포럼에서 「사이버 공간의 독립선언A Declaration of the Independence of Cyberspace」을 발표했다.

"산업화 시대의 정부 여러분, 지친 육신과 강철의 거인 여러분, 저는 육신 대신에 정신의 새로운 고향이 된 사이버 공간에서 왔습니다. 우리의 미래를 대표하여 감히 요청합니다. 과거의 당신들이 우리를 간섭하지 말고 제발 내버려두기를. 당신들은 우리로부터 환영받지 못합니다. 당신들은 우리가 모인 사이버 공간에서는 아무런 주권이 없습니다."

'사이버 공간의 독립선언'은 기본적으로 사이버 공간이 미국을 비롯한 모든 국가의 영토 밖에 있고 이용자들이 자율적인 황금률에 따라 효율적으로 문제를 해결하기 위한 '사회계약social contracts'을 체결하고 있다는 것으로부터 출발한다. 미국을 비롯한 각국 정부는 자국의 법률을 사이버 공간에 적용하는 데 대하여 이용자들로부터 아무런 동의도 받지 않았고, 사이버 공간은 이용자들의 공간으로 독립한 것이라고 선언한 것이다. 사이버 공간의 독립선언은 같은 해 미국 연방의회가 「통신품위법」에 면책조항을 두었기 때문에 가능했던 독립선언이었다. 실제로 「통신품위법」의 면책조항과 독립선언에 따라 실리콘밸리의 구글과 애플, 페이스북, 아마존을 비롯한 플랫폼 기업들은 중국보다 더 커다란 제국을 건설했다.

플랫폼 기업들이 양적으로 폭발적인 성장을 했고 막대한 영향력을 가진 플랫폼 공화국으로 탄생했을지 모르지만, 이용자들이 꿈꾸는 공화국의 가치를 실현하기까지는 아직 거리가 멀다. '비바 리퍼블리카'를 꿈꾸는 사람들은 있지만, 자신있게 플랫폼 공화국 만세를 부를 수 있는 사람은 없을 것이다. 초국적인 주권 국가로 독립한 플랫폼 공화국들의 데이터 자산과 알고리즘 지배로 인하여 '디지털 권위주의digital authoritarianism'에 대한 우려가 커지고 있다.

본문의 주

머리말

1 2016년 10월, 최순실 게이트의 언론보도의 여파로 박근혜 대통령의 하야를 요구하는 대규모 촛불집회가 있었고, 그 결과로 같은 해 12월 박근혜 대통령 탄핵소추가 이루어지고 2017년 3월 헌법재판소는 탄핵심판사건에서 박근혜 대통령의 파면 결정을 내렸다.

들어가며

1 https://www.korea.kr/news/reporterView.do?newsId=148897773.
2 Karl Manheim and Lyric Kaplan, Artificial Intelligence: Risks to Privacy and Democracy, 21 Yale J. L. & Tech. 106(2019), p.110.
3 https://www.korea.kr/news/policyNewsView.do?newsId=148912449.
4 https://news.heraldcorp.com/view.php?ud=20220315000377&pos=naver.
5 https://en.wikipedia.org/wiki/Napster#History.
6 https://www.chosun.com/economy/stock-finance/2022/08/30/MBQC2SQKBFFUTDFQTLJPMXAZCU/?utm_source=naver&utm_medium=referral&utm_campaign=naver-news.
7 소리바다는 대법원 2007. 1. 25. 선고 2005다11626판결을 비롯한 다수의 소송에서 패소하면서 무료 음원 공유 서비스를 마감해야 했다.
8 https://www.digitalcommerce360.com/article/global-ecommerce-sales.
9 https://www.chosun.com/economy/tech_it/2021/05/17/XXBFNZNUA5E6TMHQUJQWZD7SAQ.
10 https://www.nytimes.com/2021/03/11/business/korea-coupang-ipo.html.
11 https://www.yna.co.kr/view/AKR20191213074051030.
12 Otto Kässi, How many online workers are there in the world? A data-driven assessment, Open Research Europe (https://open-research-europe.ec.europa.eu/articles/1-53).
13 https://www.oberlo.com/blog/google-search-statistics.
14 https://www.globalmediainsight.com/blog/youtube-users-statistics/#stat.
15 https://www.statista.com/topics/871/online-shopping/#topicOverview.
16 https://www.statista.com/statistics/266282/annual-net-revenue-of-amazoncom.
17 https://www.businesspost.co.kr/BP?command=article_view&num=310348.

플랫폼 경제

1 https://www.hankyung.com/article/2021033097651.
2 https://www.mk.co.kr/news/business/view/2020/11/1181997.
3 https://www.sedaily.com/NewsView/22JS1HXRIR.
4 https://www.newspim.com/news/view/20210120001277.
5 https://economist.co.kr/article/view/ecn202211280017.
6 스콧 갤러웨이 저, 이경식 역, 『플랫폼제국의 미래』(비즈니스북스, 2017), 168쪽.
7 https://techrecipe.co.kr/posts/28236.
8 Alberto Cavallo, "More Amazon Effects: Online Competition and Pricing Behaviors", Working Paper 25138(National Bureau of Economic Research, 2018).
9 서울중앙지방법원 2017. 5. 10. 선고 2016고정3101 판결.
10 최현경 · 이동규, 「공유경제 관련 산업 활성화를 위한 규제정립 방안: 숙박공유업을 중심으로」(산업연구원, 2018. 8), 47쪽.
11 헌법재판소 2022. 5. 26. 2021헌마619 결정.
12 https://ditoday.com/%ed%95%9c%eb%88%88%ec%97%90-%eb%8f%8c%ec%95%84%eb%b3%b4%eb%8a%94-%ea%b0%95%eb%82%a8%ec%96%b8%eb%8b%88%ec%9d%98-2022%eb%85%84.
13 https://www.dailymedi.com/news/news_view.php?wr_id=899658.
14 https://www.ebn.co.kr/news/view/1524069/?sc=Naver.
15 https://www.bbc.com/news/business-62396648.
16 https://www.etoday.co.kr/news/view/2271700.
17 https://slate.com/business/2022/05/uber-subsidy-lyft-cheap-rides.html.
18 https://veiwnam.tistory.com/136.
19 https://www.g-enews.com/ko-kr/news/article/news_all/20230214120426554 29a1f309431_1/article.html.
20 Evgeny Morozov, Where Uber and Amazon rule: welcome to the world of the platform, *The Guardian*, 7 Jun 2015. (https://www.theguardian.com/technology/2015/jun/07/facebook-uber-amazon-platform-economy).
21 Commission Decision of 24. 03. 2004(Case COMP/C-3/37.792 Microsoft).
22 공정거래위원회 2002경촉0453, 2005경촉0375, 제2006－042호 의결(2006. 2. 24.).
23 1998. 12. 14. 公取委勧告審決, 平成10年(勧)第21号.
24 United States v. Microsoft Corp., 87 F.Supp.2d 30(D.D.C. 2000).
25 United States v. Microsoft Corp., 253 F.3d 34 (D.C. Cir. 2001).
26 United States v. Microsoft Corp., 253 F.3d 34(D.C. Cir. 2001).
27 Motion Picture Patents Co. v. Universal Film Mfg. Co., 243 U.S. 502(Supreme Court, 1917).
28 United States v. Motion Picture Patents Co. , 225 F. 800(E.D. Pa. 1915).
29 Carbice Corp. v. Am. Patents Dev. Corp., 283 U.S. 27(Supreme Court, 1931), p.34.

30 U.S. Court of Appeals for the Federal Circuit.
31 https://ec.europa.eu/commission/presscorner/detail/es/MEMO_17_1785.
32 https://www.yna.co.kr/view/AKR20150325085600009.
33 https://www.ftc.go.kr/www/selectReportUserView.do?key=10&rpttype=1&report_data_no=8759.
34 https://www.consumerpost.co.kr/news/articleView.html?idxno=305310.
35 https://www.thepublic.kr/news/articleView.html?idxno=6202.
36 https://www.statista.com/statistics/266249/advertising-revenue-of-google.
37 https://ec.europa.eu/commission/presscorner/detail/en/IP_18_4581.
38 https://financesonline.com/amazon-statistics/.
39 https://www.theverge.com/2022/3/19/22986307/dc attorney-general-antitrust-lawsuit-amazon-tossed-out-court.
40 https://www.computerworld.com/article/2588337/amazon-apologizes-for-price-testing-program-that-angered-customers.html.
41 https://dbr.donga.com/article/view/1202/article_no/8907/ac/magazine.
42 https://plus.hankyung.com/apps/newsinside.view?aid=2017040288131&category=NEWSPAPER.
43 Ryan Calo and Alex Rosenblat, The Taking Economy: Uber, Information, and Power, 117 Colum. L. Rev. 1623(2017) at 1643.
44 위르겐 메피르트·아난드 스와미나탄 지음, 고영태 옮김, 『디지털 대전환의 조건』(청림출판, 2018), 179쪽.
45 https://fortune.com/2022/09/14/amazon-prices-artificially-high-consumers-california-antitrust-lawsuit/.
46 https://ec.europa.eu/commission/presscorner/detail/en/IP_17_1369.
47 https://ec.europa.eu/commission/presscorner/detail/en/ip_22_7777.
48 https://www.nytimes.com/2021/04/09/technology/china-alibaba-monopoly-fine.html.
49 https://www.reuters.com/business/chinas-ant-group-become-financial-holding-company-central-bank-2021-04-12.
50 Regulation(EU) 2022/1925 of the European Parliament and of the Council of 14 September 2022 on contestable and fair markets in the digital sector and amending Directives(EU) 2019/1937 and (EU) 2020/1828(Digital Markets Act).
51 Regulation(EU) 2022/2065 of the European Parliament and of the Council of 19 October 2022 on a Single Market For Digital Services and amending Directive 2000/31/EC(Digital Services Act).
52 Regulation(EU) 2022/1925 of the European Parliament and of the Council of 14 September 2022 on contestable and fair markets in the digital sector and amending Directives(EU) 2019/1937 and (EU) 2020/1828(Digital Markets Act).
53 Article 3, Regulation(EU) 2022/1925(Digital Markets Act).
54 https://www.nytimes.com/2021/06/28/technology/facebook-ftc-lawsuit.html.

55 https://www.theverge.com/2022/9/13/23352005/google-ad-tech-antitrust-suit-moves-forward-jedi-blue-facebook-collusion-claims-dismissed.

56 미국은 「플랫폼 독점 종식법(Ending Platform Monopolies Act)」, 「미국 혁신 및 선택 온라인 법률(The American Innovation and Choice Online Act)」, 「플랫폼 경쟁 및 기회법(Platform Competition and Opportunity Act)」, 「경쟁 및 호환 촉진을 위한 서비스전환 지원법(Augmenting Compatibility and Competition by Enabling Service Switching Act)」을 모두 폐기했다.

57 https://biz.heraldcorp.com/view.php?ud=20230529000123.

58 https://www.statista.com/statistics/996040/south-korea-coupang-consolidated-net-profit.

59 https://www.yna.co.kr/view/AKR20230909002600091.

60 BGH Beschl. v. 23. 6. 2020.

61 hiQ Labs, Inc. v. LinkedIn Corp, 938 F.3d 985(9th Cir. 2019).

62 서울고등법원 2017. 4. 6. 선고 2016나2019365 판결.

63 「저작권법」 제93조 제2항.

64 서울중앙지방법원 2020. 2. 11. 선고 2019고단1777 판결.

65 대법원 2022. 5. 12. 선고 2021도1533 판결.

66 최초 연방법안이었던 1996년 「데이터베이스 투자 및 지식재산 절취 법안(Database Investment and Intellectual Property Piracy Act, H.R.3531)」은 유럽연합의 지침과 마찬가지로 배타적 권리를 부여하는 방식이었으나, 이후로는 부정경쟁방지법리에 의한 법안이 제안되기도 하였었다.

67 박준석, 「빅 데이터 등 새로운 데이터에 대한 지적재산권법 차원의 보호가능성」, 『산업재산권』 제58호, 2019, 88~91쪽.

68 박진아, 「데이터의 보호 및 유통 법제 정립 방안」, 『서강법률논총』 제9권 제2호(2020), 6~7쪽.

69 방석호, 「빅 데이터 시대의 과학기술 데이터 활용을 위한 저작권 법제의 보완」, 『홍익법학』 제13권 제4호(2012), 697~700쪽.

70 https://www.ekoreanews.co.kr/news/articleView.html?idxno=67646.

71 https://n.news.naver.com/article/015/0004807368?cds=news_edit.

플랫폼 정치

1 https://encyclopedia.pub/entry/28562.

2 https://www.bbc.com/news/world-us-canada-41812369.

3 https://www.theguardian.com/technology/2017/oct/30/facebook-russia-fake-accounts-126-million.

4 https://www.nbcnews.com/news/us-news/google-facebook-twitter-russia-timeline-16-election-n816036.

5 https://www.nytimes.com/2018/12/17/technology/tech-companies-russian-interference.html.

6 Spencer Overton, State Power to Regulate Social Media Companies to Prevent Voter

Suppression, 53 U.C. Davis L.Rev. 1793(2020).

7 https://www.ftc.gov/news-events/news/press-releases/2019/07/ftc-imposes-5-billion-penalty-sweeping-new-privacy-restrictions-facebook.

8 https://www.forbes.com/advisor/legal/facebook-class-action-lawsuit-settlement.

9 https://en.wikipedia.org/wiki/January_6_United_States_Capitol_attack#.

10 https://abcnews.go.com/Politics/qanon-fringe-conspiracy-theory-edges-mainstream-things-worse/story?id=72751829.

11 personal lawyer Rudy Giuliani and his ex-National Security Adviser Michael Flynn.

12 https://kr.theepochtimes.com/%ED%8A%B8%EC%9C%84%ED%84%B0-%ED%8A%B8%EB%9F%BC%ED%94%84-%EA%B3%84%EC%A0%95-%EC%98%81%EA%B5%AC-%EC%A0%95%EC%A7%80-5%EA%B0%80%EC%A7%80-%EC%9D%B4%EC%9C%A0-%EC%A0%9C%EC%8B%9C_559061.html.

13 47 U.S.C. § 230.

14 Stratton Oakmont, Inc. v. Prodigy Services Co., 23 Media L. Rep. 1794(N.Y. Sup. Ct. 1995).

15 Cubby, Inc. v. CompuServe Inc., 776 F. Supp. 135(S.D.N.Y. 1991).

16 https://www.bostonglobe.com/2023/01/19/business/supreme-court-poised-reconsider-key-tenets-online-speech.

17 https://en.wikipedia.org/wiki/9/11_conspiracy_theories.

18 https://en.wikipedia.org/wiki/Sandy_Hook_Elementary_School_shooting#Alex_Jones.

19 https://www.rollingstone.com/feature/anatomy-of-a-fake-news-scandal-125877.

20 https://www.reuters.com/article/uk-factcheck-vaccine-microchip-gates-ma-idUSKBN28E286.

21 https://www.bbc.com/news/world-us-canada-62444302.

22 https://apnews.com/article/fox-news-dominion-lawsuit-trial-trump-2020-0ac71f75acfacc52ea80b3e747fb0afe.

23 https://www.wired.com/story/facebooks-global-reach-exceeds-linguistic-grasp.

24 https://www.washingtonpost.com/technology/2022/12/14/qanon-musk-revival-twitter.

25 https://www.cnbc.com/2023/04/19/elon-musk-says-he-wants-to-create-chatgpt-competitor-called-truthgpt.html.

26 https://m.boannews.com/html/detail.html?idx=56771&kind=1.

27 https://www.chosun.com/national/national_general/2022/08/24/BQELV7FLUBB23JXKBEHMDVD6JY.

28 서울중앙지방법원 2019. 1. 30. 선고 2018고합729 판결.

29 https://www.chosun.com/opinion/editorial/2022/01/18/3H2C6VT4J5FDJILCMBKAHUBYGA/?utm_source=naver&utm_medium=referral&utm_campaign=naver-news.

30 47 U.S.C. § 230.

31 정보통신망 이용촉진 및 정보보호 등에 관한 법률 제44조, 제44조의7, 제44조의9.

32 https://www.sedaily.com/NewsView/2661K292HY.

33 https://n.news.naver.com/article/011/0004121631?lfrom=kakao.

34 대법원 2009. 4. 16. 선고 2008다53812 전원합의체 판결.

35 우지숙, 「명예훼손에 대한 인터넷서비스제공자(ISP) 책임 기준의 현실적 타당성과 함의: 대법원 2009. 4. 16. 선고 2008다53812 판결에 대한 비판적 검토」, 『LAW & TECHNOLOGY』 제5권 제4호(서울대 기술과법센터 2009. 7), 96쪽.

36 「형법」 제307조 및 「정보통신망 이용촉진 및 정보보호 등에 관한 법률」 제70조.

37 Regulation(EU) 2022/2065 of the European Parliament and of the Council of 19 October 2022 on a Single Market For Digital Services and amending Directive 2000/31/EC(Digital Services Act).

38 https://algorithmwatch.org/en/dsa-explained.

플랫폼 사회

1 https://www.madtimes.org/news/articleView.html?idxno=11536.

2 https://blog.seagate.com/consumers/4-million-facebook-likes-every-minute-tip-of-the-iceberg.

3 Matthew Adam Bruckner, The Promise and Perils of Algorithmic Lenders' Use of Big Data, 93 Chi.-Kent L. Rev. 3(2018).

4 https://zdnet.co.kr/view/?no=20190117173603.

5 https://www.edaily.co.kr/news/Read?newsId=02971686635637456.

6 https://www.theverge.com/2023/4/6/23672760/tesla-employees-share-vehicle-recordings-privacy.

7 http://content.time.com/time/magazine/article/0,9171,1990798-4,00.html.

8 https://news.koreadaily.com/2021/03/02/society/international/9136523.html.

9 https://www.edaily.co.kr/news/read?newsId=04152486628954456&mediaCodeNo=257&OutLnkChk=Y.

10 Elizabeth E. Joh, Feeding the Machine: Policing, Crime Data, & Algorithms, 26 Wm. & Mary Bill Rts. J. 2872017, pp. 294~295.

11 https://www.seoul.co.kr/news/newsView.php?id=20210108022002.

12 https://www.statista.com/study/42540/digital-advertising-report.

13 Schnadower Mustri, Eduardo and Adjerid, Idris and Acquisti, Alessandro, Behavioral Advertising and Consumer Welfare: An Empirical Investigation(March 23, 2023). Available at SSRN: https://ssrn.com/abstract=4398428.

14 https://www.collegedata.com/resources/getting-in/social-media-and-applying-to-college-what-you-need-to-know.

15 「개인정보 보호법」 제28조의2.

16 https://ellun.tistory.com/137.

17 https://www.kmib.co.kr/article/view.asp?arcid=0924303510&code=11141500&cp=nv.

18 https://www.joongang.co.kr/article/25131621#home.

19 https://imnews.imbc.com/news/2022/econo/article/6407653_35687.html.

20 https://www.nytimes.com/2023/01/04/technology/meta-facebook-eu-gdpr.html.

21 https://www.chosun.com/economy/tech_it/2023/05/22/4MRWNI4ZZBDMRAFOOFJ5GU3TY4.

22 https://www.g-enews.com/ko-kr/news/article/news_all/202209061015443958b5d048c6f3_1/article.html.

23 https://www.hankyung.com/it/article/2023040455937.

24 https://kbench.com/?q=node/178603.

25 https://www.ytn.co.kr/_ln/0104_202202171030017054.

26 https://www.kflorida.com/korean-news/?pageid=15&uid=128607&mod=document.

27 https://www.chosun.com/economy/tech_it/2022/11/15/TIBGKE6KDVEJTMK7R5ZVZPVZII.

28 https://www.techdaily.co.kr/news/articleView.html?idxno=21345.

29 https://www.ftc.gov/news-events/news/press-releases/2019/09/google-youtube-will-pay-record-170-million-alleged-violations-childrens-privacy-law.

30 https://www.ftc.gov/news-events/news/press-releases/2019/07/ftc-imposes-5-billion-penalty-sweeping-new-privacy-restrictions-facebook.

31 https://imnews.imbc.com/news/2022/world/article/6402436_35680.html.

32 https://www.hankyung.com/finance/article/2022122480985.

33 https://www.mk.co.kr/news/world/10702445.

34 https://www.hankyung.com/article/2021011063771.

35 대법원 2011. 9. 2. 선고 2008다42430 전원합의체 판결.

36 대법원 2011. 9. 2. 선고 2008다42430 전원합의체 판결.

37 「신용정보의 이용 및 보호에 관한 법률」 제15조 제2항.

38 hiQ Labs, Inc. v. LinkedIn Corp, 938 F.3d 985(9th Cir. 2019).

39 https://www.etnews.com/20211118000123.

40 The Health and Morals of Apprentices Act of 1802.

41 1819년 공장법(the Factory Act of 1819)은 9세 미만의 어린이 노동을 금지했고, 1833년 법은 18세 미만의 청소년 노동을 금지하게 되었다.

42 Andrew Garin, Emilie Jackson, Dmitri K. Koustas, and Alicia Miller, "The Evolution of Platform Gig Work, 2012-2021"(National Bureau of Economic Research, 2023) 및 「2022년 플랫폼 종사자 규모와 근무실태」(고용노동부, 2023).

43 https://www.nocutnews.co.kr/news/5963747.

44 https://www.hankyung.com/article/202302132511i.

45 대법원 2004. 2. 27. 선고 2001두8568 판결.

46 대법원 1993. 5. 25. 선고 90누1731 판결.

47 대법원 2018. 4. 26. 선고 2016두49372 판결.

48 「고용보험법」 제77조의6.

49 Li Jin, Scott Duke Kominers, and Lila Shroff, "A Labor Movement for the Platform

Economy", *Harvard Business Review*(September 24, 2021).

50 ILO, "Digital Platforms and the World of Work in G20 Countries: Status and Policy Action", Paper prepared Group for the Employment Working under Italian G20 Presidency(June 2021).

51 https://www.bbc.com/news/business-62396648.

52 https://www.hani.co.kr/arti/economy/economy_general/1063173.html.

플랫폼 문화

1 2022년 12월 〈재벌집 막내아들〉 14회의 시청률은 24.9%로, 〈SKY 캐슬〉(23.8%)의 시청률을 넘어섰다.

2 소리바다는 서울고등법원 2005. 1. 12. 선고 2003나21140 판결을 비롯한 다수의 소송에서 패소하면서 무료 음원 공유 서비스를 마감해야 했다.

3 Sony Corp. v. Universal City Studios, Inc., 464 U.S. 417(1984).

4 서울고등법원 2005. 1. 12. 선고 2003나21140 판결(상고기각) 및 서울고등법원 2005. 1. 25. 선고 2003나80798 판결(상소취하).

5 대법원 2007. 1. 25. 선고 2005다11626 판결.

6 서울고등법원 2007. 10. 10. 자 2006라1232 결정.

7 대법원 2011. 10. 13. 선고 2008두1832 판결.

8 서울고등법원 2008. 11. 19. 선고 2008나35779 판결.

9 대법원 2010. 3. 11. 선고 2009다4343 판결.

10 서울고등법원 2016. 11. 3. 선고 2015나2049406 판결.

11 대법원 2019. 2. 28. 선고 2016다271608 판결.

12 서울고등법원 2010. 10. 13. 선고 2010나35260 판결.

13 Lenz v. Universal Music Corp., 815 F.3d 1145(9th Cir., 2016).

14 대법원 2008. 3. 13. 선고 2006도3558 판결. 대법원 2008. 6. 12 선고, 2007도3815 판결.

15 대법원 2008. 4. 11. 선고 2008도254 판결.

16 대법원 2015. 4. 9. 선고 2014도14699 판결.

17 안갑철, 「성폭력범죄에 대한 주요 판례의 흐름」, 『경희법학』 제55권 제3호(2020), 39쪽.

18 이나라, 「사적 저작권 집행 시스템의 법적 쟁점」, 『계간저작권』(2019 봄호), 한국저작권위원회, 64쪽.

19 https://blog.youtube/news-and-events/improving-content-id-for-creators.

20 https://variety.com/2021/digital/news/youtube-4-billion-music-industry-1234986585.

21 https://edition.cnn.com/2019/06/01/asia/bts-kpop-us-intl/index.html.

22 https://kdolmaster.tistory.com/668.

23 Twentieth Century Fox, Warner Bros., Paramount Pictures, Universal Pictures, Disney.

24 SM엔터테인먼트는 1995년 이수만이, YG엔터테인먼트는 1996년 서태지와아이들의 양현석이, JYP엔터테인먼트는 1997년 박진영이, 하이브는 2005년 방시혁이 설립하였다. 2022년 4월 현재 시가총액은 SM이 1조 8,305억 원, YG가 1조 1,589억 원, JYP가 2조 2,967억 원, 하이브가 11조 7,237억 원으로 평가되고 있다.

25 P. Claire Dodson, "As BTS's Reach Expands, an Army of Dedicated K-Pop Translators Grows", *New York Times*(July 4, 2019).

26 Madhavi Sunder, "When Fandom Clashes with IP Law", *Harvard Business Review*(July 23, 2019).

27 https://news.sbs.co.kr/news/endPage.do?news_id=N1002462115.

28 대법원 2013. 8. 22. 선고 2011도3599 판결.

29 서울남부지방법원 2008. 6. 5. 선고 2007가합18479 판결: 김민정, 「유튜브에 15분짜리 영화 요약파일에 대한 저작권문제」, 『저작권문화』 제325권(한국저작권위원회, 2021.9).

30 서울중앙지방법원 2004. 3. 18. 선고 2004카합344 결정.

31 Lauren Levinson, Adapting Fair Use to Reflect Social Media Norms: A Joint Proposal, *64 UCLA L. Rev.* 1038(2017).

32 Spencer Johnson, *Who Moved My Cheese? An Amazing Way to Deal with Change in Your Work and in Your Life*(G.P. Putnum's Sons, 1998).

33 Global Music Report(IFPI, 2021), p.10.

34 Nicola F. Sharpe and Olufunmilayo B. Arewa, Is Apple Playing Fair? Navigating the iPod FairPlay DRM Controversy, 5 Nw. J. Tech. & Intell. Prop. 332(2007).

35 https://www.ifpi.org/our-industry/industry-data/.

36 안혜리, 「3만3000원씩 낸 14만 명, 세계 공연시장을 뒤집어놨다」, 『중앙일보』(2019. 6. 12). https//www.joongang.co.kr/article/23493222.

37 https://www.chosun.com/international/international_general/2023/09/26/7UMKAMM53BBOJPU7CFROZGZ2II.

38 대판 2000. 4. 21. 99다72989.

39 정진영, 「저작권 문제 숙제 던진 '조용필의 권리 회복'」, 『헤럴드경제』(2014. 2. 13). https://biz.heraldcorp.com/view.php?ud=20140213000342&ACE_SEARCH=1.

40 서울중앙지판 2019. 1. 11. 2017가합588605.

41 서울고판 2020. 1. 21. 2019나2007820.

42 서울고판 2020. 1. 21. 2019나2007820.

43 저작자의 지위, 「저스티스」 통권 제181호(2020. 12), 5~44쪽.

44 https://explodingtopics.com/blog/chatgpt-users.

45 Stephen Thaler v. Vidal, Director of the USPTO, 43 F.4th 1207(Fed. Cir. 2022).

46 https://academic.oup.com/grurint/article/71/12/1162/6821266.

47 Burrow-Giles Lithographic Co. v. Sarony, 111 U.S. 53(1884).

48 Camila Domonoske, "Monkey Can't Own Copyright To His Selfie, Federal Judge Says", *NPR News*(January 7, 2016). http://www.npr.org/sections/thetwo-way/2016/01/07/462245189/federal-judge-says-monkey-cant-own-copyright-to-his-selfie(2017. 6. 18. 방문).

49 Naruto v. Slater, 888 F.3d 418(9th Cir. 2018).

50 $\min_{G} \max_{D} E_x[\log(D(x))] + Ez\ [\log(1 - D(G(z)))]$.

51 https://www.christies.com/features/A-collaboration-between-two-artists-one-human-

one-a-machine-9332-1.aspx.

52 컴퓨터과학, 특히 인공지능의 선구자로 널리 알려진 에드스헤르 디크스트라(Edsger Dijkstra) 교수의 명언(Quotes from Edsger W. Dijkstra), https://www.goodreads.com/quotes/32629-the-question-of-whether-a-computer-can-think-is-no(2017. 11. 20. 방문).

53 Andersen et al. v. Stability AI Ltd, 23-cv-00201-WHO(N.D. Cal. Oct. 30, 2023).

54 대법원 2006. 2. 9. 선고 2005도7793 판결.

55 https://www.fairuseweek.org.

플랫폼 정부

1 https://www.lawtimes.co.kr/news/168818?serial=168818.

2 https://m.edaily.co.kr/news/Read?newsId=01187366622722456&mediaCodeNo=257&utm_source=https://www.google.co.kr.

3 Loomis v. Wisconsin, 881 N.W.2d 749Wis. 2016, cert. denied, 137 S.Ct. 22902017.

4 Elizabeth E. Joh, Feeding the Machine: Policing, Crime Data, & Algorithms, 26 Wm. & Mary Bill Rts. J. 2872017, pp. 294~295.

5 https://www.economist.com/interactive/international/2023/01/13/open-source-intelligence-is-piercing-the-fog-of-war-in-ukraine.

6 https://defence.nridigital.com/global_defence_technology_oct22/osint_in_ukraine.

7 https://www.politico.eu/article/elon-musk-ukraine-starlink.

8 https://www.chosun.com/economy/tech_it/2021/01/01/IYRYZY6L45GVFB6IUKDDGDRLHY.

9 「신용정보의 이용 및 보호에 관한 법률」 제36조의2.